## Zu diesem Buch

Kinder aus Krisenfamilien leiden noch als Erwachsene an den Verletzungen aus ihrer Kindheit. Da sie nie ein normales Familienleben kennengelernt haben, fällt es ihnen später schwer, sich auf emotionale Bindungen einzulassen und dauerhafte Partnerschaften zu führen. Sie können ihre Gefühle nur schwer zeigen, haben das Bedürfnis, ihre Partner zu kontrollieren, und scheuen sich vor Intimität wie vor Konflikten. Steven Farmer beobachtet behutsam, beschreibt die besonderen Probleme und zeigt Lösungswege auf. Mit vielen psychologischen Übungen.

Steven Farmer

# Endlich lieben können

## Gefühlstherapie für Erwachsene Kinder aus Krisenfamilien

Deutsch von Petra Post und
Andrea von Struve

rororo

Rowohlt

*Hinweis*
Dieses Buch enthält zahlreiche psychologische Übungen. Die Leser sollten abwägen, ob diese im Einzelfall besser mit Unterstützung einer Selbsthilfegruppe und / oder unter Anleitung eines Therapeuten durchgeführt werden sollten.

Deutsche Erstausgabe
Veröffentlicht im Rowohlt Taschenbuch Verlag GmbH,
Reinbek bei Hamburg, Juni 1992
Die amerikanische Originalausgabe erschien 1990
unter dem Titel «Adult Children As Husbands, Wives And Lovers»
bei Lowell House, Los Angeles / Contemporary Books, Chicago

Umschlaggestaltung Barbara Hanke und Nina Rothfos
(Background: Westlight / Mauritius)
Satz Aldus und Optima (Linotronic 500)
Gesamtherstellung Clausen & Bosse, Leck
Printed in Germany
1490-ISBN 3 499 19168 7

# Inhalt

# 1 Liebe, Schweiß und Tränen

Wie würde Ihnen eine wirklich erfüllende Beziehung gefallen, eine Beziehung, in der Sie ganz Sie selbst sein können, die Ihnen Kraft und emotionalen Halt gibt, in der Liebe und Zärtlichkeit offen ausgedrückt und gelegentliche Konflikte problemlos beigelegt werden? Wie würde Ihnen eine Beziehung gefallen, in der Sie und Ihr Partner echte Freunde sind, die die persönliche Weiterentwicklung des anderen begrüßen und diese in eine kontinuierlich wachsende, intensive Partnerschaft integrieren?

Kommt Ihnen dies wie ein Traum vor? Das muß nicht sein. Es ist machbar. Ich spreche nicht von einer idealen oder perfekten Beziehung; so etwas gibt es nicht. In jeder Beziehung gibt es Probleme – zweifelsohne. Nein, ich meine eine ehrliche, für beide Teile befriedigende Partnerschaft, eine Beziehung, die Unbeschwertheit und Ernsthaftigkeit in sich vereint, die wächst und sich gemeinsam mit Ihnen und Ihrem Partner entwickelt.

Jeder Mensch sehnt sich nach einer solchen Beziehung. Wenn Sie jedoch in einer Familie aufgewachsen sind, wo Mißhandlung, Alkoholismus und Dysfunktion jeglicher Art an der Tagesordnung waren, dann werden Sie als Erwachsenes Kind in Ihrer Beziehung mit ganz speziellen Problemen konfrontiert. Aufgrund Ihrer Sozialisation konnten Sie nicht frühzeitig lernen, wie man eine gesunde Beziehung aufbaut. Wenn Sie aus einer Familie stammen, die keine positiven Identifikationsmuster zur Verfügung stellen konnte, und das Konzept eines allwissenden Vaters, das Ihnen die Umwelt und vor allem die Medien suggerierten, in krassem Gegensatz zur Realität in Ihrem Elternhaus stand, dann ist es unwahrscheinlich, daß Sie eine gesunde Beziehung leben können. Wenn Sie jedoch bereit sind, sich von der Vergangenheit zu lösen und neue Arten des gemeinsamen Umgangs zu erlernen, dann kann Ihr Traum Wirklichkeit werden.

Aus schierer Notwendigkeit heraus entwickelten Sie Schutzmechanismen, die es Ihnen ermöglichten, Ihre Kindheit zu überleben, die Ihnen aber jetzt einen schlechten Dienst erweisen, wenn es darum geht, eine liebevolle, intime, engagierte Beziehung als Erwachsener aufzubauen und aufrechtzuerhalten. Ihr frühes Training in Co-Abhängigkeit lehrte Sie, Ihre Gefühle zu unterdrücken und sich auf äußere Signale zu verlassen, um Ihre Empfindungen zu definieren und sich entsprechend zu verhalten. Ohne das Wissen um Ihre Empfindungen ist es schwer, die eigenen Gefühle zu erkennen – ganz zu schweigen davon, sie auszudrücken. Wenn Sie sich auf etwas oder jemanden außerhalb Ihrer selbst verlassen – wie beispielsweise Ihren Partner –, um Ihre Emotionen und Handlungen einzuordnen, dann wird es Ihnen schwerfallen, ehrlich und direkt mit den eigenen Emotionen umzugehen – Sie fühlen und handeln noch immer so, wie Sie annehmen, daß es ein anderer von Ihnen erwartet. Solange Sie an diesem Verhaltensmuster der Selbstverleugnung festhalten, wird es schwierig sein, die Art von Beziehung zu führen, die Sie sich erträumen. Und genau davon handelt dieses Buch: mit den alten Gewohnheiten zu brechen und sie durch Fähigkeiten zu ersetzen, die Sie als Kind nicht entwickeln konnten.

In meinem vorigen Buch, *Adult Children of Abusive Parents*, definierte und beschrieb ich ausführlich die Hauptschwierigkeiten und Grundverhaltensmuster, mit denen Erwachsene Kinder infolge Ihres Kindheitstraumas konfrontiert werden, und stellte ein Programm zu ihrer Heilung und Veränderung auf. (Den deutschsprachigen Lesern und Leserinnen sei an dieser Stelle das Buch von Ursula Cambrou *Familienkrankheit Alkoholismus. Im Sog der Abhängigkeit* [Reinbek 1990] empfohlen.) In diesem Buch liegt der Schwerpunkt auf den Voraussetzungen, die nötig sind, um als Erwachsenes Kind eine funktionierende, gesunde Beziehung zu leben. In jedem Kapitel zeige ich zunächst auf, wie die Probleme, mit denen Sie in Ihrer Kindheit konfrontiert wurden, Ihre Beziehungen als Erwachsener beeinflussen; dann stelle ich Ihnen konkrete Lösungsvorschläge zur Bewältigung Ihrer gegenwärtigen Beziehungsprobleme vor.

Dieses Buch wird sich mit den sechs wichtigsten Problembereichen beschäftigen, die es in jeder Beziehung gibt, die aber in der Regel Erwachsenen Kindern besondere Schwierigkeiten bereiten: Gefühle, Kontrolle, Grenzen, Nähe, Konflikte und eine Verpflichtung eingehen. Jedes Kapitel beginnt mit einem Negativbeispiel, das demonstriert, wie dieser Problembereich in einer ungesunden Beziehung gehandhabt wird, gefolgt von einem Beispiel aus einer gut funktionierenden Partnerschaft. Im weiteren Verlauf des Kapitels wird die Ursache dieses speziellen Problems ergründet und der Frage nachgegangen, warum es gerade für die meisten Erwachsenen Kinder einen «wunden Punkt» darstellt. Darüber hinaus versuche ich aufzuzeigen, inwiefern Ihre heutigen Probleme in Ihrer Kindheit begründet liegen. Sie finden zahlreiche Beispiele von Einzelpersonen und Paaren, die die verschiedenen Aspekte verdeutlichen. Die Namen wurden zwar geändert, aber es handelt sich um wirkliche Erfahrungen von Klienten und Freunden. Ich beziehe mich darüber hinaus auf Beobachtungen, die ich in meiner Arbeit als Ehe- und Familientherapeut, vor allem in der Therapie von Erwachsenen Kindern gemacht habe, ebenso wie auf Beispiele aus meinem Leben und meinem persönlichen Genesungsprozeß als Erwachsenes Kind.

Wenn wir dann die Ursachen Ihrer gegenwärtigen Beziehungsprobleme erkannt haben, werden wir uns ansehen, inwieweit Ihre jetzige Beziehung davon betroffen ist. Jedes Kapitel enthält Übungen, mit deren Hilfe Sie sich neue partnerschaftliche Fähigkeiten aneignen können, um die Lücken Ihres früheren Co-Abhängigkeits-Trainings zu schließen. Sobald Sie diese neuerworbenen Fähigkeiten und Ideen fest in Ihr Genesungsprogramm integriert haben, werden Sie zweifellos in der Lage sein, eine gesunde und ausgeglichene Beziehung aufzubauen.

Wenn Sie sich zur Zeit in einer festen Beziehung befinden, dann empfehle ich Ihnen, dieses Buch mit Ihrem Partner zu lesen und die Übungen so weit wie möglich gemeinsam durchzuführen. Aber auch wenn Sie momentan keine feste Beziehung haben, wird dieses Buch Ihnen helfen, Probleme in Ihren früheren Beziehungen besser zu verstehen und damit den Weg für zukünftige Partnerschaften zu ebnen. Viele der Übungen sind so konzipiert, daß Sie sie mit einem guten Freund oder einer Freundin durchführen können. Die meisten der so erworbenen Fähigkeiten werden Ihnen in jeder intensiveren Beziehung zustatten kommen. Wie auch immer Ihre gegenwärtigen Lebensumstände aussehen mögen, die erste Voraussetzung für eine Weiterentwicklung ist die Bereitschaft, etwas zu riskieren und sich dabei sicher zu fühlen. In Sicherheit ein Risiko einzugehen heißt nicht, sich blind in etwas hineinzustürzen, sondern den Bereich, in dem Sie sich wohl fühlen, behutsam auszudehnen, ohne dabei Schaden zu nehmen.

Während Sie an Ihrer Beziehung und Ihrer Genesung arbeiten, denken Sie bitte daran, daß Sie nicht perfekt sein müssen, um neue und kreative Wege zu gehen. Eine erfüllende Beziehung ist ein Prozeß. Sie ergibt sich nicht von selbst, sondern bedarf im Gegenteil ständigen Bemühens. Sie können Ihre Vergangenheit zwar nicht leugnen, aber Sie müssen sich nicht länger von ihr beherrschen lassen. Auch Sie können eine erfüllende Beziehung führen. Das erfordert Risikofreude, die Bereitschaft, sich zu öffnen, Humor, Geduld und eine Menge Verständnis. Sie fühlen sich schon jetzt überfordert? Nur Mut, einer meiner Klienten fand einmal die schöne Formulierung: «Liebe, Schweiß und Tränen – das macht eine Beziehung aus.»

Ich wünsche Ihnen auf Ihrer Reise alles Gute!

# 2 Gefühle

«Du mußt immer an allem herumnörgeln!» fuhr Tom seine Frau Tracy an und schlug mit der Faust auf den Küchentisch. «Verdammt noch mal! Laß mich endlich zufrieden!»

Tracy zuckte bei diesem unerwarteten Angriff zusammen. Ihr kamen die Tränen, während sie Tom ungläubig anstarrte. «Ich habe doch nur gesagt, daß Matthew bei seinen Hausaufgaben deine Hilfe braucht. Mathe fällt ihm furchtbar schwer, und ich dachte, du könntest ihm etwas helfen. Ich denke nicht, daß das zuviel verlangt ist. Immerhin ist er dein Sohn!»

Toms Augen wurden schmal, und er biß die Zähne zusammen. «Hör endlich auf damit!» stieß er hervor. «Ich habe keine Lust mehr, mir immer wieder anzuhören, daß ich mich zuwenig um die Kinder kümmere. Ich mach alles für sie. Ich arbeite mich zu Tode, damit sie sich ihre Nintendo-Games kaufen können, und was ist der Dank dafür? Ich muß mir nicht ständig anhören, daß ich zuwenig tue. Ich habe die Nase voll von deiner ewigen Herumnörgelei!»

«Ich habe dich lediglich gebeten, etwas mehr Zeit mit ihnen zu verbringen, Tom», erwiderte Tracy, «vor allem mit Matthew. Fünf Minuten pro Tag mit ihm Hausaufgaben zu machen wäre ja wohl nicht zuviel verlangt. Du hast noch nie in eins seiner Bücher auch nur einen Blick geworfen!»

«Jetzt langt's mir aber! Du kannst mich mal mit deinen ewigen Vorwürfen!» Tom sprang vom Stuhl auf und stürzte zur Tür. Die Klinke in der Hand, drehte er sich noch einmal um und sagte boshaft: «Ich bereue es, daß ich dich je geheiratet habe. Ich frag mich wirklich, was mich hier noch hält.»

Während er aus dem Haus stürmte, rief ihm Tracy hinterher: «Du kannst jederzeit gehen! Die Kinder und ich kommen auch ohne dich zurecht!»

Mary ließ sich auf die Couch fallen und holte tief Luft. Roy legte die Zeitung, die er gerade las, zur Seite und fragte: «Was ist los, mein Schatz?»

«Ach, Jillians Lehrerin rief heute an und meinte, sie würde beim Lesen und Schreiben nicht mitkommen. Bisher lief alles prima, aber seit dem letzten Quartal hat sie Probleme.»

«Ich bin sicher, es ist völlig harmlos. Ist bestimmt nur vorübergehend.»

«Sicher wird es vorbeigehen», erwiderte Mary, «aber es stört mich, wenn du so tust, als wäre es völlig belanglos.»

«Es kommt dir also so vor, als würde ich es abtun?» hakte Roy nach.

«Ja, den Eindruck habe ich, Roy. Ich glaube wirklich, daß sie irgend etwas beschäftigt. Könntest du morgen nicht mal mit ihr reden? Vielleicht findest du ja etwas heraus. Ich habe das Gefühl, daß es mit deinen Reisen in den letzten Monaten zu tun hat – ich glaube, sie vermißt dich, du fehlst ihr.»

«Aha, ich verstehe. Es ist also meine Schuld, ja?» Roy ging in die Defensive.

«Nein, durchaus nicht», widersprach Mary mit Nachdruck. «Sie hat mir in letzter Zeit ein paarmal gesagt, daß sie dich vermißt und daß sie wünschte, daß du nicht so oft weg wärst. Ich mache dir keinen Vorwurf. Mir gefällt es auch nicht, daß du soviel arbeiten mußt, aber ich weiß ja, daß es nur vorübergehend ist. Ich meine nur, daß du Jillian etwas mehr Zeit widmen solltest. Vielleicht unternehmt ihr irgendwas am Wochenende. Was meinst du?»

«Nun, mir paßt es auch nicht, daß ich ständig unterwegs bin», sagte Roy. «Das Projekt steht kurz vor dem Abschluß, und ich bin weiß Gott froh darüber. Es ärgert mich, daß ich die ganze Zeit weg bin. Ihr zwei fehlt mir wirklich. Und morgen früh rede ich mit Jillian.»

Gefühle sind das A und O einer jeden Beziehung. Sie sind ihre lebensnotwendige Energiequelle. Der Erfolg einer Beziehung hängt zu einem

Großteil davon ab, wie Sie und Ihr Partner Gefühle ausdrücken und vermitteln können. Dies erfordert Ehrlichkeit, Offenheit und ein hohes Maß an zärtlicher, liebevoller, aufmerksamer Anteilnahme – Verständnis für Ihre eigenen Gefühle und die Ihres Partners.

In Tracys und Toms Beziehung fehlt diese Sensibilität. Beide sind Erwachsene Kinder, und beide haben in ihrer Ehe die Verhaltensmuster ihrer Kindheit übernommen, die es ihnen unmöglich machen, ihre Gefühle offen zu zeigen und einander mitzuteilen. Dabei sind beide die Leidtragenden. Aufgrund ihrer in der Kindheit antrainierten Verhaltensweisen fällt es ihnen schwer – wenn es ihnen nicht gar unmöglich ist –, anders mit ihren Gefühlen umzugehen. Den einzigen Ausweg, den sie sehen, wenn Gefühle zu eskalieren drohen, ist die Trennung.

Sehen wir uns im Vergleich dazu Marys und Roys Situation an. Sie sind sicherlich keine perfekten Eltern, aber es wird doch deutlich, daß sie offener mit ihren Gefühlen umgehen als Tracy und Tom. Sie geben ihren Gefühlen Ausdruck und akzeptieren sie gegenseitig ohne allzu massive Vorwürfe. Sie sind in der Lage, vernünftig über das Bedürfnis ihrer Tochter nach mehr Zuwendung zu reden, und im Verlauf dieses Gesprächs lernen sie die Gefühle des anderen zu verstehen und gelangen zu einer Lösung des Problems.

Gefühle sind der Kern aller übrigen Problembereiche – Kontrolle, Grenzen, Nähe, Konflikte und Verpflichtungen eingehen –, mit denen Sie sich in Ihrer Beziehung auseinandersetzen müssen. Diese anderen Bereiche haben eines gemeinsam: Sie erfordern, daß Sie sich Ihrer eigenen Gefühle bewußt werden und diese vermitteln können *und* auf die Gefühle Ihres Partners achten und entsprechend reagieren. Um eine erfüllende Beziehung in allen anderen Bereichen aufzubauen, müssen Sie lernen, mit Ihren Gefühlen auf eine gesunde Art und Weise umzugehen.

Der Austausch von Gefühlen zwischen Roy und Mary ist beispielhaft für den offenen Dialog, der in einer intakten Beziehung ablaufen kann. Wo emotionale Offenheit in einer Partnerschaft und somit in einer Familie herrscht, profitieren die Kinder. Sie sehen, wie ihre Eltern Gefühle zeigen, ohne sie als Mittel der Unterdrückung, Manipulation oder des Mißbrauchs einzusetzen. In einer intakten Familie erkennen die Eltern die Gefühle ihrer Kinder an und ermuntern sie, ihre Gefühle auf gesunde Weise auszudrücken.

Dies war jedoch bei Ihnen nicht der Fall. Sie wuchsen in einer Familie auf, wo Sie bestimmte unausgesprochene Regeln befolgen mußten, die Sie dazu anhielten, Ihre Gefühle zu leugnen und zu unterdrücken. Diese vorgegebenen Verhaltensmuster hinderten Sie daran zu lernen, mit Ihren Gefühlen auf gesunde Weise umzugehen. Sie erschwerten es Ihnen, als Erwachsener eine funktionierende Beziehung aufzubauen. Um zu verstehen, wie sich diese Regeln auf Sie auswirkten, sollten wir uns zunächst einmal ansehen, wie Ihre Familie mit Emotionen umging.

## Ihre Familienregeln: Fühle nichts und rede nicht

In Ihrer Familie war Verdrängen oberstes Gebot. Ihre Eltern waren Meister darin. Durch ihr eigenes Verhalten – vor allem auch im Umgang mit Ihnen –, zeigten sie Ihnen, wie Sie Ihre Gefühle leugnen konnten. Sie schlossen daraus, daß es zwei Hauptregeln in Ihrer Familie gab: Man fühlt nichts, und man redet nicht. Sie durften nichts fühlen, was für Ihre Eltern inakzeptabel war, und Sie hatten mit Sicherheit nicht über Ihre Gefühle zu sprechen. Wenn Sie gegen diese Regeln verstießen und ein unangebrachtes Gefühl ausdrückten, dann ließen es Ihr Vater oder Ihre Mutter Sie büßen.

Janet erzählt, was passierte, als sie es einmal wagte, sich ihrer Mutter zu widersetzen: «Ich mußte mich immer um meinen kleinen Bruder Michael kümmern, der fünf Jahre jünger war als ich; ich mußte die ganze Zeit auf ihn aufpassen und ihn mitnehmen, wenn ich spielen ging. Einmal, ich war vielleicht acht oder neun, wollte eine Freundin vorbeikommen, und wir wollten mit unseren neuen Puppen spielen. Meine Mutter erklärte, daß ich mich um Michael kümmern müßte, weil sie einkaufen ging oder so was. Ich drehte durch. Ich war so wütend, ich heulte und schrie, daß ich die Nase voll hätte, immer nur auf Michael aufpassen zu müssen, und daß es nicht fair sei. Ich werde nie ihren Blick vergessen. Er war so voller Haß. Sie fing an, herumzubrüllen und mir Gemeinheiten an den Kopf zu werfen, warf mir vor, ich wäre egoistisch, zu überhaupt nichts zu gebrauchen, eine richtige Heulsuse, und wie ich meinen Bruder nur so hassen könnte. Ich war so verletzt, daß ich mich nie mehr geweigert habe, auf meinen kleinen Bruder aufzupassen.»

Als Janet zu leugnen aufhörte und ihre wahren Gefühle über die ständige Beanspruchung durch ihren Bruder zum Ausdruck brachte, mußte sie dies mit emotionaler Kälte von seiten ihrer Mutter teuer bezahlen. Sie lernte, daß es verwerflich war, ehrlich seine Gefühle zu zeigen. Heute, in ihrer Beziehung zu ihrem Freund, muß sie sich dazu zwingen, ihre Gefühle zu äußern, und sie bekommt immer noch feuchte Hände, und ihr Herz beginnt wie wild zu schlagen, wenn sie ihm gegenüber unangenehme Gefühle ausdrücken muß.

In einer typischen dysfunktionalen Familie geht keiner mit seinen Gefühlen offen, ehrlich und verantwortungsbewußt um. In einigen Fällen sind die einzigen Gefühle, die ausgedrückt werden, äußerste Wut oder Hysterie, oft gefolgt von Phasen des Schweigens, Leugnens und emotionaler Distanz.

Ein Kind, das diese Art von emotionalem Fehlverhalten miterlebt, wird zwangsläufig im Umgang mit Gefühlen verunsichert sein und wahrscheinlich zwischen Unterdrückung und Überreaktion hin und her schwanken.

«Mein Vater kam von der Arbeit heim», erzählt Lawrence, «und es war offensichtlich, daß er etwas getrunken hatte, weil er aus voller Kehle sang. Das tat er sonst nie, nur, wenn er getrunken hatte. Das war das Signal, sich zu verdrücken, denn meine Schwester und ich wußten, daß es gleich Streit geben würde. Am Abend meines dreizehnten Geburtstags, als wir alle zusammen ausgehen und feiern wollten, gab es auch einen Riesenkrach. Am nächsten Tag erwähnte keiner meinen Geburtstag! Jahrelang sagte ich mir, daß es mir egal sei, aber jetzt merke ich, wie viel es mir ausmachte.» Lawrence ist 34 Jahre alt und hatte nie eine länger als sechs Monate währende Beziehung. Und das ist kein Wunder. Wenn Eltern mit ihren Gefühlen auf eine derart chaotische, destruktive und unberechenbare Weise umgehen, lernen Kinder zwangsläufig, ihre Emotionen unter Verschluß zu halten und engen Beziehungen aus dem Weg zu gehen.

Vielleicht stammen Sie aus einer Familie, in der keinerlei Gefühle zugelassen wurden, weil es nicht gestattet war. Wenn Sie es einmal wagten, dann stießen Sie auf Mißbilligung oder unverhohlene Ablehnung – keiner war da, der sich mit Ihren Gefühlen auseinandersetzen wollte oder konnte.

«Niemand hat mir je verboten, Gefühle zu zeigen», sagt die 52jährige Cassie. «Das war überhaupt nicht nötig. Meine Mutter hatte eine spezielle Art, ihr Mißfallen auszudrücken, so einen gewissen finsteren Blick, den sie immer aufsetzte, wenn sie sich über mich ärgerte. Und wenn sie unglücklich war, dann bekam ich oft diesen ‹Blick› zu spüren. Ich habe keine Ahnung, warum mir das so deutlich in Erinnerung ist, aber einmal war ich im Wohnzimmer und malte ein Bild. Sie kam herein und hatte geweint, und als sie mich sah, schaute sie mich an und ging wieder hinaus. Ich nahm an, daß ich irgend etwas Schlimmes tat, weil ich ein Bild für sie malte. Als das brave kleine Mädchen, das ich war, und weil ich sie nicht aufregen wollte, gab ich ihr nie dieses Bild. Ich warf es weg. Erst viel später, als ich mit meinen eigenen Depressionen umgehen mußte, verstand ich, daß meine Mutter die meiste Zeit ihres Lebens deprimiert gewesen ist und selten zugänglich war. Und daß es nicht meine Schuld war.»

Eine der schwierigsten Situationen für ein Kind ist es, wenn niemand da ist, der die Gefühle des Kindes «widerspiegelt», ihm zeigt, was es fühlt, und ihm hilft, dieses Gefühl zu benennen. Welches Trauma Sie auch immer in Ihrer Kindheit erlebten, wenn Sie keinen Erwachsenen hatten, der Ihnen half, Ihre Gefühle zu analysieren, sie als angemessen zu bewerten und den Schmerz zu lindern, dann sind Sie ebenso wie Cassie benachteiligt, wenn Sie eine erwachsene Beziehung eingehen wollen.

Die Menschen, die normalerweise die Gefühle eines Kindes widerspiegeln und ihm helfen, traumatische Erlebnisse zu überwinden – die Eltern –, waren in Ihrem Fall diejenigen, die Ihnen durch Mißbrauch und Vernachlässigung dieses Trauma erst zufügten. Da Sie dieser Situation nicht entfliehen konnten, mußten Sie Ihre Gefühle unterdrükken, um Ihre Kindheit einigermaßen heil zu überstehen.

## Gefühle auf Eis legen, um zu überleben

Ich habe eine Menge Respekt vor der Weisheit unseres Schöpfers. Er schenkte uns nicht nur das Leben, sondern gab uns auch einige wichtige Hilfsmittel mit auf den Weg, um schwere Zeiten und traumatisierende Erlebnisse zu überstehen. Wenn Sie sich in Gefahr befinden, dann werden eine Reihe von körperlichen Reaktionen ausgelöst, die Ihnen helfen, mit dieser Gefahr umzugehen. Adrenalin wird freigesetzt, Ihr Herz schlägt schneller, und Ihre Atmung beschleunigt sich. Ihre Pupillen vergrößern sich, damit Sie besser sehen können. Ihre Muskeln sind angespannt, um für jede erforderliche Aktion bereit zu sein. Alle Sinne sind geschärft, und Ihnen ist besonders deutlich bewußt, was um Sie herum vorgeht. Ihr ganzer Körper ist in Alarmbereitschaft versetzt, bereit, zu kämpfen oder zu fliehen, um Ihnen so eine Überlebenschance zu bieten.

Als Kind sind Sie darauf angewiesen, daß Ihre Eltern für Sie sorgen und Sie am Leben erhalten. Wenn Ihre Eltern eine relativ sichere Umgebung für Sie schaffen, in der Sie lernen und sorglos aufwachsen können, müssen Sie nicht aufs reine Überleben bedacht sein. Sie haben mehrere Jahre Zeit, um verfeinerte Strategien für den Umgang mit den natürlichen und den von Menschen produzierten Gefahren Ihrer Umwelt zu entwickeln.

Wer in einer intakten Familie aufwächst, muß nicht die angeborenen Überlebensfähigkeiten einsetzen, um den Alltag als Kind zu bewältigen. Solche Kinder können sich ganz auf die normale Entwicklung konzentrieren. In diesem Fall sind im Erwachsenenalter die instinktiven Überlebensreaktionen nicht ständig in Alarmbereitschaft, jedoch in Gefahrensituationen jederzeit abrufbar.

Ihre Kindheit hingegen war ein reines Überlebenstraining. Sie war voller Gefahren, auf die Sie weder physisch noch psychisch vorbereitet waren. Niemand kann körperliche, sexuelle oder seelische Grausamkeiten durchstehen, ohne Schaden zu nehmen. Niemand kann einer ständigen Ablehnung durch die engsten Bezugspersonen ausgesetzt sein und unbeschadet davonkommen. Sie mußten etwas unternehmen, um zu überleben.

Sie legten Ihre Gefühle auf Eis und entwickelten Strategien, die es

Ihnen ermöglichten, die Kindheit einigermaßen heil zu überstehen. Sie lernten, hart, zäh, sensibel und anpassungsfähig zu sein. Diese Eigenschaften können durchaus nützlich sein, aber für eine Beziehung reichen sie nicht aus. Eine Beziehung ist nichts, was man verbissen durchstehen oder über sich ergehen lassen sollte – im Gegenteil, man sollte Spaß daran haben.

Solange Sie Ihre Gefühle verbergen und auf reines Überleben aus sind, mögen Sie zwar überleben, aber Ihre Beziehung wird sich nie voll entfalten können.

Ich habe einen Großteil meines erwachsenen Lebens damit verbracht, Beziehungen «auszuhalten», habe getan, was nötig war, um sie durchzustehen, wußte aber nicht, wie ich hinter meiner Maske der Co-Abhängigkeit hervorkommen sollte. Wenn ich an meine zweite Ehe – mit Susan – zurückdenke, dann bedauere ich, wie verschlossen und distanziert ich damals war. Die einzigen Gelegenheiten, bei denen ich wirklich etwas fühlte, war in Konflikten und beim Sex. Ich weiß noch, wie wenig Blickkontakt wir hatten, selbst wenn wir uns liebten. Erst im nachhinein sehe ich, wie sehr ich meine Gefühle unterdrückt habe. In mancher Hinsicht scheine ich damals ein völlig anderer Mensch gewesen zu sein.

Um Gefühle zuzulassen und mitteilen zu können, müssen Sie bestimmte, in der Kindheit erlernte Verhaltensmuster aufgeben, die bewirken, daß Sie sich als erwachsener Mensch abkapseln. Dies erfordert den Willen zur Genesung und Ihre aktive Mitarbeit – denn nichts geht von selbst. Die instinktiven Methoden, die Ihnen einst nützlich waren, um mit traumatisierenden Erlebnissen fertig zu werden, kehren sich im Erwachsenenalter in dysfunktionale Verhaltensweisen um. Solange Sie Ihre Gefühle unter Verschluß halten, leben Sie in einem emotionalen Vakuum, von Ihrer Vergangenheit beherrscht, und Beziehungen, die ausschließlich im Hier und Jetzt existieren, werden aus reiner Gewohnheit aufrechterhalten.

Um die Voraussetzung für einen erfolgreichen Umgang mit Ihren Emotionen in einer Partnerschaft zu schaffen, ist es hilfreich, sich mit dem Phänomen des sogenannten posttraumatischen Streßsyndroms zu befassen.

## Kindheitstrauma – Kriegsneurotische Erwachsene

Wer in ständiger Angst aufgewachsen ist oder Mißhandlungen jedweder Art als Kind ausgesetzt war, entwickelt automatisch Mechanismen, um den körperlichen oder seelischen Schmerz auszuschalten. Diese Art, mit einem Trauma umzugehen, ähnelt der eines Soldaten, der mit dem Trauma der Kriegserfahrungen zu kämpfen hat. Auch nach Ende des Krieges leiden viele ehemalige Soldaten unter einer «Kriegsneurose», auch posttraumatisches Streßsyndrom (PTS) genannt. Trauma wird hier definiert als: «schmerzliche Erfahrung, die lang während psychische Auswirkungen hat». Diese lang währenden psychischen Auswirkungen äußern sich später im Erwachsenenalter als PTS und beeinflussen nachhaltig den individuellen Umgang mit Gefühlen in einer Beziehung.

Der Mediziner Timmen Cermak, der wertvolle Beiträge zu unserem Verständnis für die Beziehung zwischen PTS und Kindheitstraumen lieferte, stellte fest, daß «die Erfahrung mit Kindern aus Suchtfamilien zeigt, daß viele von ihnen in einem gewissen Maß unter Symptomen leiden, die mit dem posttraumatischen Streßsyndrom vergleichbar sind – eine Krankheit, die man von Soldaten im Krieg her kennt, heute vor allem bei Vietnam-Veteranen zu beobachten». Ich würde diese Definition auf Kinder aus Problemfamilien ausdehnen.

Cermak fährt fort: «PTS tritt offenbar bei Menschen mit normalen Schutzmechanismen auf, die traumatischen Erlebnissen ausgesetzt sind, die weit über das hinausgehen, was man unter normalen menschlichen Erfahrungen versteht (vor allem, wenn das Trauma chronischer Natur ist, von Menschen erzeugt wird und innerhalb eines geschlossenen sozialen Systems auftritt).» Die Mißhandlungen, denen Kinder in dysfunktionalen Familien ausgesetzt sind, fallen mit Sicherheit unter dieses Kriterium.

So gesehen leiden die meisten Erwachsenen Kinder bis zu einem gewissen Grad unter einer «Kriegsneurose». Die Symptome dieser Neurose erfüllen für den Soldaten auf dem Gefechtsfeld ebenso wie für den Sechsjährigen, dem ununterbrochen mit Zurückweisung gedroht oder der seelisch oder körperlich mißbraucht wird, ihren Zweck. Das Problem besteht darin, daß diese Symptome weit über ihre ursprüngliche Nützlichkeit hinaus fortbestehen. Dies sind die drei wichtigsten Symptome des PTS:

1. Erneutes Durchleben des Traumas
2. Hyperwachsamkeit
3. Psychische Lähmung

Das erste Symptom, das *Erneute Durchleben des Traumas*, zeigt sich in Rückblenden, Träumen und plötzlichen Erinnerungen an die Gefühle, Gedanken und Verhaltensweisen, die während des Traumas auftraten. Erinnerungen werden oft durch Gegenstände und Ereignisse ausgelöst, die der ursprünglichen Situation ähneln. Als Erica in ihrer Therapie an vermutetem sexuellen Mißbrauch in der frühen Kindheit arbeitete, tauchten ungewollt bestimmte Bilder und Empfindungen aus dem Unterbewußtsein auf. «Ich wälzte mich im Bett hin und her», berichtete sie, «und bekam so ein merkwürdiges Gefühl im Bauch. Alles krampfte sich in mir zusammen, und plötzlich tauchte dieser dunkle Fremde auf, der auf mein Bett zugeschlichen kam. Ich weiß noch nicht einmal, wer es war oder wie es genau ablief, aber ich glaube, es war mein Stiefvater.» Wie Erica in ihrem Genesungsprozeß später herausfand, war sie bei mehreren Gelegenheiten von ihrem Stiefvater mißbraucht worden, der sich nachts in ihr Zimmer schlich und sie an ihren Geschlechtsorganen berührte, während Erica sich schlafend stellte, aus Angst davor, ihn zur Rede zu stellen.

Erica hatte mit ihrem Lebenspartner sexuelle Probleme. Kurz vor dem Orgasmus erstarb ihre Erregung plötzlich, und sie wurde von vagen, diffusen Ängsten gequält. Sie begann eine Therapie, ohne damals schon zu wissen, daß sie unter dem Symptom des erneuten Durchlebens des Traumas litt. Während unserer Therapie wurde der Zusammenhang zwischen ihren gegenwärtigen Gefühlen und dem früheren sexuellen Mißbrauch deutlich. Durch stetige, beständige Arbeit und die Unterstützung und Kooperation ihres Freundes machte Erica entscheidende Fortschritte auf dem Weg zu ihrer Heilung.

Ein zweites wichtiges Symptom ist *Hyperwachsamkeit*. Sie tritt auf, wenn man ständig mit der nächsten häuslichen Katastrophe rechnen muß. Hyperwachsamkeit ist im Zusammenleben mit einer Problemfamilie extrem wichtig. Cermak sagt dazu: «Individuen, die einer extremen Gefahrensituation ausgesetzt sind, neigen dazu, ihre Wachsamkeit auf Autopilot zu stellen, so daß sie ihre Umgebung ständig nach dem kleinsten Anzeichen einer drohenden Gefahr hin absuchen. Viele Vietnam-Veteranen stellten bei ihrer Rückkehr in die Heimat fest, daß sich ihr Autopilot nicht ausschalten ließ. Sie standen weiterhin unter äußerster Anspannung, erwarteten immer das Schlimmste, waren nicht in der Lage, jemandem zu trauen oder sich wieder sicher zu fühlen.»

Da Sie als Kind ständig vor der allgegenwärtigen Gefahr weiterer Mißhandlungen auf der Hut sein mußten, mußten Sie Ihre Aufmerksamkeit nach außen richten, um sich entsprechend verhalten zu können. Daraus entsteht das co-abhängige Charakteristikum des «externen Bezugs» – die wachsame Überprüfung der Umgebung, um das Risiko des Mißbrauchs oder der Zurückweisung auf ein Minimum zu beschränken. Wie ein Soldat auf Aufklärungsflügen erfahren Sie durch ständiges Sondieren, in welcher Situation Sie sich befinden und wie Sie darauf reagieren sollten. Unglücklicherweise bedeutet dies zugleich, daß Sie Ihren eigenen Gefühlen zuwenig Aufmerksamkeit schenken.

Hals Beschreibung seiner Kindheit mit einer Mutter, die ihn physisch und psychisch mißhandelte, ist ein gutes Beispiel für Hyperwachsamkeit. «Jedesmal, wenn ich von der Schule nach Hause ging, wurde ich immer verkrampfter, je näher ich unserer Wohnung kam. Ich machte die Tür auf und wußte nie, was mich erwarten würde. An manchen Tagen war sie nicht mal zu Hause. Wenn sie getrunken hatte, dann fing sie sofort an, mich anzubrüllen. Ich hatte das Gefühl, ständig auf der Hut sein zu müssen, immer wachsam, immer aufzupassen. Ich mache das heute noch, beobachte andere, wie sie sich verhalten, damit ich weiß, wie ich darauf zu reagieren habe.» Hals Aufmerksamkeit mußte nach außen gerichtet sein, damit er sich, so gut es ging, vor seiner Mutter schützen konnte, was ihm wenig Zeit ließ, sich auf das zu konzentrieren, was in seinem Innern vorging.

Heute, nach vierundzwanzigjähriger Ehe, haben Hal und seine Frau eine Gesprächstherapie begonnen. Hal kann es zwar nicht mit Bestimmtheit sagen, hat aber das unbestimmte Gefühl, daß Virginia ihn verlassen will. «Sie ist immer so beschäftigt, geht zu diesem Treffen, zu jener Veranstaltung. Sie hat kaum noch Zeit für mich. Ich frage mich langsam, ob sie nicht etwas mit einem anderen Mann hat. Ich habe vorsichtshalber mal einen Anwalt angerufen. Und das hat uns dazu veranlaßt, zu einer Eheberatung zu gehen.»

Virginia erklärt, daß Hals Überreaktion sie zwar sehr verletzte, daß sie aber weder eine Affäre habe noch die Absicht, Hal zu verlassen. Sie habe einfach nur festgestellt, daß sie nicht nur zu Hause herumsitzen kann, sondern sich ein eigenes Leben aufbauen muß. Seit die Kinder erwachsen sind und weiter entfernt wohnen, hat sie das Gefühl, etwas für sich tun zu müssen. Hal fühlt sich dadurch verständlicherweise bedroht und «hält ständig ein Auge auf mich». Somit hat seine Hyperwachsamkeit zur gegenwärtigen Krise in ihrer Ehe beigetragen. Hal beginnt zu verstehen, daß seine Kindheitsgeschichte und das Verhältnis zu seiner Mutter in direktem Zusammenhang zu seiner momentanen co-abhängigen Beziehung zu seiner Frau stehen und daß seine Verdächtigungen und sein Mißtrauen auf den Fehlschlüssen, die er aus seinen Beobachtungen zieht, basieren.

Ein drittes wichtiges Symptom des PTS – und entscheidend, will man verstehen, warum sich Erwachsene Kinder so schwertun, in einer Partnerschaft Gefühle auszudrücken – ist *psychische Lähmung*. Der Betroffene erstarrt innerlich – eine natürliche Reaktion auf ein unnatürliches Maß an traumatischen Erlebnissen. Cermak schreibt hierzu: «In Momenten extremer Anspannung sind Soldaten im Einsatz oft gefragt, blind zu reagieren, ganz gleich, was sie fühlen. Ihr Überleben hängt von der Fähigkeit ab, Gefühle zugunsten von Handlungen, die ihre Sicherheit gewährleisten, zu unterdrücken. Unglücklicherweise heilt die dadurch entstandene Spaltung zwischen dem eigenen Ich und dem Erlebten nicht so leicht. Sie verschwindet nicht einfach mit der Zeit. Wenn nicht ein aktiver Heilungsprozeß eingeleitet wird, wird der Betroffene immer wieder eine Einschränkung seines Empfindungsvermögens erfahren, eine verminderte Fähigkeit, momentane Gefühlsregungen zu erkennen, und das anhaltende Gefühl, von seiner Umgebung abgetrennt zu sein (Depersonalisation).» Es ist schwer, auf einer persönlichen Ebene mit einem Menschen zu verkehren, wenn Sie Ihre Gefühle unter Verschluß halten, von Schutzwällen umgeben, die in der Kindheit errichtet wurden.

Das kommt mir bekannt vor. In meiner ersten Ehe – mit Beth, die ebenfalls ein Erwachsenes Kind war – herrschte ein großes emotionales und seelisches Vakuum. Ich nehme an, daß wir beide diese Leere spürten, sie uns aber nicht eingestehen wollten, geschweige denn wußten, was wir dagegen tun sollten. Obwohl wir viele schöne Stunden miteinander verbrachten, so wurde es doch zum Grundprinzip unserer Beziehung, unsere Gefühle voreinander zu verbergen. Ich hatte irgendwann in der Kindheit meine Gefühle «abgestellt» und sie höchstwahrscheinlich ebenfalls.

Ein trauriges Beispiel für unsere Angst vor Gefühlen war die Art, wie wir mit unserer Zuneigung füreinander umgingen. Als sie mir das erste Mal vorsichtig sagte: «Ich liebe dich», konterte ich: «Du wirst darüber hinwegkommen» und versuchte, mein Unbehagen mit einem Lachen zu überspielen. Sie lachte mit. Dies wurde zu unserer Standardformel, unsere einzige Möglichkeit, mit drei simplen Worten umzugehen.

Mit der Zeit erkannte ich, daß es so nicht weitergehen konnte, da ich tief in meinem Innern spürte, daß in unserer Beziehung etwas Entscheidendes fehlte. Ich unternahm eine Rucksacktour, um über alles in Ruhe nachzudenken. Ich mußte (natürlich) alleine herausfinden, ob ich diese Ehe weiterführen wollte. Als ich von meiner Tour zurückkehrte, erklärte ich voll innerer Anspannung, daß ich mir überlegt hätte, daß es besser wäre, wenn wir uns trennten. Zu meiner Überraschung war Beth sofort einverstanden, und ich empfand große Erleichterung darüber, daß wir uns nicht mit all den unangenehmen Gefühlen herumschlagen mußten. Wir diskutierten ruhig und gelassen darüber, was zu tun war, um unsere fünfjährige Ehe aufzulösen. Wir einigten uns darauf, daß sie ausziehen würde und daß ich im Haus bleiben und alles soweit instand setzen würde, damit wir es verkaufen konnten. Es war alles schrecklich traurig, aber ich war zur damaligen Zeit so bedauernswert abgestumpft, daß ich nicht anders konnte, als meine Gefühle zu verbergen und mich an meine «psychische Lähmung» zu klammern, ein Verhalten, das mir aus der Kindheit her vertraut war.

In den meisten von uns leben die in der Kindheit entwickelten Verhaltensmuster bis in unsere erwachsenen Beziehungen hinein fort. Die verletzte Seele unseres inneren Kindes verbirgt sich hinter den Unterdrückungs- und Ablehnungsmechanismen, die so entscheidend für unser Überleben in der Kindheit waren. Jener kindliche Geist, den Sie aus Ihrer Kindheit kennen, bleibt so lange unter den Bergen von Negativerfahrungen begraben, wie Sie sich nicht entschließen, Ihr Kindheitstrauma endlich aufzuarbeiten. Um die Symptome des PTS erfolgreich zu bekämpfen und mit den eigenen Emotionen umgehen zu lernen, müssen Sie aufwachen und sich mit diesem Aspekt Ihrer Persönlichkeit vertraut machen – dem Kind in Ihrem Innern.

## Lachen und spielen und weinen: Erwecken Sie Ihr inneres Kind

Ihr inneres Kind ist der Teil von Ihnen, der für Gefühle verantwortlich ist. Ihr inneres Kind ist von einer natürlichen Spontanität, erlebt und lebt das Leben mit einer spielerischen Unschuld, wie sie nur Kinder besitzen. Es verfügt über all die Eigenschaften, die Sie an einem Kind bewundern, und zusätzlich über all das, was das Kindsein beängstigend und peinlich macht – Gefühle.

Für die emotionale Entwicklung Ihrer Partnerschaft ist die Erweckung Ihres inneren Kindes ein unbedingtes Muß. Andernfalls finden Sie sich in einer Beziehung wieder, die ernst und gefühlsarm ist, mit wenig Raum für die Lebendigkeit, Lebensfreude und Menschlichkeit, die Ihr inneres Kind beisteuern kann. Das soll nicht heißen, daß es nicht ernsthafte Dinge gäbe, mit denen Sie sich in einer Beziehung auseinandersetzen müssen. Zum Beispiel müssen in jeder Beziehung bestimmte Pflichten erfüllt werden, wie Wäsche waschen, putzen, einkaufen gehen – das «Geschäftliche» einer Beziehung. Aber selbst diese praktischen Dinge können Sie mit mehr Energie, Spontanität und Begeisterung erledigen, wenn Ihr inneres Kind beteiligt ist.

Das Schlüsselwort heißt Spontanität, das spontane Ausleben von Gefühlen jeglicher Art – Wut, Trauer, Freude, Angst. Aber wenn Sie sich einen Großteil Ihres Lebens bemühten, sich unter Kontrolle zu haben, dann ist es schwer, spontan zu sein. Ihr inneres Kind wurde vor langer Zeit begraben und ist jetzt in Ihnen gefangen, voller Panik bei der Vorstellung, zum Vorschein kommen zu müssen. Schließlich war es nie sicher, ein Kind zu sein, warum sollte es jetzt anders sein?

«Als ich zum erstenmal etwas von einem inneren Kind hörte», erzählte Walter, «reagierte ich ungläubig und mißtrauisch. Mein erster Gedanke war: ‹Ich bin ein erwachsener Mann. Ich kann nicht herumlaufen und mich wie ein Kind aufführen.› Dann wurde mir bewußt, daß ich mich wie ein erwachsener Mann verhalten hatte, seit ich fünf Jahre alt war. Scheint allmählich an der Zeit zu sein, daß ich ein bißchen lockerer werde und wieder lerne, zu lachen und zu spielen und zu weinen. Ich habe das seit Jahren nicht mehr gemacht.»

Ihr inneres Kind aufzuwecken und «lachen und spielen und weinen» zu lernen wird Ihre Beziehung bereichern und ihr eine gewisse Leichtigkeit verleihen. Wollen Sie lernen, wie man das anstellt? Dann sollten Sie an zwei wichtigen Bereichen arbeiten: Trauern und Spielen.

## Trauern

Trauern ist eine Möglichkeit, wie Sie auf Eis gelegte Gefühle wiederbeleben können. Auf Eis gelegte Gefühle sind Empfindungen wie Wut, seelischer und körperlicher Schmerz und Leid, die Sie als Kind nie fühlen oder ausdrücken durften. Sie sind jedoch tief in Ihrem Innern verborgen, gehören zur Sphäre Ihres inneren Kindes. Eine Ihrer Hauptaufgaben in Ihrem Heilungsprozeß besteht darin, diese verborgenen Gefühle freizulegen und die psychische Lähmung des posttraumatischen Streßsyndroms zu überwinden.

In unserer Kultur ist es nichts Ungewöhnliches, wahre Gefühle zu verbergen. Es wäre zu schön, wenn unsere Gesellschaft den angemessenen Ausdruck natürlicher Gefühle zulassen würde. Das Thema Trauer erinnert mich an einen Film über eine italienische Beerdigung, den ich einmal sah: Schwarzgekleidete Frauen wehklagten und vergossen Tränen über ihren Verlust. Bei den meisten modernen Beerdigungen sieht man es selten, daß jemand seinen wahren Gefühlen wie Wut und Gram wirklich freien Lauf läßt. In unserer dysfunktionalen Kultur werden Verdrängung und «Tapferkeit» höher bewertet als Ehrlichkeit und offen zur Schau gestellter Schmerz. Ich erinnere mich noch, wie stoisch sich Jackie Kennedy verhielt, nachdem sie ihren Mann durch die Kugeln eines Attentäters verloren hatte. Die meisten Zuschauer äußerten damals ihre Bewunderung darüber, wie sehr sie sich in der Gewalt hatte.

Hier genau liegt das Problem. Wie die meisten Erwachsenen Kinder lernten Sie, sich «in der Gewalt zu haben», den kleinsten Funken eines ehrlichen Gefühls zu ersticken. Sie hatten die Wahl, eben dies zu tun oder abgelehnt zu werden.

Mark beschreibt seine Erfahrung folgendermaßen: «Ich lernte schnell, jegliche Gefühle zu unterdrücken. Meine Mutter hatte eine Art, Dinge zu sagen, daß sie einen wie ein Messer durchbohrten, aber wenn ich es gewagt hätte, mich zu wehren, und ihr gesagt hätte, daß es weh tat, dann hätte sie mich nur einen Jammerlappen geschimpft. Einmal, als ich etwa neun war, regte sie sich fürchterlich auf wegen ein paar Kleidern, die bei mir im Zimmer auf dem Boden herumlagen. Sie fing an, einfach alles aus meinem Schrank zu werfen, und brüllte mich an: ‹Du undankbares Geschöpf! Das tust du nur, um mich zu ärgern! Was ist das bloß für ein Saustall! Ich werde dir schon beibringen, dein Zimmer in Ordnung zu halten!› Ich war fassungslos. Ich brüllte zurück, und sie drohte, mich zu meinem Vater zu schicken. Das saß, und als ich anfing zu weinen, sagte sie: ‹Versuch's jetzt nicht mit der Masche! Du mußt dir keine Tränen herauspressen, nur damit ich Mitleid mit dir habe. Du bist genau wie dein Vater!› Man hatte bei ihr keine Chance. Am besten hielt ich meinen Mund. Ich habe noch immer die Angewohnheit, nicht über meine Gefühle zu reden. Wenn Sie mir nicht glauben, dann fragen Sie meine Frau.»

Genauso wie Mark lernten Sie nicht nur, Ihre Gefühle zu unterdrükken, sondern Sie waren auch noch davon überzeugt, daß Sie selbst diese Mißhandlung oder Vernachlässigung heraufbeschworen. Immer wenn ein Elternteil wütend oder traurig ist, denkt das Kind, daß es seine Schuld sei. Das Kind geht gewöhnlich noch einen Schritt weiter und glaubt, daß es irgendwie «schlecht» sei. Wenn niemand da ist, der die Dinge zurechtrückt, der sagt: «Du bist nicht schlecht, und es ist nicht deine Schuld, wenn deine Mutter oder dein Vater dich mißhandelt», dann werden die natürlichen Reaktionen eines Kindes unter einer dikken Schicht von Schuldgefühlen begraben. Durch fortdauernde Mißhandlung jeglicher Art wächst dieser Schuldkomplex, der das Kind bis ins Erwachsenenalter hinein begleitet, immer weiter und beeinträchtigt die Selbsteinschätzung. Sie sind davon überzeugt, daß irgend etwas mit Ihnen nicht stimmt, weil Sie derartige Gefühle hegen.

Statt sich Scham, Schuld und Selbstvorwürfen zu überlassen, sollten Sie lernen, zu trauern und zu klagen. Wie Alice Miller schreibt: «Klagen ist das Gegenteil von Schuldgefühlen; es ist ein Ausdruck des Schmerzes darüber, daß wir solche schlimmen Erfahrungen machen mußten und daß es keine Möglichkeit gibt, die Vergangenheit zu ändern.» Es gibt keinen Grund für Vorwürfe oder Schamgefühle, sie verstärken lediglich die Auswirkungen von Mißhandlung. Es ist an der Zeit, mit der Trauerarbeit zu beginnen.

*Aktivieren Sie Ihre Sinne*

Trauern hilft Ihnen, Ihre Sinne zu aktivieren, die möglicherweise jahrelang abgestumpft waren, so daß Sie die Wut und den Schmerz, die Sie als Kind nicht ausdrücken durften, jetzt als Erwachsener ausleben können. Die seelische Erstarrung löst sich allmählich, indem Sie das Kind in Ihnen anerkennen. Indem Sie Ihre Sinne aktivieren, können Sie den Kern Ihres Wesens, Ihr inneres Kind, wiederentdecken.

Wenn Ihnen Ereignisse aus Ihrer Vergangenheit einfallen, dann überlegen Sie, was Sie bei diesen Erinnerungen empfinden. Falls Ihnen irgendeine körperliche Reaktion auffällt, Ihnen beispielsweise der Atem stockt oder das Herz pocht, so kann dies ein Hinweis darauf sein, daß Sie erneut Ihr Trauma durchleben. Achten Sie besonders auf Gefühle wie Wut oder Trauer. Beobachten Sie, was in Ihrem Körper vorgeht. Achten Sie auch auf kaum wahrnehmbare physische Reaktionen, die Sie vielleicht in der Vergangenheit ignoriert haben. Indem Sie eben diesen Reaktionen besondere Aufmerksamkeit schenken, findet Ihre Trauer ein Ventil, und Sie sind auf dem besten Weg, Gefühle bewußt zu erleben.

Gina erzählt vom Beginn ihres Heilungsprozesses. Achten Sie auf die Gefühlsregungen – hier in Kursivschrift –, die Signalwirkung haben: «Ich dachte schon immer, daß irgend etwas in der Beziehung zu meinem Stiefvater nicht stimmte, aber ich wußte nie, was es war. Ich *fühlte mich nie wohl in seiner Gegenwart* und war immer *auf der Hut*. Letztes Jahr sah ich mir irgendwann ein paar alte Fotos an, und plötzlich *ging mir ein Licht auf*. Mir *fiel eine Situation ein*, als ich etwa zehn war und meine Mutter nicht zu Hause war. Er machte mich betrunken und vergewaltigte mich. Ich habe es einfach all die Jahre aus meinem Gedächtnis gestrichen. Ich war durcheinander, wütend, verletzt und schämte mich so, daß ich nicht wußte, was ich tun sollte. Es kostete mich eine Menge Tränen, aber schließlich erkannte ich mit Hilfe von Freunden, daß es nicht meine Schuld war.» Diese Erkenntnis war für Gina der Beginn der Erweckung ihres inneren Kindes.

Gina erkannte, daß ihr jahrelanges Unbehagen im Umgang mit Männern, die ihr nahestanden, ihr Argwohn und ihr fehlendes Vertrauen, daß all das auf dieses Kindheitserlebnis zurückzuführen war. Die meiste Zeit ihres Erwachsenendaseins hatte sie oberflächliche, rein sexuelle Beziehungen zu Männern geführt, hatte bezeichnenderweise jedes Verhältnis nach ein paar Wochen beendet, wenn es darum ging, Nähe zuzulassen und sich zu öffnen. Ihre neue Erkenntnis hat in Gina den Wunsch geweckt, ihr Verhalten verstehen zu wollen und zu erfahren, wie sie ihre Gefühle intensiver und bewußter ausleben kann.

*Mit Hilfe von Freunden*

Gina erwähnt die Mithilfe von Freunden. Eine Möglichkeit, um Ihre auf Eis gelegten Gefühle wiederzuerwecken, ist, Ihre Wut und Trauer mit einem Menschen zu teilen, der für Sie da ist, jemand, der Sie dazu ermutigt, über Ihre Kindheitserlebnisse zu sprechen und Ihren Gefühlen freien Lauf zu lassen. Diese Person kann Ihr Therapeut sein, Ihr Begleiter in einem 12-Schritte-Programm, ein Freund oder auch Ihr Partner.

Die wichtigste Voraussetzung ist, daß Sie sich bei diesem Menschen *sicher* fühlen. Auch wenn Ihr Partner kein Therapeut ist, so mag er oder sie dennoch bereit sein, Sie bei der Erweckung Ihres inneren Kindes und der notwendigen Trauerarbeit zu unterstützen.

Beverly erzählt voller Dankbarkeit, wie ihr Freund während ihres Heilungsprozesses stets für sie da war: «Jay versteht zwar nicht immer, was mit mir los ist, aber er läßt mir jede Menge Raum für meine Gefühle, egal wie sie aussehen. Mann, ist das ein Unterschied! Einmal nach einer besonders anstrengenden Therapiestunde, wo ich den großen Schmerz über die Unnahbarkeit und Gemeinheit meiner Mutter rausließ, kam ich heim, setzte mich hin und fing an zu weinen. Jay kam herein und sah mich weinen. Er sagte kein Wort. Er stellte nur seine Sachen ab, kam zur Couch herüber, setzte sich neben mich und nahm mich in den Arm. Dann fing ich wirklich an zu heulen, ließ das kleine Mädchen in mir traurig sein, ohne es zu kritisieren oder zu verurteilen.» Daß sie durch diese Trauer ihren Gefühlen freien Lauf lassen konnte, verschaffte Beverly große Erleichterung und brachte ihr gleichzeitig Jay näher.

In meinen Therapiegruppen wird viel Wert auf Sicherheit gelegt, auf gegenseitige Unterstützung und Offenheit im Umgang mit Gefühlen. Während der verschiedenen Übungen erleben die Teilnehmer und Teilnehmerinnen Wut und Schmerz in der sicheren Umgebung einer Gruppe. Einmal erzählte Jody mit einer erstaunlichen Selbstverständlichkeit, daß ihre Mutter sie schon immer, solange sie denken kann, mit verschiedenen Gegenständen verprügelt hatte. Als sie von einer bestimmten Situation erzählte, die sich ereignete, als sie sechs Jahre alt war, zeigte ihr Gesicht keinerlei Gefühlsregung.

Ein anderes Gruppenmitglied, Martin, wurde zunehmend unruhiger und unterbrach sie schließlich und erklärte, er sei wütend. Das war für ihn selbst ein immenser Durchbruch. Jodys Beschreibung ihrer gewalttätigen Mutter hatte bei ihm echte Wut hervorgerufen. Ich legte ein paar Kissen in die Mitte auf den Boden und bat Martin, sich davorzuknien, seine Hände zu einer großen Faust zu ballen, die Augen zu schließen und auf die Kissen einzuschlagen und zu sagen: «Ich bin wütend.» Er tat es, am Anfang zögernd, aber nach ein paar zarten Berührungen und mit etwas Ermunterung drosch er mit voller Kraft auf die Kissen ein und schrie: «Ich bin wütend! Ich hasse dich! Ich hasse dich!»

Nach ein paar Minuten ließ er davon ab, und Tränen liefen ihm übers Gesicht. Die übrigen Gruppenmitglieder weinten entweder oder waren wie erstarrt, angesichts der Intensität von Martins Wut. Martin gab zu, daß er zunächst auf Jodys Mutter wütend gewesen sei, dann auf Jody und schließlich auf seine eigene Mutter, die ihn, wenn sie betrunken war, immer verprügelt hatte. Wir redeten in der Gruppe darüber, daß dies ein wichtiger Schritt in dem Prozeß sei, den Verlust der eigenen Kindheit zu betrauern. Sie können nicht mehr ändern, was passiert ist, und es ist alles andere als sinnvoll, sich selbst oder seinen Eltern die Schuld zu geben, aber es hilft, sich die Wut über eine derart brutale Behandlung einzugestehen und Ihren Schmerz darüber, daß so etwas passieren mußte, auszudrücken.

Um intensiv Freude empfinden zu können, müssen Sie intensiv Ihren Schmerz erfahren haben. Durch Trauern beginnen Sie, Ihre Gefühle bewußt wahrzunehmen. Trauern hilft Ihnen, die Vergangenheit loszulassen.

Dies ist der einzige Weg, Ihr inneres Kind zu erwecken und anzuerkennen, nicht nur seinen Schmerz, sondern auch seine Liebe, Freude und Kreativität. Sobald es erwacht, sollten Sie es als wichtigen und lebendigen Aspekt Ihrer Persönlichkeit anerkennen. In der Unschuld, die unter all den Schichten von Scham verborgen ist, liegen Ihre Lebensgeister begraben, die sich freudig, spielerisch und spontan in Ihnen zu regen beginnen.

Wenn Sie dieses Potential in Ihre Beziehung einbringen, werden Sie eine Vielfalt kreativer Möglichkeiten kennenlernen, gemeinsam mit Ihrem Partner Gefühle auszuleben – und es zu genießen. Ein zweiter Weg, Ihre Gefühle zu erwecken, ist, gemeinsam mit Ihrem Partner zu spielen.

## Spielen

Die emotionale Vernachlässigung in Danielles Kindheit hatte sie gelehrt, daß es gefährlich war, Gefühle spontan zu äußern. «Mein Mann Todd zieht mich damit auf, daß ich immer so zugeknöpft bin, aber die Wahrheit ist, daß ich gar nicht weiß, wie man ausgelassen ist. Neulich abends hat er mir einen Witz erzählt, den er ungemein komisch fand, und ich habe überhaupt nicht verstanden, wieso. Da wurde er wütend und warf mir vor, daß man mit mir überhaupt keinen Spaß haben könnte, daß ich unbedingt lockerer werden müßte. Er hat recht, aber ich muß immer daran denken, daß meine Mutter, als ich klein war, jedesmal Kopfschmerzen bekam, wenn ich laut lachte oder spielte oder mich einfach nur wie ein Kind benahm.»

Ebenso wie Danielle wurden Sie vielleicht auch schon sehr früh als «kleine Erwachsene» behandelt. In diesem Fall haben Sie vielleicht verlernt, wie man spielt – falls Sie es je durften. Die Hemmungen, die daraus resultieren, daß Sie Ihre Gefühle kontrollieren und Ihr inneres Kind verbergen mußten, machen es Ihnen als erwachsenem Menschen schwer, ausgelassen zu sein. Die emotionale und seelische Erstarrung des PTS haben Ihren Körper und Ihre Sinne abgestumpft, was es Ihnen erschwert, in Ihrer Beziehung einmal aus sich herauszugehen und zu spielen.

Um emotional ungehemmter zu sein und zu spielen, müssen Sie eins der Grundprinzipien co-abhängigen Verhaltens in Frage stellen, nämlich die Annahme, auf andere einen guten Eindruck machen zu müssen. Spielen bedeutet, diesen Grundsatz weniger streng zu befolgen und bereit zu sein, etwas zu riskieren: zu riskieren, daß man sich blamiert, daß andere denken, Sie führten sich albern und kindlich auf (was hoffentlich stimmt!), das Risiko einzugehen, daß andere Ihr Verhalten mißbilligen und Sie kritisieren. Denken Sie stets daran, daß es keinen Deut ausmacht, ob irgend jemand Ihr Verhalten gutheißt. Sie sind durchaus in der Lage, Ihr Leben ohne die Billigung anderer zu leben!

Spielen in eine Beziehung einzuführen erfordert all die obengenannten Eigenschaften und darüber hinaus die Bereitschaft, sich dem Partner gegenüber spontan zu äußern. Wenn Ihnen dazu der Mut fehlt, beginnen Sie erst mal mit Kleinigkeiten. Kaufen Sie etwas Knetmasse, und formen Sie gemeinsam Tiere. Gehen Sie Rollschuhlaufen. Bauen Sie Sandburgen. Lassen Sie am Strand einen Drachen steigen. Besuchen Sie zusammen einen Malkurs. Seien Sie bereit, auch ungewöhnliche Freizeitaktivitäten auszuprobieren, wie beispielsweise Körpermalerei. Auch hier wieder heißt der Schlüssel Spontaneität.

Angie und Bill sind seit acht Jahren zusammen. Angie muß kichern, wenn sie daran denkt, was einmal auf dem Nachhauseweg von einem Familientreffen geschah: «Bill und ich fuhren so vor uns hin, wir waren beide ziemlich ausgelaugt, nachdem wir den ganzen Tag mit meiner Familie verbracht hatten. Ich dachte, daß ich eigentlich Lust hätte, zu spielen. Wir fuhren an einem Park mit einem Abenteuerspielplatz vorbei, und ich sah Bill an und sagte: ‹Bill, laß uns im Park spielen.› Erst wehrte er ab, aber dieses Mal blieb ich hartnäckig. Je mehr ich darüber nachdachte, desto besser gefiel mir die Idee, und ich war entschlossen, mich diesmal durch seine Reaktion nicht davon abbringen zu lassen. Schließlich hielt er an, wir stiegen aus und gingen zum Park hinüber. Ich erklomm das Klettergerüst, balancierte über die niedliche Holzbrücke und schaukelte an den Ringen. Bill zögerte erst – ich denke, daß es für ihn auch schwieriger ist –, aber schließlich schaukelte er mit. Es war ganz offensichtlich, daß es ihm Spaß machte. Ein paar Leute liefen herum, aber das war uns egal. Die wenigen Kinder, die da waren, schienen sich nicht im geringsten an uns zu stören, sondern amüsierten sich im Gegenteil darüber, daß zwei mittelalterliche Erwachsene eine solche Freude an Spielgeräten haben konnten.»

Die gängige Vorstellung über das Erwachsensein besagt, daß man mit 21 Jahren erwachsen ist und sich dementsprechend zu verhalten hat, daß Erwachsensein eine ernsthafte Angelegenheit ist. Eine andere Sichtweise geht davon aus, daß das Kind in uns niemals stirbt und daß es an uns ist, es zum Spielen zu überreden. Wie Eric Sevareid sagte: «In keinem Kind steckt ein Erwachsener, aber in jedem Erwachsenen steckt ein Kind.» Durch Trauern und Spielen können Sie die Leichtigkeit und Spontanität dieses inneren Kindes wiedergewinnen.

## Wie empfinden Männer und Frauen wirklich?

Robert Bly, ein Dichter, der sich mit Männerfragen beschäftigt, glaubt, daß Männer es nicht so gut verstehen wie Frauen, ihre Gefühle und Gedanken zu artikulieren. Ich stimme ihm zu. Ich bin oft erstaunt darüber, wie gut Frauen über ihre Gefühle Bescheid wissen und sie in Worte fassen können. Vor einigen Jahren hatte ich eine Beziehung mit einer Frau, die jederzeit in der Lage war, ihre innersten Gefühlsregungen auszudrücken. Ich hingegen wußte nicht immer so genau, was ich gerade fühlte. Manchmal mußte ich erst länger nachdenken, bevor ich ein Gefühl einordnen konnte.

Mit etwas Übung können wir Männer lernen, Worte und Gefühle in Einklang zu bringen, aber dennoch werden uns Frauen nach meiner Erfahrung in dieser Hinsicht immer überlegen sein. Wenn Sie ein Mann sind, dann ist es wichtig, daß Sie diese Tatsache akzeptieren. Sie werden immer etwas langsamer sein, wenn es darum geht, Gefühle auszudrücken. Wenn Sie Zeit brauchen, um in sich hineinzuhorchen, dann gestehen Sie sich diese Zeit zu. Das bedeutet nicht, daß Sie unfähig sind, etwas zu empfinden, sondern lediglich, daß Sie etwas länger dazu benötigen, eine Empfindung zu definieren. Eine Beziehung ist kein Wettbewerb, bei dem es darum geht, wer besser fühlen kann – oder überhaupt irgend etwas anderes besser kann.

Wenn Sie eine Frau sind, dann freuen Sie sich über die Tatsache, daß Sie besser mit Gefühlen umgehen können. Wenn Sie diese Unterschiede anerkennen und schätzen, werden Sie einander mehr Raum zugestehen, für Ihre Heilung als auch innerhalb Ihrer Beziehung.

Es gibt Dinge, die Sie alleine, und andere, die Sie gemeinsam tun können, um die Auswirkungen Ihrer «Kriegsneurose» zu mindern, um Ihre Sinne und Gefühle aufzuwecken und damit auch Ihr inneres Kind wiederzubeleben. Durch folgende Anregungen und Übungen können Sie den emotionalen Bereich Ihrer Beziehung vertiefen.

## Lösungen: Wie ich mich besser fühle

Lassen Sie mich folgendes klarstellen: Mir geht es nicht darum, daß Sie eine Art Hochgefühl anstreben, sondern ich will Ihnen vielmehr zeigen, wie Sie Ihren Gefühlen auf den Grund gehen und sie auf natürliche Weise ausleben können. Mit Alice Millers Worten: «Das Gegenteil von Depression ist nicht Glücklichsein, sondern Lebensfreude.» Eine Ihrer Hauptaufgaben bei der Genesung von Ihrem Kindheitstrauma besteht darin, diese Lebensenergie zu aktivieren, damit Sie von ihr – in welcher Form auch immer – durchströmt werden.

Die folgenden Übungen sollen Ihnen helfen, Ihre Sinne dieser Energie zu öffnen und Ihrem Partner Ihre Gefühle mitzuteilen. Die ersten Übungen sind für Sie alleine gedacht, obwohl Sie selbstverständlich Ihre Erfahrungen mit ihrem Partner teilen können. Bei den beiden letzten werden hauptsächlich Gefühle innerhalb Ihrer Beziehung angesprochen. Zunächst aber sollten Sie in der Lage sein, Ihre Gefühle zu definieren. Dazu müssen Sie lernen, in sich hineinzuhören, statt auf äußere Einflüsse zu reagieren.

## Bestimmen Sie Ihre Gefühle

Um mit den eigenen Empfindungen vertraut zu werden, sollten Sie zuerst erkunden, was in Ihrem Körper vor sich geht. Zunächst einmal ist es wichtig, aufmerksam Signale zu registrieren, ohne gleich darauf zu reagieren. Während Sie dies lesen, können Sie vielleicht einmal bewußt Ihre Atmung wahrnehmen. Vielleicht registrieren Sie Verspannungen in bestimmten Körperpartien, möglicherweise im Nacken, in den Schultern oder im Magen.

Wenn Sie als Kind in irgendeiner Weise durch Ihre Bezugspersonen mißhandelt wurden, sei es durch Schläge oder sexuellen Mißbrauch, oder wenn Sie zu selten zärtlich berührt und gestreichelt wurden, dann sind Ihre Sinne mit der Zeit abgestumpft. Es wird etwas Übung und Geduld erfordern, diese erstaunlichen Barometer von Empfindungen und Gefühlen wieder zu aktivieren. Damit Sie Ihre Gefühle kennenlernen, versuchen Sie es einmal mit folgender Übung zur Schärfung Ihrer Sinne, mindestens einmal täglich während der nächsten drei Wochen. Nehmen Sie die Übung auf, spielen Sie dann die Kassette ab, während Sie die Übung durchführen. Es ist wichtig, daß Sie sich dazu an einen ruhigen Ort zurückziehen, wo Sie nicht gestört werden. Sie können diese Übung alleine machen, aber wenn Sie es möchten, kann Ihr Partner auch daran teilnehmen.

### Übung:

Setzen Sie sich entspannt hin, und schließen Sie die Augen. Beobachten Sie Ihre Atmung. Achten Sie auf das gleichmäßige Heben und Senken Ihrer Brust, wenn Sie zunächst einatmen und dann ganz langsam ausatmen. Sie merken, daß Ihre Atmung immer tiefer wird. Mit jedem Ausatmen spüren Sie, daß Sie entspannter werden. Beim Einatmen sagen Sie sich in Gedanken: «Ich bin...» und beim langsamen Ausatmen: «entspannt». «Ich bin... entspannt. Ich bin... entspannt. Ich bin... entspannt.»

Achten Sie jetzt auf Ihre Haut. Ist sie kühl oder warm? Registrieren Sie die unterschiedliche Temperatur der einzelnen Körperpartien. Spüren Sie das Gewicht und das Material Ihrer Kleidung auf der

Haut. Spüren Sie das Gewicht Ihres Körpers auf der Couch oder dem Stuhl. Nehmen Sie alles wahr, was Ihnen im Zusammenhang mit Ihrer Haut auffällt. Nun achten Sie auf Muskelverspannungen in den einzelnen Körperpartien. Wenn Sie eine Verspannung wahrnehmen, stoßen Sie sie mit dem Ausatmen heraus, damit sich Ihre Muskeln lockern. Beginnen Sie mit dem Kopf, dem Gesicht, und richten Sie Ihre Aufmerksamkeit langsam nach unten, auf den Nacken, die Schultern. Jetzt konzentrieren Sie sich auf die Oberarme ... Brust ... dann den oberen Rücken. Nun die Unterarme ... Hände ... Bauch ... untere Rückenpartie. Fühlen Sie Verspannungen im Gesäß ... Genitalien ... After. Jetzt die Oberschenkel, vorn und hinten. Dann die Knie ... Waden ... Schienbeine. Jetzt achten Sie auf Ihre Füße, Sohle und Spann. Dann die Zehen. Und nun richten Sie Ihre Aufmerksamkeit wieder auf Ihre Atmung.

Hören Sie nun genau Ihren Körperrhythmen zu. Ihr Herzschlag, Ihre Atmung. Spüren Sie, wie das Blut durch die Venen und Arterien strömt. Achten Sie auf jede innere Regung. Konzentrieren Sie sich wieder auf Ihre Atmung. Nun kehren Sie allmählich wieder in die Wirklichkeit zurück. Werden Sie sich der Geräusche, Lichtquellen und anderer Sinneseindrücke um Sie herum bewußt. Wenn Sie bereit sind, öffnen Sie langsam die Augen.

Stellen Sie sich folgende Fragen: Welcher Teil Ihres Körpers war am stärksten verkrampft? Konnten Sie sich richtig entspannen? Gab es empfindungslose Körperpartien? Spürten Sie irgend etwas? Wenn Sie diese Übung zum erstenmal machen, achten Sie auf jede noch so kleine Gefühlsregung. Lassen Sie keine Sinneswahrnehmung außer acht. Wenn Sie diese Übung mit Ihrem Partner ausführen, sollten Sie Ihre Antworten auf diese Fragen austauschen, ebenso wie alles andere, was Ihnen möglicherweise aufgefallen ist. Wenn Sie sie alleine durchführen, könnten Sie Ihre Eindrücke in einem Tagebuch festhalten.

Christine machte diese Übung mit ihrem Mann Ray. Hier sind einige ihrer Kommentare: «Dies ist eine der entspannendsten Übungen, die ich je ausprobiert habe. Ray sprach sie auf Band, und wir saßen im Wintergarten, in bequemen Sesseln, stellten den Recorder an und überließen uns seiner Stimme. Ich spürte die ganze Zeit über deutlich

Rays Nähe. Mir wurde bewußt, daß ich eine ganze Menge Verspannungen in meinem Bauch und Hals mit mir herumschleppe, und beim erstenmal war es schwer, diese Partien völlig zu entspannen. Aber mit jedem Mal fiel es mir leichter.»

## Was sagen uns Begriffe?

Was Gefühle angeht, alles. Diese inneren Eindrücke, die wir Gefühle nennen, beim Namen nennen zu können ist äußerst wichtig, vor allem, wenn Sie nicht darin geübt sind, verschiedene Emotionen voneinander zu unterscheiden. John und Linda Friehl: «Die Unfähigkeit, Gefühle zu identifizieren, und das Unvermögen, sie auszudrücken, sind zwei Hauptcharakteristiken dysfunktionaler Familien oder Individuen.» Bei Erwachsenen Kindern besteht das Verbindungsglied zwischen der Identifikation von Gefühlen und ihrem Ausdruck in der Benennung eben dieser Gefühle.

Wenn Sie Ihre Gefühle nicht benennen können, sind Sie ihnen ausgeliefert. Anne Wilson Schaef schreibt: «Alles, was unbenannt bleibt, kann uns indirekt beeinflussen, und da wir keine Worte dafür haben, können wir uns weder wehren noch damit umgehen.» Wenn Sie lernen, Ihre Gefühle zu benennen, dann wird sich ihr Einfluß auf Sie reduzieren. Wenn Sie hingegen Ihre Gefühle weiterhin leugnen oder nicht in Worte fassen können, wird Ihr Ohnmachtsgefühl anhalten; Gefühle beim Namen zu nennen schafft die Voraussetzung, dem Partner auch intimste Empfindungen mitzuteilen.

Helen erinnert sich, wie sie in den frühen Phasen ihres Heilungsprozesses «nicht den Unterschied zwischen traurig, ängstlich oder ärgerlich kannte. Ich war so oft verprügelt worden, daß ich die meiste Zeit meines Lebens in einem, ja wie soll ich's nennen, absoluten Dämmerzustand verbrachte. Ich wußte, wenn mir kalt oder warm war, aber darüber hinaus hätte ich nicht sagen können, was ich fühlte. Die meiste Zeit war ich deprimiert, und ich versuchte, diese Deprimiertheit mit Ausgelassenheit zu überspielen, obwohl mir durchaus nicht zum Lachen zumute war. Es war völlig unmöglich für mich, irgendeine Beziehung einzugehen, bevor ich nicht lernte, etwas zu empfinden. Es wäre einfach fürchterlich gewesen.»

Ebenso wie Helen müssen auch Sie Ihre Gefühle kennenlernen, sich zunächst Ihrer Sinneswahrnehmungen und schließlich Ihrer Gefühle bewußt werden, die mit diesen Sinneseindrücken einhergehen. Wenn Sie den Reaktionen Ihres Körpers mehr Aufmerksamkeit schenken, ist es hilfreich, wenn Sie Ihren Wahrnehmungen ein bestimmtes Gefühl zuordnen können.

*Identifizieren Sie die vier Grundgefühle*

Bedenkt man, daß sich unzählige Gefühlsnuancen identifizieren lassen, dann ist es erstaunlich, daß sich lediglich vier Grundempfindungen herauskristallisieren: ärgerlich, traurig, froh und ängstlich. Jede Variante und jeder Intensitätsgrad läßt sich auf diese vier Gefühle zurückführen. Achten Sie genau auf die Signale Ihres Körpers und Ihrer Sinne, und benennen Sie das, was Sie fühlen. Wenn zum Beispiel Ihr Herz heftig schlägt, Ihr Magen sich verkrampft und Sie sich am liebsten verkriechen würden, dann haben Sie höchstwahrscheinlich Angst oder ärgern sich. Wenn Ihre Augenlider schwer werden, Ihre Schultern herabhängen und Sie die Stirn in Falten legen, sind Sie wahrscheinlich traurig.

Um herauszufinden, ob Ihre Gefühle zutreffen, könnten Sie einmal versuchen, sie laut auszusprechen. Wenn Sie in den Lippen und Augen eine Spannung spüren, wenn Ihnen das Herz bis zum Hals schlägt und Ihre Hand zur Faust geballt ist, dann versuchen Sie, dieses Gefühl als Ärger zu bezeichnen. Trifft es zu? Für den Anfang wird es hilfreich sein, wenn Sie Ihre wahrgenommenen Gefühle den obengenannten vier Kategorien zuordnen. Führen Sie die folgende leichte Übung ein bis zwei Wochen lang aus, und Sie werden feststellen, daß Sie die Mehrzahl Ihrer Gefühle benennen können.

Mit dieser Übung soll erreicht werden, daß Sie sich systematisch auf Ihre Gefühle konzentrieren und darüber hinaus versuchen, sie beim Namen zu nennen. Wenn Sie zur Zeit eine feste Beziehung haben, wäre es sinnvoll, Ihren Partner mit einzubeziehen. Wenn Sie dieses Programm zusammen durcharbeiten, sollten Sie täglich Ihre Entdekkungen einander mitteilen. Wenn Sie dieses Programm alleine durchgehen, erzählen Sie Ihre Ergebnisse jemandem in Ihrer Selbsthilfegruppe oder einer anderen Person Ihres Vertrauens. Indem Sie einen anderen Menschen hinzuziehen, werden Sie der Benennung Ihrer Gefühle mehr Bedeutung beimessen.

**Übung:**

Schreiben Sie oben auf eine Karteikarte oder ein leeres Blatt Papier die vier Grundgefühle und zusätzlich die Kategorie «weiß nicht». Tragen Sie dieses Blatt immer bei sich. Halten Sie jede Stunde am Tag einmal kurz inne und fragen Sie sich: «Was fühle ich?» Beginnen Sie damit beim Aufstehen. Machen Sie in der zutreffenden Spalte ein Kreuz, wenn Sie dieses Gefühl registrieren; wenn Sie nicht sicher sind, was Sie empfinden, dann kreuzen Sie «weiß nicht» an.

Ruthanne führte diese Übung zwei Wochen lang durch und war von dem Ergebnis überrascht. «In den ersten zwei oder drei Tagen war ich wirklich entmutigt, weil ich ständig ‹weiß nicht› ankreuzte. Ich bekam es einfach nicht in den Griff, irgendein Gefühl zu erkennen. Aber dann wachte ich eines Morgens auf und ärgerte mich. Ich ärgerte mich über eine Kollegin von mir, die mir immer mehr von ihrer Arbeit aufhalste. Von da an fiel es mir leichter, meine Gefühle einzuordnen. Mann, was war ich überrascht, wie oft ich ärgerlich war!» Ruthanne entdeckte weiter, daß dieser Ärger mit wirklichem Schmerz verbunden war, ein Schmerz, der auf die Demütigung zurückging, die sie bei den Wutausbrüchen und Beschimpfungen ihrer Mutter empfunden hatte.

Es ist für Erwachsene Kinder nichts Ungewöhnliches, Wut als Furcht und Traurigkeit zu erfahren. Manchmal bewahrt uns ein Wutausbruch davor, mit anderen schmerzlichen Gefühlen konfrontiert zu werden. Wenn Sie häufig Ärger als Gefühl identifizieren, versuchen Sie einmal herauszufinden, ob sich hinter dieser Wut noch andere Gefühle verbergen.

*Abstufungen und Intensitätsgrade von Gefühlen*

Nachdem Sie diesen Schritt hinter sich haben, werden Sie zunächst nur grobe Unterscheidungen treffen können und feinere Nuancen übersehen. Vielleicht sind Sie der Meinung, daß Wut ein ganz intensives Gefühl sein muß. Von daher übersehen Sie möglicherweise jede Gefühlsregung dieser Art, wenn es nicht gleich Rage ist. Oder Sie verwechseln vielleicht Traurigkeit mit Deprimiertheit. Während Traurigkeit ein aktiver emotionaler Zustand ist, werden bei Deprimiertheit lediglich Gefühle ausgeschaltet, was eher einer Unterdrückung von Gefühlen entspricht. Da Ihnen das Ausschalten von Gefühlen und der Rückzug in sich selbst vertraut ist, ist Deprimiertheit für Sie eine gewohnte Erfahrung und von daher leichter zu identifizieren.

Oft werden die Signale Ihres Körpers so subtil sein, daß sie Ihnen entgehen, wenn Sie nicht hin und wieder ganz aufmerksam in sich hineinhören und genau darauf achten, was Ihr Körper Ihnen sagen will. Um die verschiedenen Intensitätsgrade von Gefühlen wahrzunehmen, müssen Sie sich Ruhe gönnen. Gefühle zu erkennen und zu benennen widerspricht allem, was Sie in Ihrem Elternhaus gelernt haben. Von daher ist es wichtig, daß Sie viel Geduld mit sich haben. Indem Sie Ihre Gefühle beim Namen nennen, verstoßen Sie gegen Familienregeln. So gern Ihr inneres Kind auch zum Vorschein kommen möchte, so sehr fürchten Sie sich auch davor. Es kostet Zeit, Raum für dieses innere Kind zu schaffen und Ihre Sinne wiederzuerwecken, und noch mehr Zeit, diese wiedererwachten Empfindungen und Gefühle zu benennen.

Da jedes dieser vier Grundgefühle in unterschiedlicher Intensität erlebt werden kann, ist es sinnvoll, ein Gefühlsvokabular zu erstellen, um auch feinste emotionale Regungen einordnen zu können.

| *Ärgerlich* | *Traurig* | *Froh* | *Ängstlich* |
|---|---|---|---|
| wütend | enttäuscht | glücklich | verängstigt |
| verstimmt | deprimiert | erfreut | nervös |
| empört | verletzt | hingerissen | panisch |
| aufgebracht | unglücklich | fröhlich | besorgt |
| verdrossen | entmutigt | sorgenfrei | erschreckt |
| haßerfüllt | trübsinnig | begeistert | beunruhigt |
| angewidert | einsam | ruhig | schuldig |
| zornig | verzweifelt | zufrieden | unsicher |
| frustriert | | ausgelassen | verzweifelt |
| gereizt | | erregt | unbehaglich |
| beleidigt | | erfüllt | |

Diese Liste erhebt keinerlei Anspruch auf Vollständigkeit, sondern ist lediglich als Anregung gedacht. Vielleicht werden Sie weitere Gefühle bei sich feststellen und diese hinzufügen. Sie können auch die Intensität Ihrer Empfindungen mit Bezeichnungen wie «wirklich» oder «etwas» oder «sehr», so zum Beispiel «wirklich verzweifelt» im Gegensatz zu «etwas verzweifelt», beschreiben.

**Übung:**

Nun, da Sie etwas Übung in der Wahrnehmung und Bestimmung Ihrer Gefühle haben, können Sie im nächsten Schritt lernen, diese Gefühle auszudrücken. Sie sollten dabei mit Ihrem Partner bzw. Ihrer Partnerin zusammenarbeiten. Falls er oder sie dazu nicht bereit ist, bitten Sie eine andere Ihnen nahestehende Person. Wichtigste Voraussetzung für diese Übung ist Ihr Gefühl der Sicherheit.

Kopieren Sie die obige Liste mit Gefühlsbezeichnungen. Wählen Sie im Beisein Ihres Partners drei der genannten Gefühlszustände aus. Beschreiben Sie Ihrem Partner drei Situationen, in denen Sie kürzlich das gewählte Gefühl empfanden. Ihr Partner sollte Ihnen lediglich zuhören, ohne Sie zu verbessern, Ihnen Ratschläge zu erteilen oder Sie zu kritisieren. Wiederholen Sie diese Übung dreimal pro Woche, drei Wochen lang.

Am Anfang wird es Ihnen etwas unangenehm sein (Gefühle sind im Spiel!), aber geben Sie nicht auf. Denken Sie daran, Sie bewegen sich auf unbekanntem Terrain, aber um etwas zu verändern, müssen Sie sich neuen Erfahrungen aussetzen, selbst wenn Ihnen nicht ganz wohl dabei ist.

Phil war mit den Ergebnissen dieser Übung zufrieden. «Wendy, meine Frau, beklagt seit Jahren an mir, daß ich mehr Gefühle zeigen sollte. Aber erst seit wir diese Therapie machen, sehe ich, daß sie recht hat. Ich versuchte es mit der Übung zur Einordnung von Gefühlen und stellte fest, daß ich meine Schwierigkeiten mit ‹sanfteren› Gefühlen habe – vor allem mit ‹verletzt› oder ‹traurig› sein. Ich glaube, es war einfach zu gefährlich für mich, so was zu empfinden. Ich bin Wendy so dankbar – für ihre Hartnäckigkeit und Geduld.»

## Über Gefühle reden

Eine der wichtigsten Voraussetzungen für eine funktionierende Partnerschaft ist, daß Sie sich Ihre Gefühle mitteilen. Zwei Menschen können eine Beziehung haben, ohne je über ihre Gefühle zu reden (ich habe es selbst erlebt), aber diese Beziehung wird zwangsläufig eine große Leere, ein emotionales Vakuum aufweisen. Deshalb ist es entscheidend, daß Sie Ihre Gefühle erkennen und benennen und darüber hinaus Wege finden, diese Gefühle regelmäßig auszutauschen.

Die folgende Übung wende ich häufig bei der Partnertherapie an. Idealerweise führen Sie diese Übung gemeinsam mit Ihrem Partner durch, aber wenn Sie zur Zeit ohne feste Beziehung sind, bitten Sie einen guten Freund oder eine gute Freundin hinzu. Diese Übung «des unvollständigen Satzes» sollte zweimal die Woche, drei Wochen lang, aber nicht länger als 30 Minuten pro Sitzung durchgeführt werden.

### Übung:

Setzen Sie sich bequem hin, das Gesicht Ihrem Partner zugewandt. Dann vervollständigen Sie abwechselnd die unten aufgeführten Sätze so ehrlich und spontan wie möglich, nennen Sie zuerst den Namen Ihres Partners. Sie können jeden Satz auf drei verschiedene Arten beenden, wichtig ist nur, daß Sie sich dabei abwechseln. Wenn Ihnen keine weitere Variante mehr einfällt, dann gehen Sie weiter. Nehmen Sie sich den nächsten Satz vor, und verfahren Sie damit ebenso. Der zuhörende Partner sollte auf keinen Fall reagieren. Dazu wird später Gelegenheit sein. Jeder der beiden Partner kann die Übung jederzeit aus irgendeinem Grund abbrechen. Wenn Sie unterbrechen, lassen Sie etwas Zeit verstreichen, und kehren Sie zu dieser Übung zurück, wann immer Sie dazu bereit sind.

Angenommen, John und Mary versuchen es mit dieser Übung, und John beginnt: «Mary, es ärgert mich, wenn du ... nicht zur selben Zeit ins Bett gehst wie ich.» Mary hört sich lediglich seine Aussage an, ohne etwas hinzuzufügen oder anzumerken, dann ist sie an der Reihe. Sie sagt vielleicht: «John, es ärgert mich, wenn du ... mich zwingst, mit dir zu schlafen.» Dann wiederholt John denselben unvollständigen Satz, aber diesmal mit einem anderen Ende. Sie wechseln sich so lange ab, bis jeder Gelegenheit hatte, den ersten Satz auf drei verschiedene Arten zu vollenden, gehen dann zum nächsten Satz über, bis alle Sätze vollendet sind.

Wenn Sie die ganze Sequenz durchgespielt haben, dann sollten Sie sich Zeit nehmen, um sich in Ruhe auszutauschen und darüber zu diskutieren, was die einzelnen Aussagen bedeuten. Es ist jedoch wichtig, daß Sie nicht darüber diskutieren, solange Sie die Übung machen. Sparen Sie sich Ihre Kommentare und Reaktionen für später auf. Wenn Ihr Partner redet, versuchen Sie, aufmerksam zuzuhören. Wenn die Diskussion steckenbleibt oder einer von Ihnen in Abwehrstellung geht, dann versuchen Sie es mit den Zuhör-Übungen in Kapitel 5 über Nähe.

Denken Sie bei den folgenden Sätzen daran, daß Sie zuerst Ihren Partner beim Namen nennen.

1. Es ärgert mich, wenn du...
2. Ich bin traurig, wenn du...
3. Ich war am meisten von mir enttäuscht, als...
4. Ich bin erfreut, wenn...
5. Ich bin verzweifelt, wenn...
6. Ich bin von dir enttäuscht, wenn...
7. Ich ängstige mich, wenn...
8. Es empört mich am meisten, wenn...
9. Ich bin verletzt, wenn...
10. Ich fühle mich einsam, wenn...
11. Ich bin froh, wenn...
12. Meine größte Angst ist...
13. Was ich am meisten an dir mag, ist...
14. Ich fühle mich dir am nächsten, wenn...
15. Ich schätze deine...

Wenn Sie die gesamte Übung durchgegangen sind, nehmen Sie sich ein paar Minuten Zeit, und überdenken Sie, was Ihnen an Ihrem Verhalten aufgefallen ist, und besprechen Sie Ihre Aussagen. Behalten Sie dabei zwei wichtige Punkte im Gedächtnis. Erstens: Wenn

Sie ein bestimmtes Gefühl haben, dann bedeutet das nicht zwangsläufig, daß Sie im Recht sind und Ihr Partner unrecht hat. Zweitens: Daß Sie eine bestimmte Empfindung haben, heißt noch lange nicht, daß Ihr Partner sein Verhalten ändern muß. Es bedeutet lediglich, daß Sie etwas fühlen!

Für Chris und Roger bot diese Übung jede Menge Diskussionsstoff. Chris erinnert sich: «Eine Sache, die ich dabei lernte, war, daß Roger jedesmal, wenn ich mit ihm über meine Gefühle reden will, meint, es sei etwas nicht in Ordnung und er müsse es aus der Welt schaffen. Ich weiß jetzt, daß es bei Männern nichts Ungewöhnliches ist, sich so zu verhalten, wenn Frauen mit ihnen reden wollen. Ich weiß auch, daß Roger sich darin nicht grundlegend ändern wird und daß ich ihm klarmachen muß, daß ich lediglich mit ihm reden und nicht gleich Probleme lösen will.»

Roger meint dazu: «Ich begreife langsam, daß es Momente gibt, in denen Chris einfach nur mit mir reden will. Aufgrund meines Berufs als Ingenieur bin ich es gewohnt, Defekte zu beheben und Probleme zu lösen, von daher ist es für mich etwas Natürliches, auch mit Chris. Ich verstehe nicht ganz, warum Chris manchmal einfach nur reden will, aber ich will's versuchen, wenn es unserer Ehe nützt.»

## Spiel mit mir

Wie schon erwähnt, ist Spielen eine Methode, erstarrte Gefühle wiederzubeleben (die andere ist Trauern). Ich meine nicht Spielen im Sinn von sportlichem Wettkampf, sondern Spielen wie im Theater. Diese Art von Spiel erfordert Kooperation und die Bereitschaft, mit Ihrem Partner etwas zu riskieren und Ihr inneres Kind sich frei entfalten zu lassen, ohne Einschränkung oder Wertung. Das ist keine leichte Aufgabe, wenn Sie ein Leben lang Gefühle unterdrückt haben. Beim Spielen gönnt sich Ihr bewußtes, rationales Ich, der Teil von Ihnen, der nach dem Warum fragt und Dingen auf den Grund gehen will, eine Pause. Beim Spiel, ebenso wie auf der Bühne, wird der Körper zum aktiven Ausdrucksmittel von Empfindungen. Wenn Sie sich nicht sicher sind, was Spielen ist, dann beobachten Sie kleine Kinder. Sie werden feststellen, daß sie mit scheinbar schlafwandlerischer Sicherheit miteinander umgehen. Die noch bessere Möglichkeit, Zweifel zu beseitigen, ist, selbst zu spielen, am besten zusammen mit Ihrem Partner.

Die folgende Übung soll eine gewisse Leichtigkeit in Ihre Beziehung bringen. Diese etwas abgeänderte Version von Robert Lawlors Vorschlag geht auf Stanislawskis Schauspieltechnik ebenso wie auf die alten fernöstlichen Traditionen des Tantrismus und Taoismus zurück. Beim erstenmal werden Sie mit Sicherheit etwas befangen sein. Sie und Ihr Partner sollten sich trotz eventueller Vorbehalte und Hemmungen darauf einigen, diese Übung einmal pro Woche über einen Zeitraum von sechs Wochen hinweg auszuführen. Es ist ungemein wichtig, daß Sie Ihren Partner während dieser Übung weder kritisieren, noch aufziehen oder entmutigen, sondern statt dessen ihn oder sie vollkommen unterstützen. Diese Übung wird nicht nur die Fähigkeit, zusammen zu spielen, fördern, sondern Sie auch einander näherbringen, möglicherweise beeinflußt sie auch Ihr gemeinsames Liebesleben positiv.

**Übung:**

Widerspiegeln: Der erste Schritt besteht darin, eine angenehme Atmosphäre zu schaffen. Sie beide sollten bequeme, locker fallende Kleidung tragen; hören Sie sanfte, beruhigende Musik. Vielleicht verteilen Sie auch ein paar bunte Blumen im Raum. Es hilft, wenn Sie vor dieser Übung etwas Zeit darauf verwenden, sich aufeinander einzustimmen, sei es durch entspannte Konversation oder auch gemeinsames Tanzen.

Von diesem Moment an ist die Übung recht einfach. Zunächst einigen Sie sich darauf, wer agiert und wer reagiert. Dann stellen Sie sich Ihrem Partner gegenüber, und der reagierende Part imitiert jede Bewegung des Initiators. Ein Partner bewegt sich, der andere ahmt seine Bewegung nach. Ein Partner gibt einen Laut von sich, der andere wiederholt ihn. Eine Geste, ein Gesichtsausdruck, eine Gefühlsregung – was auch immer der initiierende Partner vorgibt, der reagierende Partner wiederholt es so schnell wie möglich. Nach ein paar Minuten werden die Rollen getauscht. Denken Sie daran: Dies ist kein sportlicher Wettkampf, bei dem Sie Ihren Partner ausstechen

sollen, sondern im Gegenteil eine Übung, in der Sie aufeinander eingehen. Sinn der Übung ist es, zu spielen und Spaß zu haben.
Eine mögliche Variante wäre, daß der reagierende Partner nicht imitiert, sondern auf die Bewegung bzw. den Laut des anderen entsprechend reagiert. Wenn zum Beispiel der initiierende Partner zornig mit den Fäusten auf seine Brust trommelt, dann könnte sich der reagierende Partner ängstlich ducken.
Mit den Worten Lawlors: «Der bewußte Versuch, eine andere Person widerzuspiegeln, führt zunächst zu einem Zusammenbruch des eigenen Selbstbewußtseins; beide Partner lernen, daß sie in die verschiedensten Rollen schlüpfen und die verschiedensten Verhaltensweisen ausleben können – Rollen und Verhaltensweisen, die bislang auch ihnen selbst verborgen waren. Diese neugewonnene Nähe bewirkt eine wortlose Vertrautheit und Harmonie, die im Laufe der Zeit und mit etwas Übung zu einem steten, spontanen Gefühlsstrom zwischen den beiden Partnern führt.» Und genau das sollte Spielen sein – ein «steter, spontaner Gefühlsstrom» zwischen Ihnen und Ihrem Partner.

Lowell und Shelly testeten diese Übung. Lowell beschreibt, wie es ihm dabei erging: «Am Anfang kam ich mir ziemlich blöd vor. Shelly war die Animateurin oder Initiatorin oder was auch immer, und ich ahmte sie nach. Ich dachte die ganze Zeit, daß ich mich doof anstellte oder irgendwas falsch machte. Wir kicherten und alberten herum, was mir ganz guttat. Nach ein paar Minuten hatte ich keine Lust mehr, aber Shelly überredete mich weiterzumachen. Nach einer Weile war es beinah wie beim Tanzen und ein ständiger Wechsel zwischen Herumalbern und Ernst. Dann irgendwann hob sie beide Arme und kam ganz langsam auf mich zu, und unsere Hände berührten sich ganz leicht, dann hörten wir auf. Es war toll!»

## Vermeiden Sie Schuldzuweisungen

Ein letztes Wort zu Gefühlsäußerungen. Übernehmen Sie die Verantwortung für Ihre Gefühle. Das heißt, machen Sie nicht Ihren Partner oder irgend jemand anderen für Ihre Gefühle verantwortlich. Oft weist man durch die Art, wie man seine Gefühle ausdrückt, unbewußt einem anderen die Schuld zu. Wenn Sie Ihren Satz mit «Du gibst mir das Gefühl...» beginnen, dann seien Sie auf der Hut! Damit geben Sie Ihrem Partner die Schuld für das, was Sie fühlen. Benutzen Sie statt dessen lieber «Ich-Aussagen», wie «Ich fühle mich ausgeschlossen, wenn du nicht mit mir redest» oder «Ich ärgere mich über dich.»

Gewiß beeinflußt man sich in einer Beziehung gegenseitig, aber das heißt noch lange nicht, daß Ihr Partner für Ihre Gefühle verantwortlich ist. Wenn es Sie beispielsweise stört, daß Ihre Partnerin stundenlang telefoniert – ein Problem, das Sie ansprechen sollten –, so bedeutet dies jedoch nicht, daß sie es ist, die Sie stört. Am besten übernehmen Sie von Anfang an die Verantwortung für Ihre Gefühle, statt Ihrem Partner die Schuld zu geben. Dem anderen den Schwarzen Peter zuzuschieben vergiftet nur die Atmosphäre und führt zum Streit. Sie sollten sich auch nicht mit Selbstvorwürfen quälen, wenn Sie die Verantwortung für Ihre Gefühle übernehmen, sondern lediglich akzeptieren, daß die Ursache für Ihre Emotionen in Ihnen selbst zu suchen ist und nicht in Ihrer Umgebung.

Probieren Sie diese einfache Übung mit Ihrem Partner oder einem guten Freund aus. Sie können sie danach einmal im Monat zur Erinnerung wiederholen.

**Übung:**

Setzen Sie sich bequem gegenüber. Sagen Sie zu Ihrem Partner: «Du machst mich wütend», während Ihr Partner schweigend zuhört. Ihr Partner sagt dann dasselbe zu Ihnen. Achten Sie auf das, was Sie empfinden, wenn Sie diesen Satz sagen und später, wenn Sie ihn hören. Es ist nicht nötig, daß Sie in diesem Moment wirklich wütend sind, sondern daß Sie Ihre Reaktionen beobachten, während Sie diese Aussage machen und dann, wenn der Vorwurf an Sie gerichtet ist.
Wiederholen Sie diese Übung, diesmal mit dem Satz: «Ich bin wütend auf dich.» Machen Sie eine Pause, und überlegen Sie, wie Sie auf diese Aussage reagierten, und vergleichen Sie dann Ihre Reaktion mit der im ersten Beispiel. Im dritten und letzten Teil dieser Übung sagen Sie: «Ich will wütend auf dich sein.» Achten Sie wieder auf

Ihre Reaktion, und tauschen Sie Ihre Beobachtungen mit Ihrem Partner aus.

Es gibt keine richtigen oder falschen Reaktionen bei dieser Übung, also vertrauen Sie darauf, daß Ihre Erfahrung für Sie genau richtig ist und daß andererseits die Erfahrung Ihres Partners für ihn zutrifft.

Wiederholen Sie jetzt die ganze Sequenz mit den Gefühlszuständen «verletzt», «ängstlich» und «glücklich» anstelle von «wütend». Nehmen Sie sich nach jeder Sequenz ein paar Minuten Zeit, und teilen Sie sich Ihre Beobachtungen mit.

Jackie machte diese Übung mit einem guten Freund und berichtet: «Es war wie eine Erleuchtung. Ich begreife jetzt, warum Tom, mein ehemaliger Freund, mich immer so fürchterlich aufregte: weil er mir für jede Kleinigkeit die Schuld gab. Wenn ich recht darüber nachdenke, so habe ich wahrscheinlich mit ihm dasselbe gemacht. Ich kann nicht sagen, daß es mir nie wieder passieren wird, aber es ist gut zu wissen, daß man seine Gefühle auch anders ausdrücken kann.»

Jetzt, nachdem Sie sich eingehend mit Ihren Gefühlen beschäftigt haben, sind Sie «gewappnet», sich auf den nächsten Problembereich einzulassen. Sie sind sich jetzt Ihrer Gefühle bewußt, Sie können sie identifizieren und äußern – eine wichtige Voraussetzung für den Umgang mit anderen Bereichen einer Erwachsenen-Kind-Beziehung: Kontrolle, Grenzen, Nähe, Konflikte und eine Verpflichtung eingehen. Sie können riesige Fortschritte in Ihrer Beziehung zu anderen Menschen erzielen, wenn Sie stets daran denken, gefühlsmäßig etwas zu riskieren. Wie Sie gesehen haben, sind Emotionen der Dreh- und Angelpunkt einer jeden Beziehung.

Lassen Sie uns zum nächsten Themenkomplex übergehen, der erfahrungsgemäß Erwachsenen Kindern in einer Ehe oder Beziehung Schwierigkeiten bereitet: Kontrolle.

# 3 Kontrolle

Alice hörte, wie Dave am Telefon sagte: «Morgen zum Mittagessen? Schön. Hol mich um halb eins im Büro ab. Alles klar, bis dann. Tschüs.»

«Wer war das, Schatz?» fragte Alice.

«Gary», antwortete Dave. «Ein alter Schulfreund von mir. Ich hab ihn seit Ewigkeiten nicht mehr gesehen.»

«Aha.» Alice machte ein mißmutiges Gesicht. «Also, ich hatte eigentlich gehofft, du würdest morgen mit *mir* essen gehen.»

«Du kannst gerne mitkommen, wenn du willst», bot Dave ihr an.

«Nein, nein, schon gut.» Alice zuckte mit den Achseln. «Ich will euch bei euren Gesprächen über Football und ehemalige Freundinnen nicht stören.»

«Das klingt so, als hättest du etwas dagegen, daß ich mich mit Gary treffe.»

«Das ist es nicht», Alice runzelte die Stirn. «Ich dachte eben nur, daß du... na, daß du aus dem Alter raus wärst.»

«Was für ein Alter?»

«Na ja, weißt du, ich meine, du hast inzwischen geheiratet, hast dich beruflich weiterentwickelt», Alice hielt inne, «und Gary hat immer noch denselben Job im Supermarkt. Ich glaube einfach nicht, daß er es je zu was bringen wird.»

«Und du findest, daß ich deshalb nicht mit ihm befreundet sein sollte, stimmt's?»

«Ja, schon. Er ist wirklich kein besonders guter Einfluß.»

«Und wie steht's mit *deinen* Freundinnen?» gab Dave zurück. «Robin, die sich unbedingt einen reichen Mann angeln will... oder Barbara, die die meiste Zeit betrunken ist. Die sind wohl ein guter Einfluß, was?»

Donald ging nach dem Autowaschen ins Haus zu Arlene, die gerade die Blumen goß. «Arlene, ich muß was mit dir besprechen», sagte Donald und setzte sich aufs Sofa. Er lehnte sich vor und stützte die Ellbogen auf die Knie. «Ich habe eigentlich gar keine Lust, heute abend mit Patty und dir essen zu gehen. Das ist nicht bös gemeint, aber ich kann nun mal nicht viel mit ihr anfangen, weißt du.»

Arlene schaute ihn ungläubig an. «Aber Donald, ich habe doch schon alles organisiert. Ich kann die Verabredung doch jetzt nicht abblasen. Außerdem habe ich sie lange nicht mehr gesehen und freu mich schon so auf sie.»

«Weißt du, ich finde sie einfach zu rechthaberisch», entgegnete Donald. «Ich bleibe lieber zu Hause und lese.»

«Ach komm schon, es wird schon nicht so schlimm werden», beharrte Arlene. «Außerdem wirst du ein tolles Abendessen bekommen. Ich hab uns in einem unserer Lieblingsrestaurants einen Tisch bestellt.»

«Nein, ich hab's mir reiflich überlegt. Ich möchte einfach nicht.»

«Hmm.» Arlene zögerte einen Moment, stellte dann die Gießkanne ab. «Also, ich bin schon enttäuscht, aber es ist deine Entscheidung.» Sie ging ins Arbeitszimmer und kehrte einige Minuten später zurück, während sich Donald einen kleinen Imbiß zubereitete.

«Weißt du, Donald, ich denke, ich werde trotzdem hingehen und mit Patty den Abend verbringen. Ich hab mich schon lange darauf gefreut.»

Er lächelte. «Eine tolle Idee. Ich bin sicher, ihr beide werdet einen schönen Abend miteinander verbringen, und es macht mir nichts aus, allein zu Hause zu bleiben. Im Gegenteil, ich könnte mal ein bißchen Zeit für mich gebrauchen.»

«O ja, ich freu mich wirklich auf sie», sagte Arlene. «Je länger ich darüber nachdenke, desto besser gefällt mir die Idee. Wir werden uns eine Unmenge zu erzählen haben. Ich ruf das Restaurant an und ändere die Reservierung.»

Wie alle anderen Menschen auch wünschen Sie sich Stabilität und Ordnung in Ihrem Leben, damit Sie sich sicher fühlen können. Wenn wir mit einiger Sicherheit voraussagen können, daß unser Leben morgen im großen und ganzen genauso verlaufen wird wie heute, dann können wir ein wenig ruhiger schlafen. Wenn Sie versuchen, Ihr Leben sicherer und vorhersagbarer zu gestalten, oder wenn Sie fürchten, daß Sie Ihre Sicherheit verlieren könnten, kann es allerdings passieren, daß Sie die Menschen in Ihrem Leben, besonders die, die Ihnen am nächsten stehen – Ihr Ehemann, Ihre Ehefrau, Ihr Partner – zu kontrollieren versuchen. Sie möchten ihn oder sie dazu bewegen, das zu tun, was Sie wollen oder was Sie an seiner oder ihrer Stelle tun würden. Obwohl der Wunsch, den anderen zu kontrollieren, in jeder Partnerschaft eine Rolle spielt, so kann er bei Erwachsenen Kindern wie Ihnen äußerst stark ausgeprägt sein.

In Alice' und Daves Beziehung laufen beispielsweise einige augenfällige Kontrollmechanismen ab. Alice versucht, Daves Freundschaft zu Gary zu kontrollieren, indem sie ihm Schuldgefühle einzureden versucht, weil er mit ihm befreundet ist. Auch Dave versucht, Alice zu kontrollieren, indem er ihre Freundinnen kritisiert. Beide Partner haben Erwartungen und Ansprüche aneinander, die leicht zu Machtkämpfen führen können, wobei sich die Kontrollversuche direkt oder indirekt, passiv oder aggressiv äußern können.

Donald und Arlene sind ebenfalls mit einer Situation konfrontiert, in der ihre Wünsche und Bedürfnisse voneinander abweichen. Trotzdem versucht letztlich keiner von beiden, den anderen zu kontrollieren. Sie akzeptieren ihre unterschiedlichen Bedürfnisse und respektieren ihre jeweiligen Grenzen. Obgleich Arlene über Donalds Entschluß, nicht den Abend mit ihr und ihrer Freundin zu verbringen, enttäuscht ist, respektiert sie sein Recht auf eine eigene Meinung. Darüber hinaus löst sie das Problem für sich, indem sie beschließt, alleine hinzugehen, und unternimmt keinen weiteren Versuch, Donald zu manipulieren.

Selbst in intakten Beziehungen kommt es vor, daß man versucht, sich gegenseitig zu kontrollieren. Das ist nur verständlich, da wir alle natürlich am liebsten unsere eigenen Vorstellungen durchsetzen wollen. Doch in einer funktionierenden Beziehung respektieren die Partner die Individualität des anderen. Statt sich gegenseitig zu kontrollieren und zu manipulieren, versuchen sie, zu verhandeln und Kompromisse zu schließen. Statt durch versteckte Andeutungen oder ganz offene Einschüchterungstaktiken den anderen unter Druck zu setzen, bemühen sie sich um Verständigung und Verständnis.

Dieses Verhalten haben Sie in Ihrer Familie nie kennengelernt. Um den Gründen für Ihr übermäßiges Kontrollbedürfnis auf die Spur zu kommen, werden wir zunächst einmal näher auf Ihre Kindheit eingehen.

## Ihre Familie: Grundkurs in Sachen Kontrolle

In Ihrer Problemfamilie spielte das Thema Kontrolle eine zentrale Rolle. Sie erlebten Erwachsene, die entweder gar keine Kontrolle hatten oder sie rigide ausübten. Sie wurden manipuliert und lernten durch Nachahmung, andere zu manipulieren. Aus der Notwendigkeit heraus, in Ihrer dysfunktionalen Familie zu überleben, lernten Sie Ihre Lektion in Sachen Kontrolle.

Wegen des Mißbrauchs und der Willkür in Ihrer Familie hing Ihr Überleben davon ab, sich selbst so gut wie möglich zu kontrollieren. Sie konnten nicht zulassen, Kind zu sein – spontan, verspielt, emotional –, weil Sie fürchten mußten, für dieses Verhalten hart bestraft zu werden. Um diesen Teil Ihrer Persönlichkeit vor Schädigung zu bewahren, verbargen Sie ihn, Ihr inneres Kind, hinter einer Fassade der Selbstkontrolle – eine Fassade, die damals bitter notwendig war.

Kimberley lernte, sich zu kontrollieren, wenn ihr Vater in Rage geriet. «Ich merkte sofort, wenn er etwas getrunken hatte, denn dann kam er immer ganz beschwingt nach Hause. Aber schon im nächsten Moment stauchte er meine Mutter zusammen und dann meinen Bruder und mich. Einmal gab er mir eine schallende Ohrfeige, weil ich etwas über seine Trinkerei gesagt hatte. Ich fing schrecklich an zu weinen, und er sah mir fest in die Augen – ich werde diesen Blick nie vergessen –, hob eine Hand und sagte: ‹Hör sofort auf, oder ich geb dir 'nen echten Grund zum Heulen!› und blies mir dabei seine Alkoholfahne ins Gesicht. Natürlich war ich sofort still!»

## Ihr wahres Ich hat sich unter Kontrolle

Ebenso wie Kimberly haben auch Sie gelernt, Ihre natürlichen Reaktionen zu negieren und zu kontrollieren. Aus der Notwendigkeit heraus, Ihr inneres Kind, Ihr wahres Ich zu verleugnen und zu unterdrücken, haben Sie ein falsches Ich entwickelt, das es Ihnen ermöglichte, den Mißbrauch in Ihrer Familie zu überstehen. Im Laufe der Zeit verfestigte sich dieses falsche Ich zu einer Rolle, die es erlaubte, die Teile Ihrer Persönlichkeit zu kontrollieren und zu verbergen, die Ihnen unangemessen erschienen.

Vielleicht spielten Sie die Rolle des tapferen Helden, der kleinen Perfektionistin, des unsichtbaren Kindes, des fürsorglichen Kindes, oder Sie waren Papas kleine Prinzessin oder Mamas kleiner Liebling, um nur einige Beispiele zu nennen. Welche Rolle Sie auch immer gewählt haben, sie diente stets dem Zweck, Ihr wahres Ich zu schützen und unter Kontrolle zu haben.

Gail war für die übrige Familie eine wichtige Stütze und verstaute einen Großteil ihrer Gefühle in einer Schublade mit der Aufschrift «Fürsorge». «Meine Mutter war dauernd krank, und mein Vater war nie da. Ich war das ‹liebe Mädchen›. Es kommt mir so vor, als hätte ich meine beiden Schwestern praktisch allein aufgezogen. Ich erinnere mich noch, wie ich einmal mit etwa neun Jahren wegen irgend etwas furchtbar wütend wurde und einen Löffel auf den Boden schleuderte, gerade als meine Mutter in die Küche kam. Sie stand lange im Türrahmen, sah mich nur an und sagte keinen Ton. Dann stieß sie einen tiefen Seufzer aus, drehte sich um und ging zurück in ihr Zimmer. Sie erwähnte die Sache nie wieder, und auch ich fragte sie nie danach. Aber ich lernte, meinen Zorn zu beherrschen, weil ich sie nicht kränker machen wollte, als sie schon war.»

Als Gail in Gegenwart ihrer Mutter einen Wutausbruch bekam, offenbarte sie eine Seite ihres Wesens, die inakzeptabel war, und setzte damit die Liebe ihrer Mutter aufs Spiel. Gail fürchtete, von ihrer Mutter emotional oder gar physisch im Stich gelassen zu werden, falls sie ihr wahres Ich zu erkennen gab. Für ein Kind kommt das einem Todesurteil gleich, und es wird natürlich alles daransetzen, um dies zu vermeiden.

## «Ich tue, was du willst, aber verlaß mich nicht!»

Als Kind war für Sie die Vorstellung, von einem Elternteil verlassen zu werden, einfach entsetzlich. Sie wußten, wie hilflos und verletzlich Sie waren; Ihr Leben lag praktisch in den Händen Ihrer Eltern. Sie konnten den Mißbrauch durchstehen, aber Sie hätten es nicht ertragen, ganz allein gelassen zu werden und auf sich gestellt zu sein. Folglich kontrollierten Sie sich, um nicht verlassen zu werden. Wenn man Sie trotzdem im Stich ließ, gaben Sie sich selbst die Schuld.

Teresa erinnert sich an ein Erlebnis, das sie mit etwa vier Jahren hatte: «Mein Vater war gerade weggegangen. Er und meine Mutter hatten sich gestritten. Ich hatte Angst bekommen, war in den Vorgarten gelaufen und hatte mich dort auf den Rasen gesetzt. Und als er fort war, kam meine Mutter nach draußen und hockte sich einfach auf den Bordstein. Ich ging zu ihr und setzte mich neben sie. Sie schluchzte, und ich legte meine Hand auf ihre. Sie zog ihre Hand fort und beachtete mich überhaupt nicht. Ich saß eine Weile neben ihr, hatte große Angst und fühlte mich hilflos. Dann ging ich leise auf meinen Platz auf dem Rasen zurück. Ich beschloß, ihr am besten keine Probleme zu machen, weil sie sonst womöglich auch weggehen würde, wie mein Vater.» Teresas Vorsatz, «brav» zu sein und ihrer Mutter «keine Probleme zu machen», bedeutete, sich zu kontrollieren und in sich zurückzuziehen.

Wie Teresa und Gail glaubten auch Sie, daß Sie andere Menschen, besonders Ihre Eltern, kontrollieren könnten, wenn Sie sich selbst kontrollierten und Ihr wahres Ich hinter einer Maske verbargen. Indem Sie «brav» waren, Ihre Rolle spielten, hofften Sie, daß es Ihrer Mutter oder Ihrem Vater bessergehen würde und daß sie oder er Sie dann nicht beschimpfen oder allein lassen würde. Das einzige Problem dabei war, daß diese Strategie nicht immer funktionierte. Selbst wenn Sie immer «lieb» waren, konnten Sie nicht verhindern, daß Ihre Eltern Sie mißhandelten, ausschalten oder im Stich ließen. Doch Sie gaben nicht auf.

## Ein Mittel gegen die Ohnmacht

Sie gaben nicht auf, weil Sie sonst möglicherweise ein Gefühl der Ohnmacht überwältigt hätte. Außerdem waren Ihre Bemühungen, Ihre Eltern zu beeinflussen, zeitweise auch erfolgreich: sie traktierten Sie ja nicht ständig. Wenn Sie besonders leise wären, oder wenn Sie all Ihre häuslichen Pflichten erledigten, *vielleicht* würden sie diesmal ja nicht schimpfen, *vielleicht* würden sie Sie diesmal nicht allein lassen.

Kinder sind von Natur aus ichbezogen und gehen in der Regel davon aus, daß sie für die Ereignisse in ihrer unmittelbaren Umgebung verantwortlich sind. Daher dachten auch Sie damals, daß Ihr Verhalten auf wundersame Weise das Verhalten Ihrer Eltern beeinflussen könnte. Wenn diese Rechnung hin und wieder aufzugehen schien, dann bestärkte sie dieser kleine Erfolg und spornte Sie dazu an, Ihre Rolle noch besser zu erfüllen. Die Illusion von Kontrolle ermöglichte es Ihnen, mit dem unterschwelligen Gefühl der Frustration und der Hilflosigkeit besser fertig zu werden.

Ich fühlte mich immer sehr für das Wohlergehen meiner Mutter verantwortlich, und sie bestätigte mir mehr als einmal, daß ich ihr auch helfen konnte. Sie baute darauf, daß ich ihr emotionalen Halt gab, und ich betrachtete es als meine Pflicht, ihr diese Unterstützung zu gewähren. Ich fühlte mich schuldig, wenn sie unglücklich oder krank war, so als hätte ich versagt. Einmal, als sie ganz außer sich war, weil sich mein älterer Bruder zur Marine gemeldet hatte, betrank sie sich mit Kirschlikör. Ich blieb bei ihr, während sie vor sich hin lallte, und wusch sie, nachdem sie sich übergeben hatte. Ich fühlte mich stark und als Herr der Lage, weil ich ihr beistehen konnte, als sie mich brauchte – doch hinter diesem Hochgefühl lauerte die Ahnung, daß ich letzten Endes doch von ihr abhängig und völlig machtlos war.

# «Jetzt, da ich erwachsen bin...»

Dieses unterschwellige Gefühl von Machtlosigkeit verschwand nicht einfach, als Sie erwachsen wurden. Wenn Sie heute immer noch versuchen, andere zu kontrollieren, dann geschieht dies häufig aus dem Bedürfnis heraus, dieses Gefühl zu kompensieren. Solange Sie über einen anderen Menschen Macht haben, solange Sie irgendwie die Illusion von Kontrolle aufrechterhalten können, müssen Sie sich nicht mit Ihren Ohnmachtsgefühlen auseinandersetzen.

«Ich weiß, daß ich meine erste Frau schlecht behandelt habe», gesteht Marshall. «Ich hab sie angeschrien und beschimpft. Einmal, als sie mir erzählte, was sie von dem neuen Auto hielt, das ich kaufen wollte, regte ich mich fürchterlich auf und wurde ziemlich gemein, und dann hatte ich auf einmal so ein Déjà-vu-Erlebnis! Ich hatte plötzlich meine Eltern vor Augen, wie meine Mutter ständig meinen Vater zusammenstauchte und wie wütend ich auf meinen Vater war, weil er nur dasaß und sich alles gefallen ließ. Ich weiß noch, daß ich ihn für einen Versager hielt und daß ich nie so werden wollte wie er. Ich glaube, daß ich meine Frau hauptsächlich deswegen so behandelt habe, weil ich Angst hatte, daß ich auch so ein Jammerlappen werden könnte, wenn ich mich irgendwie weich und nachgiebig verhielt.»

Wenn Sie Ihren Partner kontrollieren, dann fühlen Sie sich zeitweise stark und vielleicht sogar sicher, aber Sie werden die größte Angst Ihres inneren Kindes nie ganz abschütteln können: die Angst, verlassen zu werden. Diese Angst sitzt tief, und wenn Ihr Partner Sie irgendwie im Stich lassen würde, würden Sie dies nach wie vor als Katastrophe empfinden – das Verlassenwerden oder das Verlassen wird zu einer lebensbedrohlichen Angelegenheit. Deshalb nehmen Sie in Ihrer Partnerschaft wieder Ihre alte Rolle ein, verbergen weiterhin Ihr wahres Ich und versuchen sich in der Beziehung mit allen Mitteln abzusichern, um nicht verlassen zu werden. Das Fatale daran ist jedoch, daß Sie mit Ihrem besorgten, kontrollierenden Verhalten die befürchtete Entwicklung erst in Gang setzen.

Jacqueline beschreibt, wie sie diese Situation mit ihrem letzten Freund erlebte: «Keith war ein toller Mann. Ich glaube, ich habe mich innerlich immer darüber gewundert, daß er sich ausgerechnet mich ausgesucht hatte. Wir lebten etwa eineinhalb Jahre zusammen. Ich sprach immer mal wieder das Thema Zukunft und Heirat an, und er wich mir jedesmal aus. Ich wollte ihn nicht unter Druck setzen, weil ich fürchtete, er würde mich sonst verlassen, und so ließ ich das Thema wieder fallen. Aber schließlich, nach einem Gespräch mit meiner

Mutter – die mich ständig auf mein Alter und aufs Kinderkriegen ansprach –, beschloß ich, einen energischeren Vorstoß zu wagen. Was für ein Fehler! Ich stellte Keith vor die Wahl: entweder heiraten, oder es ist Schluß. Er holte tief Luft, sah mich an und sagte: ‹Dann ist wohl Schluß!› Ich war wie vom Donner gerührt! Na ja, ich zog dann jedenfalls aus, und wir sahen uns noch eine Zeitlang, aber es war danach nie mehr so wie früher.»

Sei es aus einem Gefühl der Machtlosigkeit heraus, sei es aus Angst davor, verlassen zu werden, oder sei es aus einer Mischung von beidem, Sie verwenden jedenfalls eine Menge Zeit und Energie darauf, Ihren Partner zu kontrollieren. Sie geben sich alle Mühe, um sich vor irgendwelchen Überraschungen in Ihrem Leben zu schützen. Das Dumme daran ist nur, daß das Leben eben voller Überraschungen ist. Wie John Lennon einmal sagte: «Leben heißt, Dinge zu erleben, die man nicht eingeplant hat.» Solange Sie sich der Illusion hingeben, Ihren Partner kontrollieren zu können, werden Sie mit einer Menge innerer Spannungen und Konflikte in Ihrer Partnerschaft leben müssen.

Denise gehört zu den Menschen, die sich nur wohl fühlen, wenn sie möglichst viel in ihrem Leben vorausplanen können, und es macht ihr Probleme, wenn sie nicht alles unter Kontrolle hat. «Mein Freund Dale wollte mir einmal eine Freude machen und organisierte an meinem Geburtstag eine Überraschungsparty. Ich war so böse auf ihn, daß ich eine Woche lang kein Wort mit ihm redete. Meine Freunde standen alle unangemeldet vor der Tür. Ich hatte nicht geduscht, war ungeschminkt und hatte irgendwelche alten Klamotten an. Ich gab mir den ganzen Abend über Mühe, zu lächeln und fröhlich zu sein, aber innerlich kochte ich. Ich bin immer noch wütend auf ihn, wenn ich daran zurückdenke. Ich mag nun mal einfach keine Überraschungen, und das weiß er auch.»

## Die Illusion von Kontrolle

Es ist wichtig zu erkennen, daß alle Versuche, einen anderen Menschen zu kontrollieren, sei es durch massiven Druck oder durch indirekte Manipulation, auf einer Illusion beruhen. Vielleicht glauben Sie, durch ein bestimmtes Verhalten – schmeicheln, herumkommandieren, schreien, sich zurückziehen – das Verhalten, die Gedanken oder Gefühle des anderen kontrollieren zu können, doch das stimmt einfach nicht. Natürlich können Sie Ihren Partner bis zu einem gewissen Grad beeinflussen – das ist in jeder Beziehung möglich –, aber Sie können ihn oder sie nicht kontrollieren. Anne Wilson Schaef erklärt dieses Phänomen: «Die Illusion von Kontrolle ist deshalb eine Illusion, weil wir nichts in unserem Leben wirklich kontrollieren können. Wir glauben, wir könnten es, wir glauben, wir sollten es können, wir glauben, wir sollten es versuchen, und doch können wir es nicht...

Beispielsweise sind viele Menschen davon überzeugt, daß sie einen anderen Menschen dazu *bewegen* können, sie zu lieben. Sie vergessen, daß Liebe ein Geschenk ist, das man aus freien Stücken macht. Statt dessen geben sie sich alle Mühe, die ‹richtigen› Dinge zu sagen, die ‹richtige› Kleidung zu tragen und das ‹richtige› Verhalten an den Tag zu legen. Sie glauben, daß sie die Macht haben, einen anderen Menschen umzustimmen und in ihm die erwünschten Gefühle zu wecken.»

Die Illusion von Kontrolle spielt in Ihren Beziehungen eine beherrschende Rolle, und doch bleibt sie nur eine Illusion. Wenn Ihr Partner sich Ihren Wünschen anpaßt, dann gibt er dafür seine Gedanken und Gefühle, seine Persönlichkeit auf. Es ist erstaunlich, was Sie alles auf sich nehmen, um diese Fiktion aufrechtzuerhalten; und dies alles wegen der Ängste und Unsicherheiten, die Ihre Erziehung bewirkt hat.

Als nächstes möchte ich Ihnen die verschiedenen Strategien vorstellen, mit denen Sie Ihren Partner oder Ihre Partnerin zu kontrollieren versuchen.

## Strategien der Partnerkontrolle

Ihr Bedürfnis nach Kontrolle kann sich sehr schädlich auf Ihre Beziehungen auswirken, besonders auf Liebesbeziehungen. Sie hoffen, daß er das tut, was Sie wollen, daß sie so ist, wie Sie es sich wünschen, doch er verhält sich nie genau so, wie Sie es sich vorstellen. Selbst wenn Sie jemanden vollständig kontrollieren könnten, so hätten Sie es nicht mehr mit einem echten Menschen zu tun, sondern mit einer Marionette, deren Fäden Sie in der Hand halten. Ihr Partner hat einen eigenen Willen, eigene Wünsche und Pläne, und diese können von Ihren durchaus abweichen.

Sherry erzählt, wie ihrem Freund Jeremy eines Tages der Kragen platzte: «Wir gingen im Park spazieren, und ich sagte zu ihm, daß er mal wieder einen Haarschnitt nötig hätte. Plötzlich ballte er die Hände zu Fäusten und schrie: ‹Hör endlich auf, an mir herumzunörgeln!› Ich war wirklich ganz erschrocken, denn es war nicht seine Art, überhaupt den Mund aufzumachen. Ich sagte ihm gleich, daß ich dieses Verhalten nicht richtig fände. Aber mitten im Satz ertappte ich mich dabei, daß ich ihn schon wieder maßregelte, und ich sah ihn an und mußte loskichern. Da war das Eis gebrochen, und zum Glück konnten wir beide darüber lachen. Mir ist seither aufgefallen, wie oft ich ihn zurechtweise oder etwas an ihm bemängele. Genauso ist meine Mutter mit meinem Vater umgegangen.»

Man kann auch durch passives Verhalten den Partner kontrollieren. Wenn Sie in einer Beziehung anfangs die passive, unterwürfige Rolle einnehmen, dann erwarten Sie, daß Ihr Partner die Kontrolle übernimmt. Im Laufe der Zeit finden Sie jedoch auch Möglichkeiten, Ihre Passivität als Mittel der Kontrolle einzusetzen. Rückzugsverhalten, Verweigerung und Schweigen sind die stärksten passiven Waffen im Kampf um Kontrolle.

Obgleich in jeder Beziehung Kontrollbedürfnisse eine Rolle spielen, sind Erwachsene Kinder in dieser Hinsicht besonders anfällig. Sobald sich eine Beziehung vertieft, treten Kontrollmechanismen zutage. Zunächst möchte ich Ihnen einige der gängigsten Kontrollstrategien vorstellen. Danach werde ich die Einstellungen erläutern, die sich hinter diesen Kontrollmechanismen verbergen, und schließlich lernen Sie einige Möglichkeiten kennen, mit Ihrem Partner auf direkte (und nicht manipulative) Weise zu kommunizieren.

Im folgenden werden fünf Strategien vorgestellt, die Erwachsene Kinder einsetzen, um ihre Partner zu kontrollieren.

### *Rückzug*

Wir üben eine passive Form der Kontrolle aus, wenn wir unsere Gefühle und Gedanken für uns behalten und den Partner im unklaren darüber lassen, was in uns vorgeht. Eine klassische Szene: Der Ehemann bemerkt, daß seine Frau mit herabgezogenen Mundwinkeln, gerunzelter Stirn und verschränkten Armen dasitzt und seinem Blick ausweicht. Als er sie fragt, was denn los sei, antwortet sie barsch: «Nichts.» Weitere Vorstöße ergeben keinerlei Aufschluß, und schließlich geraten sie in Streit.

Anna beschreibt, wie ihr Freund Rick eines Abends sämtliche Versuche, mit ihm zu reden, abwehrte. «Er saß da und hatte den Blick starr auf den Fernseher geheftet. Ich war so wütend, aber ich wußte nicht, was ich machen sollte. Also blieb ich neben ihm sitzen und kochte innerlich, und als es Zeit war, schlafen zu gehen, legte ich mich möglichst weit weg von ihm an die Bettkante.» In diesem Beispiel reagiert Anne auf Ricks Kontrollstrategie gleichfalls mit Rückzug.

Wenn man in der Anfangsphase einer Beziehung vieles zurückhält, so muß es sich dabei nicht unbedingt um Kontrollmechanismen handeln. Vielleicht fällt es Ihnen einfach schwer, Gedanken und Gefühle auszudrücken. Wenn man in Ihrer Familie beispielsweise auf Ärger meist mit Beschimpfungen oder Rückzug reagierte, lernten Sie beizeiten, Auseinandersetzungen um jeden Preis zu vermeiden. Deshalb zogen Sie sich in sich selbst zurück, wenn zwischen Ihnen und Ihrem Partner Konflikte auftraten.

Im Laufe der Zeit merkten Sie, daß Ihr innerer Rückzug bei Ihrem Partner bestimmte Reaktionen auslöste. Vielleicht ließ er Sie allein, wenn Sie sich zurückzogen. Vielleicht fühlte sie sich schuldig und versuchte reumütig, alles wiedergutzumachen, indem sie sich besonders um Sie bemühte. Vielleicht beschimpfte oder mißhandelte er Sie, wenn Sie sich entzogen, was altvertraute Gefühle der Hilflosigkeit und Ohnmacht in Ihnen wachrief und Verhaltensmuster aus Ihrer Kindheit in Gang setzte. Vertraute Gefühle, wie schmerzlich auch immer, können Ihnen ein Gefühl der Sicherheit vermitteln.

Harlan beschreibt, wie er sich seiner Frau entzog: «Sie konnte ziemlich fordernd sein, und ich wurde dann immer sehr schweigsam. Mir war damals nicht bewußt, daß ich wütend auf sie war. Ich kam erst viel später dahinter, daß ich es sehr wohl war und daß ich nur eine Heidenangst davor hatte, mir das einzugestehen! Immer wenn sie mich mal wieder einspannen wollte, ging ich ihr tagelang aus dem Weg. Ich erinnere mich noch, daß sie mich dann fragte, ob ich ihr böse sei, und daß ich jedesmal mit den Schultern zuckte und den Kopf schüttelte. Ich hab eben immer mehr Zeit in der Garage verbracht. Schließlich verbrachte ich ganz schön viel Zeit in meiner Garage. Ich kannte mich mittlerweile verdammt gut dort aus.» Harlans Methode, mit den Ansprüchen seiner Frau umzugehen, schützte ihn zwar, brachte die Beziehung jedoch keinen Schritt weiter.

Denn bei einer Rückzugsstrategie geht es allein darum, sich zu schützen. Sie ist eine stille und passive Methode, Macht und Kontrolle zu demonstrieren. Sie sagen damit Ihrem Partner: «Ich laß dich allein, damit du mich nicht allein lassen kannst.» Leider zwingt Sie diese Rückzugstaktik dazu, Ihre wahren Gefühle zu leugnen und Ihrem Partner vorzuenthalten, was wirklich in Ihnen vorgeht.

*Immer für andere dasein*

Wenn wir als Kind die fürsorgliche Rolle übernahmen, kann es sein, daß wir sie, wie jede andere Rolle auch, auch als Erwachsene beibehalten. Damals vermittelte sie uns eine gewisse innere Sicherheit, und diesen Zweck erfüllt sie zweifellos noch heute. Hinter diesem Rollenverhalten verbergen sich jedoch tiefe Schuldgefühle und die Einstellung, daß wir nur etwas wert sind, wenn wir für andere da sind, was wiederum zu einem ausgeprägten co-abhängigen Verhalten führt.

Der kontrollierende Aspekt dieser Rolle beruht auf der Tatsache, daß Sie ständig etwas geben, aber insgeheim etwas zurückhaben wollen. Ob Ihnen dies bewußt ist oder nicht, innerlich führen Sie Buch und erwarten von Ihrem Partner Gegenleistungen. Sie geben sich der Hoffnung hin, daß Ihrer Partnerin eines Tages ein Licht aufgeht und Sie dann so sehr liebt, daß Sie Ihnen jeden Wunsch von den Augen abliest. Insgeheim glauben Sie, daß Ihnen das angesichts Ihrer Großzügigkeit auch zusteht. Was Sie von Ihrem Partner wollen oder erwarten, bleibt ihm verborgen. Sie erwarten, daß er in der Lage ist, Ihre Andeutungen zu interpretieren und Ihre Gedanken zu lesen. Wenn jedoch Ihre Zeichen nicht verstanden, Ihre Gedanken nicht erraten werden, dann sind Sie gekränkt und schmollen vor sich hin oder richten Ihre Wut gegen sich selbst und sind deprimiert. «Sieh mal, was ich alles für dich getan habe!» lautet Ihr vernehmlicher oder stummer Vorwurf.

Nick stellt fest, daß er seiner Freundin Teresa gegenüber dieses Verhalten zeigte. «Ich tue viel für andere, weil ich es gerne mache, aber ich entdecke langsam, daß ich auch eine sehr co-abhängige Seite habe. Teresa versuchte mir klarzumachen, daß ich ihr zuviel nachgebe; sie meinte, daß sie mittlerweile schon ein schlechtes Gewissen hätte, weil ich so viel für sie tun würde und sie das alles nie wettmachen könnte. Als sie kürzlich von einer Reise zurückkam, schmückte ich ihre ganze Wohnung mit Blumen, hängte ein riesiges Willkommensschild auf und kaufte eine Torte – ich gab mir wahnsinnig viel Mühe. Alles, was sie sagte, war, daß sie sich zwar freute, aber daß es ihr auch unangenehm wäre, weil sie doch nur drei Tage fort gewesen war. Ihre Reaktion hat mich sehr verletzt, und ich war ziemlich wütend auf sie.» Das Gefühl, nicht genügend Anerkennung zu bekommen, kennt Nick nur zu gut.

Die Kontrollstrategie der selbstaufopfernden Rolle besteht darin, daß Sie sich der Probleme anderer annehmen und sich dann darüber beklagen, daß Sie überlastet sind. Sie «leiden still vor sich hin», machen Ihren Partner oder jemand anderen durch gelegentliche Seufzer, Sorgenfalten oder allgemeine Niedergeschlagenheit auf Ihr Problem aufmerksam, oder, wenn Sie ein extrovertierter Typ sind, durch ständiges Nörgeln. Sie können nicht umhin, jedermann zu verstehen zu geben, daß Sie Ihr Schicksal tapfer ertragen, und halten gleichzeitig an Ihrem selbstlosen Gebaren fest.

«Niemand sieht sich gern in der Märtyrerrolle», sagt Sheila. «Jack nannte mich eine Märtyrerin, als wir einmal eine hitzige Auseinandersetzung wegen der Kinder hatten. Ich hörte das gar nicht gern, aber als ich darüber nachdachte, mußte ich einsehen, daß er recht hatte. Ich kaufe nur selten irgend etwas für mich. Einmal hatte mir meine Tante Harriet Geld geschenkt, daß ich mir etwas Schönes zum Anziehen kaufte, und ich gab es für die Kinder aus. Als ich Jack davon erzählte, sagte er nur: ‹Schön!› Ich wünschte, er hätte mir geraten, es lieber für mich auszugeben.»

Indem Sie ständig für andere etwas tun und sich aufopfern, versuchen Sie unbewußt, Ihren Partner durch Schuldgefühle zu manipulieren. Möglicherweise wiederholen Sie die Erfahrungen Ihrer Kindheit, wo man Sie durch Schuldgefühle und Scham kontrollierte. Es ist verständlich, wenn Sie in Ihrer Partnerschaft nun an dieser Art der Kontrolle festhalten wollen.

Diese Kontrollstrategie läuft letztendlich darauf hinaus, daß Sie leiden, um zu manipulieren, daß Sie in Ihre Opferrolle zurückfallen. Das bedeutet wiederum, daß Ihr Partner nicht aus freiem Willen, sondern aus einem schlechten Gewissen heraus für Sie da ist. Sie sollten sich fragen, ob Sie wirklich möchten, daß Ihr Partner nicht aus Liebe, sondern aus Schuldgefühlen heraus etwas für Sie tut.

*Die hilflose Rolle*

Hilflosigkeit und Ohnmacht gehören nicht nur zu den Grunderfahrungen, die Sie als Kind in Ihrer Problemfamilie machten, Sie können sie darüber hinaus in Ihrem späteren Leben als Kontrollmittel einsetzen. Als Kind lernten Sie diese Gefühle sehr gut kennen, weil Sie über keinerlei Macht oder Einfluß verfügten. Aufgrund der Unberechenbarkeit und Willkür, die in Ihrer Familie herrschten, aufgrund des periodischen Chaos oder der rigiden Kontrolle und der mangelnden Fürsorge sahen Sie sich außerstande, Einfluß auf Ereignisse und Menschen auszuüben. Was Sie auch sagten oder taten, Sie mußten feststellen, daß es keinerlei Auswirkung auf den Ablauf der Ereignisse hatte.

James Leehan und Laura Wilson dazu: «Das Kind erlebt, daß bestimmte Handlungsweisen (z. B. Mißbrauch, Vernachlässigung, Gewalt) und die eigene Reaktion darauf in keinerlei Zusammenhang miteinander stehen. Wenn das Kind den Eindruck gewinnt, daß andere Personen bestimmte Handlungsweisen durch ihr Verhalten beeinflussen können, daß es selbst jedoch dazu nicht in der Lage ist, weil es entweder nicht über die entsprechenden Fähigkeiten verfügt oder keine wirkungsvollen Verhaltensstrategien kennt, dann wird ihm seine persönliche Hilflosigkeit besonders stark bewußt.»

Ich habe einen Großteil meines Lebens geglaubt, daß ich keinen wirklichen Einfluß auf andere Menschen oder auf bestimmte Ereignisse habe. Die Ursachen für diese Einstellung liegen in meiner Kindheit, in der ich regelmäßig unser familiäres Chaos miterlebte und spürte, nein *wußte*, daß ich die Gewalt nicht verhindern oder die Verhältnisse in unserer Familie ändern konnte. Ich fand mich mit der Tatsache ab, daß ich den Ablauf der Geschehnisse kaum oder gar nicht beeinflussen konnte. Dieses Gefühl der Hilflosigkeit bewirkte bei mir ein passives Verhalten, das in meinen späteren Beziehungen besonders deutlich zum Tragen kam. Ich setzte meine Passivität ein, um Auseinandersetzungen und Nähe zu vermeiden: Ich ging auf Distanz, ich stellte mich dumm, und ich leugnete meine wahren Gefühle. An diesem Verhalten läßt sich gut aufzeigen, wie sich die in der Kindheit erfahrene Hilflosigkeit später zu einem Mittel der passiven Manipulation und Kontrolle entwickeln kann, und wie sich Ohnmachtsgefühle in einem Wunsch nach Kontrolle niederschlagen können.

Solange Sie die hilflose Rolle spielen, gehen Sie von dem Fehlschluß aus, daß sowohl Erfolge als auch Mißerfolge von äußeren Faktoren bestimmt werden. Mit anderen Worten, Sie haben noch dieselbe Haltung, die Sie als Kind einnahmen, da Sie glauben, daß Ihnen bestimmte Dinge und Ereignisse widerfahren, ohne direkten Einfluß darauf nehmen zu können. Sie leugnen persönliche Macht und die Möglichkeit, eigenverantwortlich Entscheidungen zu treffen, und unternehmen deshalb nichts, um eine Situation zu verändern. Solange Sie an dieser Einstellung festhalten, verharren Sie in der Opferrolle und sind fest davon überzeugt, daß Sie keine andere Wahl haben.

Indem Sie leugnen, daß auch Ihnen eine Entscheidungsmöglichkeit offensteht, lassen Sie andere für sich entscheiden. In einer Liebesbeziehung mag diese Art der Kontrolle dem Partner vielleicht eine gewisse Befriedigung bereiten, aber auf lange Sicht kann sich dies nur verhängnisvoll auswirken. Sie geben sich der Illusion hin, daß Ihre Passivität und Hilflosigkeit Sie schützen. Sie meinen, wenn Sie nie einen eigenen Standpunkt vertreten oder eigene Entscheidungen treffen, dann wird Ihr Partner Sie lieben – oder Sie zumindest nicht verlassen. Fatalerweise wird Ihr Partner vielleicht gerade diese Passivität und Hilflosigkeit leid sein und Sie eines Tages wirklich verlassen. So tritt möglicherweise genau das ein, was Sie am meisten fürchten, Ihr Gefühl der Machtlosigkeit wird sich noch verstärken, und Sie werden sich in Ihrer Ansicht bestätigt sehen, den Ereignissen im Leben hilflos ausgeliefert zu sein.

Vicki schildert, wie sie dies an sich selbst erlebte: «Als Jeff und ich uns kennenlernten, hat es ihm wohl gefallen, daß ich so leicht zufriedenzustellen war. Ich war mit allem einverstanden, was er vorschlug. Was ich selber wollte, erschien mir nicht wichtig, und ich wollte doch vor allem, daß er mich mochte. Ich glaube, als wir heirateten, gefiel es ihm immer noch, daß ich so anspruchslos und anpassungsfähig war. Als er mir dann eines Tages eröffnete, daß er sich scheiden lassen wollte, fiel ich aus allen Wolken und brach in Tränen aus. Er sah mich nur angewidert an und ging aus dem Zimmer. Sechs Monate später waren wir geschieden.»

Passivität und Hilflosigkeit, die vielen Erwachsenen Kindern zu eigen sind, können als indirekte Kontrollstrategie eingesetzt werden, die subtil doch sehr wirkungsvoll sein kann. Wenn Sie die hilflose Rolle spielen, dann geht es Ihnen entweder darum, unangenehme Gefühle zu vermeiden, oder Sie möchten Ihren Partner dazu bewegen, sich um Sie zu kümmern, Ihnen Entscheidungen abzunehmen, Sie zu beschützen oder gar zu retten.

Paul und Colleen suchten wegen ihrer Probleme einen Eheberater auf. Paul stellte fest, daß er sich Colleen gegenüber in derselben passiven, hilflosen Rolle befand, die er seiner Mutter gegenüber eingenommen hatte. Paul vertraute Colleen all seine Schwächen und Unsicherheiten an und versuchte so unbewußt zu erreichen, daß sie ihn bemutterte und stützte. Zeitweilig funktionierte diese Strategie, aber Paul büßte seine Selbstachtung ein, und Colleen verlor den Respekt vor ihm.

Eine andere Folge dieser hilflosen Rolle ist, daß Sie Ihre Gefühle nicht ausdrücken, sondern in sich hineinfressen, besonders Ihren Zorn. Diese Verdrängung kann zu inneren Spannungen und psychosomatischen Beschwerden wie Kopfschmerzen und Magengeschwüren führen. Wenn diese körperlichen Symptome chronisch werden, so kann dies Ihre Kontrolle über den Partner sogar noch erhöhen, da sie Nähe und Intimität erschweren.

*Lügen*

Sie sagen sich vielleicht: «Aber ich lüge doch nicht. Ich bin im Grunde ein ehrlicher Mensch.» Das mag wohl stimmen, und doch sollten Sie bedenken, daß es gar nicht um großartige Lügenmärchen geht, hinter denen Sie sich verstecken, sondern vielmehr um «kleine Notlügen». Kleine Notlügen sind jene relativ harmlosen Verdrehungen der Wahrheit – Ausreden und Ausflüchte –, die wir parat haben, wenn wir nicht ganz bei der Wahrheit bleiben wollen. Sie rechtfertigen Ihre Notlügen vielleicht mit der Begründung, daß Sie nicht die Gefühle eines anderen verletzen wollen.

Doch im Grunde lügen Sie, um sich selbst zu schützen. Als man Sie als Kind körperlich, sexuell oder emotional mißhandelte, dienten Lügen als Mittel des Selbstschutzes. Da in Ihrer Familie das ungeschriebene Gesetz der Selbstverleugnung herrschte (fühle nichts, rede nicht), sagten Sie nicht immer die ganze Wahrheit, um sich vor Verletzungen zu schützen. Da Sie nun jedoch ein eigenverantwortlicher erwachsener Mensch sind, müssen Sie nicht mehr lügen und sich verstellen. Das würde in Ihrer Partnerschaft die Selbstverleugnung fördern und Mißtrauen erzeugen.

Janet Woititz schreibt zwar über Kinder aus Alkoholikerfamilien, doch ihre Einschätzung trifft ebensogut auf Erwachsene Kinder aus Problemfamilien zu: «In Ihrem Elternhaus war Lügen eine Ihnen vertraute und nützliche Verhaltensform. Es erleichterte Ihnen das Leben in Ihrer Familie erheblich. Wenn Sie vorgaben, Sie hätten Ihre häuslichen Pflichten bereits erledigt, dann konnten Sie sich eine Weile auf die faule Haut legen. Wenn Sie einen Vorwand fanden, damit Ihre Freunde Sie nicht zu Hause besuchten, oder eine Ausrede, weshalb Sie so spät heimkamen, dann ersparten Sie sich eine Menge Unannehmlichkeiten. Lügen schien für alle Beteiligten das Leben erträglicher zu machen.»

«Ginny regt sich immer darüber auf, daß ich so viel Golf spiele», berichtet Thomas. «Deswegen erzähle ich ihr oft gar nicht, wenn ich zum Golfplatz fahre und eine Runde spiele. Ungefähr alle zwei Wochen gehe ich mit ein paar Kollegen morgens vor der Arbeit Golf spielen. Meistens erzähle ich dann Ginny, daß ich einen frühen Besprechungstermin habe, und da meine Schläger immer im Auto liegen, schöpft sie nie Verdacht. Ich denke eben, daß es leichter für sie ist, wenn sie nichts davon weiß.»

Da Ihnen freimütige, offene Kommunikation fremd ist und Sie sie möglicherweise als zu bedrohlich empfinden, versuchen Sie den Eindruck, den Sie bei anderen hinterlassen, durch Lügen zu manipulieren. Anne Wilson Schaef prägte den Begriff «Imagekontrolle» für dieses sehr typische co-abhängige Verhaltensmuster. Sie sind darum bemüht, die Wahrheit gerade so weit zu verzerren oder abzuwandeln, daß man sie akzeptiert, und tun alles, um den Eindruck, den Sie auf andere machen, zu beeinflussen. Da Sie irrigerweise glauben, daß Sie durch Lügen andere Menschen für sich gewinnen können (oder zumindest nicht abgelehnt werden), verleugnen Sie Ihre wahren Gefühle, Wünsche und Ansichten. Sie schützen sich auf vielfältige Weise, zum Beispiel, indem Sie jemandem versprechen, gleich zurückzurufen, obwohl Sie es gar nicht vorhaben, oder indem Sie Ihrem Partner verschweigen, daß Ihnen bestimmte Berührungen unangenehm sind. Kurzfristig ernten Sie zwar Anerkennung, aber auf lange Sicht leben Sie nur Ihre kindliche Rolle aus und verleugnen Ihr wahres Ich. Es kostet eine Menge Energie, um diese Fassade aufrechtzuerhalten.

Frances gab sich große Mühe, um auf Bill einen «guten» Eindruck zu machen: «Wir kennen uns jetzt schon ein paar Monate, und ich habe immer noch das Gefühl, daß ich immer gut aussehen, das richtige Parfüm auftragen, die richtigen Kleider tragen muß. Ich würde so gerne mal ein paar alte Sachen anziehen und mit ihm am Strand spazierengehen, aber ich kann ihm das einfach nicht sagen. Ich glaube, er wäre nicht begeistert davon, denn er hat einmal gesagt, daß er es mag, wenn seine Freundin immer schick aussieht.»

Wenn Lügen zum gängigen Mittel wird, mit dem Sie Ihren Partner kontrollieren, dann wird sich die Kluft zwischen Ihrem wahren Ich und Ihrem vorgetäuschten Ich immer weiter vertiefen. Solange Sie Ihrem Partner weiterhin etwas vormachen, werden Sie die emotionale Distanz zwischen Ihnen stetig vergrößern. Wenn Sie offen und ehrlich mit Ihrem Partner umgehen wollen, müssen Sie die Illusion von Kontrolle aufgeben. Wenn Sie weiter lügen, um zu kontrollieren, dann zwingen Sie sich, Ihre wahren Gefühle zu verbergen, und Ihr Partner wird zunehmend mißtrauischer und distanzierter werden.

*Ärger als Druckmittel*

Mit Ärger umzugehen ist besonders dann ein Problem, wenn Sie als Kind mißhandelt wurden. Sie erlebten in Ihrer Familie nur zwei Extreme: entweder wurde Ärger auf destruktive, verletzende Art ausgedrückt oder überhaupt nicht. Sie erlebten Ärger als Angst einflößendes Gefühl. In beiden Fällen gehören Sie heute zu den Menschen, die Ärger entweder leugnen und verdrängen, um sich selbst zu kontrollieren, oder ihn auf eine Art und Weise ausleben, die andere – besonders den Partner – einschüchtert und kontrolliert.

Es gibt keinen Ärger, der sich nicht an irgendeiner Stelle äußert. Selbst wenn Sie ihn leugnen und Ihr Partner dieses Verhalten akzeptiert, wird Ärger doch irgendwie, meist auf Umwegen, zum Ausdruck kommen. Wir alle haben unsere Wut schon «am Falschen abreagiert». Vielleicht reißt Ihnen bei den Kindern der Geduldsfaden, obwohl Sie sich doch eigentlich über Ihren Mann ärgern. Vielleicht regen Sie sich über andere Autofahrer auf, nachdem Sie mit Ihrem Partner eine Unstimmigkeit hatten. Wenn Sie diesen uneingestandenen und unartikulierten Ärger manipulativ einsetzen, um in Ihrem Partner Schuldgefühle oder Angst zu erzeugen oder ihn so einzuschüchtern, daß er Ihren Wünschen nachkommt, dann üben Sie Kontrolle aus. Sie versuchen auf eine potentiell destruktive Art, das unterschwellige Gefühl der Machtlosigkeit zu kompensieren.

Unartikulierte Wut kann zu einem verdeckt manipulativen Verhalten führen, dem sogenannten *passiv-aggressiven Verhalten*: Sie tun so, als ob Sie weder verärgert wären, noch sonst irgendwelche Probleme anständen, während Sie in Wirklichkeit sehr verärgert sind. Indem Sie darauf beharren, daß alles in Ordnung ist, erreichen Sie, daß Ihre Partnerin sich schuldig fühlt und frustriert ist, ohne genau zu wissen, warum. Wenn sich Ihre Partnerin schuldig fühlt, dann haben Sie erreicht, was Sie wollten! Wenn sie frustriert und verärgert ist, können Sie den Unschuldigen mimen und so tun, als sei das Ganze ihr Problem. Hier einige Beispiele für passiv-aggressives Verhalten: zum x-tenmal «vergessen», die Wäsche aus der Reinigung zu holen; sich zu einem wichtigen Termin verspäten; rasant Auto fahren, obwohl Ihre Partnerin es nicht möchte; ein gemeinsames Vorhaben ständig verschieben; unsensible und taktlose Komplimente machen, wie beispielsweise: «Du siehst wirklich gut aus für dein Alter.»

Paula erzählt: «Als ich mit Howard zusammen war, regte er sich immer furchtbar auf, wenn ich mich verspätete. Ich versprach ihm jedesmal, mich zu bessern, aber es klappte einfach nicht. In Wirklichkeit fand ich, daß er es mit seiner Pünktlichkeit übertrieb. Anstatt ihm das zu sagen, ärgerte ich mich einfach nur und kam das nächste Mal wieder zu spät! Ich glaube, das kleine Mädchen in mir sagte trotzig: ‹Glaub nur nicht, daß du mir Vorschriften machen kannst!›, und so kam ich immer wieder zu spät. Natürlich sind wir inzwischen nicht mehr zusammen. Ich denke, ich hab's ihm wirklich ganz schön gegeben!»

Wenn Sie Ihren Ärger offen ausdrücken, kann es passieren, daß Sie Ihren Partner beschimpfen oder gar körperlich mißhandeln, es sei denn, Sie haben Wege gelernt, verantwortungsbewußt mit Ihrer Wut umzugehen, ohne Ihren Partner zu kontrollieren, einzuschüchtern oder zu tyrannisieren. Sie sollten sich Ihren Ärger immer eingestehen, ohne ihn jedoch gleich an anderen abzureagieren. Wenn Sie sehr wütend sind, dann hat dieses Gefühl wahrscheinlich mehr mit Ihrer Vergangenheit zu tun als mit Ihrer gegenwärtigen Situation. Auch wenn es auf den ersten Blick so scheint, als wären Sie auf Ihren Mann wegen seines mangelnden Engagements furchtbar wütend, so durchleben Sie wahrscheinlich unbewußt einen alten, unverarbeiteten Ärger – vielleicht auf Ihren alkoholabhängigen Vater, der nie für Sie da war. Immer wenn Sie besonders wütend sind, sollten Sie auf der Hut sein. Die Ursache könnte in Ihrer Kindheit zu finden sein, in unbewältigten Gefühlen, und es lohnt sich, darüber nachzudenken, worüber Sie sich wirklich ärgern. Es kann hilfreich sein, mit einer anderen Person darüber zu sprechen oder Gedanken in einem Tagebuch festzuhalten.

Wenn Sie Ihren Ärger auf destruktive Weise einsetzen, um Ihren Partner zu kontrollieren, dann identifizieren Sie sich möglicherweise unbewußt mit «dem Aggressor». Das heißt, Sie fühlen und agieren wie der Elternteil, der Sie mißhandelte, und zwar besonders Menschen gegenüber, die Ihnen unterlegen sind. Endlich haben Sie jemanden, der als Sündenbock für Ihren Ärger herhalten kann, so wie Sie als Kind als Sündenbock für Ihre Eltern herhalten mußten.

Earl beobachtete dieses Verhaltensmuster an sich selbst: «Neulich wollte mir Sally erklären, was am Auto nicht richtig funktionierte, und ich verstand nicht, was sie meinte. Nun, wir redeten uns immer mehr in Rage, bis ich schließlich aufsprang und sie furchtbar beschimpfte. Irgendwann rief sie dann: ‹Du verhältst dich genau wie dein Vater!› Das gab mir den Rest, und ich machte mich für eine Weile aus dem Staub. Aber später, als ich mich langsam wieder beruhigt hatte und über das nachdachte, was sie gesagt hatte, mußte ich mir eingestehen, daß sie recht hatte. Mein Vater hat mich oft angeschrien und beschimpft, meistens schon bei den nichtigsten Anlässen.»

Ein wichtiger Hinweis: Wenn Sie Ihren Partner körperlich, sexuell oder seelisch mißhandeln, dann sollten Sie dringend professionelle Hilfe in Anspruch nehmen. Sie müssen nicht mit den Verhaltensmustern Ihrer Vergangenheit weiterleben. Sie *können* sich davon lösen und Ihren Ärger anders als durch Gewalt oder Manipulation bewältigen, aber Sie sind wahrscheinlich dabei auf zusätzliche Hilfestellung angewiesen.

## Lösungen: Auf Kontrolle verzichten

Wenn Ihr ganzes Leben auf Kontrolle basierte, wenn Sie immer darum bemüht waren, sich selbst und deshalb auch andere zu kontrollieren, dann wird Ihnen allein die Vorstellung, auf Kontrolle zu verzichten, große Angst einjagen. Sie malen sich die schrecklichsten Konsequenzen aus: «Wenn ich sage, wie ich mich wirklich fühle, wird mich meine Frau nicht mehr lieben und mich verlassen.» – «Wenn ich meinem Mann erzähle, daß ich wieder zur Schule gehen will, wird er außer sich sein.» – «Wenn ich nicht weiter darauf achte, daß meine Freundin nicht so viel trinkt, wird sie völlig abrutschen.»

Diese keineswegs unrealistischen Konsequenzen können sich jedoch auch ganz unabhängig von Ihren Versuchen, Einfluß zu nehmen, einstellen. Ihre Frau könnte Sie verlassen, Ihr Mann könnte außer sich sein, Ihre Freundin könnte abrutschen, ganz gleich, was Sie tun. Wenn Sie Ihr Leben danach ausrichten, irgendwelche befürchteten Situationen um jeden Preis zu vermeiden, und wenn Sie glauben, daß Sie sie durch Ihre Handlungen irgendwie beeinflussen können, dann leben Sie nicht – Sie *über*leben höchstens.

Das Bedürfnis nach Kontrolle hindert Sie daran, Risiken einzugehen, Ihre Gefühle und Wünsche zu artikulieren und Ihr Verhalten danach auszurichten. Leben und Lernen erfordert jedoch die Bereitschaft, Risiken auf sich zu nehmen. Wenn eine Beziehung wachsen und gedeihen soll, dann müssen Sie dazu bereit sein, emotionale Risiken einzugehen. Wenn Sie vor Angst, die Kontrolle zu verlieren, innerlich wie gelähmt sind, wird Ihre Angst *Sie* kontrollieren.

«In meiner ersten Ehe», erzählt Marjorie, «drohte mir mein Mann – pardon, mein Exmann – ständig damit, mich zu verlassen, warf mir vor, daß ich nichts taugte und daß ich frigide sei. Ich hab das alles geschluckt, denn wenn ich den Mund aufgemacht hätte, hätte er mich vielleicht wirklich verlassen. Eines Abends drohte er wieder damit, mich zu verlassen, und ich glaube, ich hatte einfach die Nase voll, denn diesmal antwortete ich ihm, daß er doch ruhig gehen sollte, wenn er unbedingt wollte. Da blieb ihm der Mund offenstehen! Er verließ mich an diesem Abend nicht, aber mir wurde langsam klar, daß ich tatsächlich ohne ihn leben könnte. Es dauerte noch ein paar Jahre, bis wir uns dann wirklich trennten, aber während dieser Zeit sagte ich immer öfter meine Meinung.»

Da Sie zu einer «Alles-oder-nichts-Einstellung» neigen, fürchten Sie möglicherweise, daß ein Verzicht auf Kontrolle einem völligen Kontrollverlust gleichkäme. Wie Sie noch sehen werden, bedeutet verzichten nicht verlieren. Verzichten ist ein freiwilliger Akt. Er setzt voraus, Kontrollstrategien zu überdenken und den Partner und andere Menschen so zu akzeptieren, wie sie sind. Er setzt voraus, Bedürfnisse und Wünsche direkter und offener zu äußern, ohne zu manipulieren, und darauf zu vertrauen, daß das Leben weisere Entscheidungen trifft als Sie selbst.

Wenn wir auf Kontrolle verzichten, dann heißt das nicht, daß wir uns machtlos und hilflos fühlen müssen; es heißt vielmehr, die Grenzen unserer Einflußmöglichkeiten anzuerkennen. Verzicht verlangt von uns, daß wir die co-abhängigen Verhaltensweisen aufgeben, mit denen wir uns selbst rigide kontrollieren, um wiederum unseren Partner zu manipulieren.

Wir müssen begreifen, daß wir bewußte Entscheidungen für uns treffen können, daß wir andere durchaus im positiven Sinne beeinflussen können und daß wir sehr reale, sehr menschliche Grenzen haben. Verzicht heißt, daß wir aufhören, andere zu beurteilen und ihnen zu diktieren, wie sie sein, denken oder handeln sollen.

Damit Sie lernen können, auf Kontrolle zu verzichten, werde ich Ihnen nun einige Wege aufzeigen, mit denen Sie Kontrollmechanismen erkennen und verändern können.

## «Trunkenes Denken» aufgeben

Bei den Anonymen Alkoholikern (AA) wird irrationales und unrealistisches Denken als «trunkenes Denken» bezeichnet. Ein Denken, das nicht in der Realität verankert ist und zu Verfälschungen und Verdrehungen der Wahrheit führt. Ein Denken, das die Illusion von Kontrolle verstärkt. Wenn Sie etwa glauben, daß Sie Ihre Frau nur genug lieben und umsorgen müssen, damit sie aufhört zu trinken, dann geben Sie sich einem illusionären Wunschdenken hin. So schwer es zu akzeptieren ist: in Wirklichkeit ist es allein an ihr, zu entscheiden, ob sie weitertrinkt oder nicht. Sie können allerdings entscheiden, ob Sie mit ihr zusammenbleiben wollen, solange sie trinkt. Sie haben keine Kontrolle über ihr Verhalten oder ihre Gefühle. Um diese Tatsache akzeptieren zu können, müssen Sie mit den grundlegenden co-abhängigen Verhaltensweisen, mit denen Sie Ihren Partner kontrollieren, brechen.

Sie sollten sich zunächst eine schlichte, aber grundlegende Tatsache vergegenwärtigen: Nicht die Situation selbst – in unserem Fall der Alkoholismus Ihrer Frau – ist für Ihre Gefühle und Ihr Handeln verantwortlich, sondern Ihre innere Einstellung dazu. Diese Tatsache ist deshalb so wichtig, weil aus ihr der logische Schluß folgt, daß keine äußeren Faktoren Sie dazu veranlassen können, auf eine bestimmte Weise zu fühlen oder zu handeln. Sie ganz persönlich – Ihre Einstellungen und Gedanken – entscheiden über Ihre Gefühle und Ihr Verhalten. Daraus folgt wiederum, daß Sie auch nicht die Gefühle oder Handlungen einer anderen Person kontrollieren oder manipulieren können. Die Einstellung Ihrer Partnerin ist letztlich für ihre Gefühle und ihr Verhalten selbst verantwortlich.

Wenn Sie Ihre Kontrollmechanismen neu überdenken, werden Sie mit dem Alkoholismus Ihrer Frau anders umgehen können. Sie können sie nicht dazu zwingen, so zu handeln oder zu fühlen, wie Sie es sich wünschen. So tragisch es auch ist: Wenn Ihre Frau weitertrinkt und Sie sich von ihr trennen, weil sie nichts dagegen unternimmt, wird deswegen keine Welt zusammenbrechen. Wenn Sie diese Alternative als unerträglich empfinden und von vornherein ausschließen, dann laufen Sie viel eher Gefahr, das Verhalten Ihrer Frau kontrollieren zu wollen.

Es gibt zwei Arten des «trunkenen Denkens», die für Ihre Probleme mit verantwortlich sind und die Ihre vergeblichen Bemühungen widerspiegeln, die Situation zu kontrollieren: *Fordern* und *Dramatisieren*.

*Fordern: Wenn aus «Ich möchte» ein «Du sollst» wird*

Forderndes Denken heißt, die eigenen Wünsche als oberste Priorität anzusehen. Sie *wünschen* es sich beispielsweise, daß Ihr Mann mit Ihren Urlaubsvorstellungen voll und ganz übereinstimmt und keine eigenen Ideen hat. Dieser Wunsch wird von dem absoluten, fordernden Gedanken überlagert, daß er mit Ihnen übereinstimmen *soll*, und zwar einfach deshalb, weil Sie sich das wünschen. Wenn er nicht Ihrer Meinung ist, dann muß er dafür büßen.

Solange Sie an dieser fordernden Haltung festhalten, werden Sie immer wieder versuchen, Ihren Partner zu kontrollieren. Wenn Sie tatsächlich glauben, daß eine andere Person das tun *sollte, müßte, soll, muß*, was Sie möchten, dann sind Ihre Erwartungen unrealistisch. Sie entscheiden darüber, wie Ihr Partner zu sein hat. Dieser Anspruch verleitet Sie dazu, sich zurückzuziehen, zu lügen, die hilflose Rolle zu übernehmen oder Ihren Ärger auszuleben, um Ihren Partner dazu zu bewegen, Ihren Wünschen zu entsprechen. Vielleicht spielen Sie auch die aufopfernde Rolle, indem Sie alles für Ihren Partner tun und erwarten, daß er sich bei Ihnen revanchiert. Dies wäre übrigens eine elterntypische Einstellung.

Forderungen stellen, ist etwas ganz anderes als Wünsche äußern. Sie haben selbstverständlich Wunschvorstellungen, was die Einstellungen, Gefühle, Verhaltensweisen und Eigenschaften Ihres Partners angeht. Sie hätten es gerne, daß sie heute abend Lust auf Sex hätte, daß sie Sie niemals verläßt, daß sie mit Ihnen Softball spielen geht. Diese Wunschvorstellungen müssen jedoch nicht zu absoluten Forderungen führen. Solange Sie Ihre Wünsche als Wünsche erkennen und sie nicht in Forderungen ummünzen, können Sie es vermeiden, Ihren Partner zu kontrollieren. Wenn Sie lernen, mehr in Wünschen und weniger in Forderungen zu denken, kann es zwar passieren, daß Sie Ihre Vorstellungen nicht immer durchsetzen, aber Sie können sich von dem Bedürfnis befreien, Ihren Partner kontrollieren zu wollen.

Nach acht Ehejahren entschlossen sich Jerry und Joanne zu einer Paartherapie, da sie sich ständig stritten und gegenseitig herabsetzten. Wir gingen gemeinsam ihren wechselseitigen Erwartungen und ihrem fordernden Denken nach. Jerry erkannte, daß er nach wie vor dachte, Joanne «sollte» der Kinder wegen zu Hause bleiben und nicht arbeiten gehen, obwohl beide Kinder mittlerweile eine Ganztagsschule besuchten. Immer wenn sie versuchte, mit ihm über ihren Arbeitswunsch zu sprechen, hüllte Jerry sich in Schweigen und zog sich zurück oder reagierte aggressiv und streitsüchtig; meist nahm er irgendeine Bagatelle zum Vorwand, zum Beispiel ihre Art der Haushaltsführung. Er setzte seinen Ärger so ein, daß sie sich schließlich wegen ihres Wunsches schuldig fühlte. Joanne wiederum fand, daß Jerry ihre neuen Pläne gutheißen «sollte» und sie bereitwillig und nach besten Kräften unterstützen «sollte». Mit dieser Einstellung ging sie erst gar nicht auf Jerrys Einwände ein, oder sie machte sich lustig darüber und heizte den Konflikt dadurch noch mehr an. Sie erinnerte Jerry auch daran, wieviel sie für ihn getan hätte und daß er ihr seine Unterstützung «schuldig wäre».

Um ihren Konflikt lösen zu können, mußten Jerry und Joanne zunächst ihre unrealistischen Erwartungen und ihre absolute, fordernde Haltung hinterfragen.

Sie nahmen die folgende Übung in Angriff, um sich über die Erwartungen, die sie aneinander stellten, klarzuwerden und sie dann durch Wunschvorstellungen zu ersetzen. Wenn auch Sie Ihre Erwartungshaltung überprüfen möchten, führen Sie die folgende Übung gemeinsam mit Ihrem Partner durch.

**Übung:**

Fertigen Sie eine Liste mit 15 Aussagen an, die sich auf Ihren Partner beziehen. Fangen Sie jeden Satz mit «Er/Sie sollte...» an, und beenden Sie ihn dann so ehrlich wie möglich. Wenn Sie die Übung gemeinsam mit Ihrem Partner machen, sollten Sie beide eine eigene Liste erstellen. Schreiben Sie ehrlich auf, was Sie über Ihren Partner denken, sonst ist der Zweck der Übung verfehlt. Hier sind einige von Joannes und Jerrys Aussagen:

Joanne
Er sollte ...
... mich bei meinem Wunsch, wieder zu arbeiten, unterstützen.
... mir zuhören.
... nicht so lange arbeiten.
... verstehen, wie ich mich fühle.
... mehr Zeit mit den Kindern verbringen.

Jerry
Sie sollte ...
... sich mehr um den Haushalt kümmern.
... sich etwas aufreizender anziehen.
... liebevoller sein.
... geselliger sein.
... weniger Geld ausgeben.

Joanne
Ich sollte ...
... mich nicht immer gleich so aufregen.
... mir meine Arbeit besser einteilen.
... mehr lesen.
... meiner Tochter öfter bei den Hausaufgaben helfen.
... mehr Zeit mit anderen Frauen verbringen.

Jerry
Ich sollte ...
... die Küche renovieren.
... nicht so knauserig sein.
... Joanne sagen, wie sehr ich sie liebe.
... kürzertreten und öfter ausspannen.
... mir einen neuen Job suchen.

Sie werden vielleicht überrascht feststellen, daß Sie ganz bestimmte Erwartungen nicht nur an Ihren Partner, sondern auch an sich selbst haben. Wenn Sie die Übung gemeinsam mit Ihrem Partner durchführen, lesen Sie sich abwechselnd je einen Satz vor, erst von der

«Sie/Er sollte»-Liste, dann von der «Ich sollte»-Liste. Tauschen Sie sich darüber aus, was Sie empfunden haben, als Sie sich die Listen vorlasen. Sie sollten nicht über die Aussagen selbst diskutieren, sondern über Ihre inneren Reaktionen während des Vorlesens.
Nun lesen Sie sich die Listen noch einmal vor; diesmal ersetzen sie jedes «sollte» durch ein «wünsche mir». Während Sie sich die Sätze vorlesen, sollten Sie sich jeden Kommentars enthalten. Konzentrieren Sie sich auf Ihre inneren Reaktionen. Wenn Sie beide fertig sind, nehmen Sie sich einige Minuten Zeit, um Ihre Beobachtungen auszutauschen. Auch wenn Sie sich anfangs unbehaglich fühlen oder sich albern vorkommen, so sollten Sie die Übung trotzdem durchführen. Während Ihres Gesprächs könnten Sie sich an folgenden Fragen orientieren: Wie fühlten Sie sich während der Übung? Waren Sie ganz ehrlich, oder haben Sie etwas zurückgehalten? Welche «sollte» waren Ihnen am wichtigsten? Inwieweit schlagen sich diese absoluten Vorstellungen in Kontrollstrategien nieder? Oder in Versuchen, sich selbst zu kontrollieren? Wie empfanden Sie es, als Sie Ihre Forderungen in Wunschvorstellungen umwandelten? Können Sie auf Kontrolle verzichten, wenn Sie sich bewußtmachen, daß alle absoluten Vorstellungen und Forderungen eigentlich nur verborgene Wunschvorstellungen sind und daß Sie vielleicht nicht immer das bekommen werden, was Sie möchten?
Achten Sie in den nächsten Wochen genau darauf, was Sie sagen und was Sie denken. Immer wenn Sie sich bei einem ausgesprochenen oder gedachten «sollte», «soll», «muß» oder «müßte» ertappen, halten Sie inne, und wiederholen Sie den Satz oder Gedanken, indem Sie ein «Ich wünsche mir» oder «Ich möchte» benutzen. Sprechen Sie mit Ihrem Partner über Ihre Beobachtungen, besonders im Hinblick auf Kontrollmechanismen.

Forderndes Denken ist eine typische Erscheinung unserer Kindheit, als wir in Schwarzweiß- bzw. Alles-oder-nichts-Kategorien dachten. Diese Haltung half uns Kindern, uns in unserer Umgebung zurechtzufinden, Verhaltensnormen zu erkennen (was man tun und was man nicht tun durfte), und sie vermittelte uns ein gewisses Gefühl der Kontrolle. Sie diente dazu, das elterliche Gebot der Selbstkontrolle zu verinnerlichen. Bei einem Erwachsenen jedoch führt dieses fordernde Denken zu einer starren und unflexiblen Grundhaltung und fördert das Bedürfnis zu kontrollieren. Es ist realistischer und viel einfacher, sich an Wunschvorstellungen zu halten, anstatt den Partner mit Forderungen und Erwartungen zu überfordern. Das verlangt von uns, daß wir auf Kontrolle verzichten, aber wir werden dann die Beziehung viel gelassener angehen können.

Im nächsten Abschnitt werde ich die zweite Verhaltensweise vorstellen, die uns daran hindert, die Kontrolle aufzugeben: Dramatisieren.

*Dramatisieren: Alles in den schwärzesten Farben malen*

Dramatisieren heißt, simpel ausgedrückt, aus einer Mücke einen Elefanten machen, die Realität aus den Augen verlieren. Es heißt, sich einzureden, daß der schlimmstmögliche Fall eintreten wird und daß das einer persönlichen Katastrophe gleichkäme. Als Sie Kind und noch nicht in der Lage waren, die Welt mit den Augen eines Erwachsenen zu sehen, hatten viele Ereignisse in Ihrem Leben den Anschein einer Katastrophe. Aus der kindlichen Perspektive sind Zurückweisungen und Verlassenwerden persönliche Katastrophen, die in der Tat lebensbedrohliche Ausmaße annehmen können. Der Zorn der Eltern konnte für Sie durchaus nicht nur beängstigend und schmerzhaft, sondern auch tödlich sein.

Als erwachsener Mensch haben Sie jedoch einen viel größeren Entscheidungsspielraum. Wenn man Sie zurückweist, ist das nicht mehr lebensbedrohlich. Wenn man Sie mißhandelt, haben Sie die Möglichkeit, sich dieser Situation zu entziehen, auch wenn die Entscheidung schwerfallen mag. Ihr inneres Kind jedoch trägt immer noch die tiefsitzende Angst mit sich herum, daß schreckliche Dinge passieren könnten, wenn es allein gelassen oder die Selbstkontrolle verlieren würde.

Diese dramatisierende Haltung ist der Grund dafür, daß Sie so verzweifelt versuchen, die Dinge in Ihrem Leben zu kontrollieren. Wenn Sie die Reaktionen Ihres Partners zu beeinflussen versuchen, indem Sie ihn belügen, dann müssen Sie sich nicht mit der bedrohlichen Aussicht konfrontieren, daß er Ihnen böse sein könnte. Wenn Sie immer «nett» sind und für Ihren Partner da sind, dann können Sie vielleicht verhindern, daß er Sie verläßt. Wenn Sie indirekt Ihr Unbehagen ausdrücken, indem Sie sich zurückziehen, dann können Sie die erschreckende Alternative vermeiden, Ihrem Ärger Luft zu machen. Vielleicht gehen Sie einer Beziehung ganz und gar aus dem Weg, weil Sie die schlimmsten Konsequenzen befürchten, falls Sie sich auf jemanden einlassen – wie zum Beispiel, völlig die Kontrolle zu verlieren. Sie malen sich die schrecklichsten Situationen aus und sind davon überzeugt, daß Sie sie nicht ertragen könnten, und halten gleichzeitig an der Illusion fest, daß Sie all diese möglichen Entwicklungen unter Kontrolle behalten können.

Viele Erwachsene Kinder dramatisieren die Möglichkeit, von ihrem Partner zurückgewiesen oder verlassen zu werden. Wenn Sie glauben, ohne Ihren Partner nicht zurechtkommen zu können, werden Sie ihn so stark kontrollieren, daß Sie damit schließlich genau die befürchtete Situation erreichen. Indem Sie beispielsweise die hilflose Rolle spielen, sich passiv und unterwürfig verhalten, lassen Sie sich womöglich so viele Übergriffe Ihres Partners gefallen, daß Sie Ihre Selbstachtung und die Achtung Ihres Partners verlieren. Letzten Endes verläßt Ihr Partner Sie doch – und Sie überleben es sogar!

Marlene beschreibt, wie sie dies in ihrer zwölfjährigen Ehe mit Howard erlebte: «Erst durch einen Zeitschriftenartikel wurde ich darauf gestoßen, was ich mir alles von Howard gefallen ließ. Er beschimpfte mich und putzte mich herunter, und ich fand das ganz normal. Schließlich hatte ich bei meinen Eltern nichts anderes erlebt, außer daß mein Vater meine Mutter manchmal auch noch schlug. Da Howard mich nicht schlug, fand ich, daß ich gar nicht so schlecht dran war. Außerdem hatte ich natürlich eine Heidenangst davor, ohne ihn leben zu müssen. In dem Artikel stand, daß sich Frauen oft so viel gefallen lassen, weil sie Angst haben, sie könnten ihre Männer verlieren, wenn sie den Mund aufmachen. Diese Beschreibung traf haargenau auf mich zu, und da beschloß ich, etwas zu ändern.»

Danach ging Marlene mit Howard zu einer Eheberatung. Sie wollte unter anderem ihren Hang zu dramatisieren abbauen. Sie wollte ihre Ehe nicht aufgeben, aber sie bezog diese Möglicheit in ihre Überlegungen mit ein. Sie erkannte, daß sie, falls es zur Trennung käme, sehr traurig, aber nicht verzweifelt sein würde. Mit dieser neuen Einstellung gelang es ihr, mit ihren Gefühlen Howard gegenüber offener umzugehen und sich in ihrer Ehe besser zu behaupten. Die Möglichkeit, verlassen zu werden und allein zu sein, machte ihr zwar immer noch angst, hielt sie aber nicht mehr davon ab, sich für ihre Bedürfnisse einzusetzen.

Obwohl die Therapie beiden anfangs Schwierigkeiten bereitete, begann Howard sich schließlich für eine offenere Kommunikation in ihrer Ehe zu engagieren. In einer Therapiesitzung sagte er zu Marlene: «Ich möchte, daß du mit mir redest und mir erzählst, was mit dir los ist.» Zu Marlenes größter Überraschung begann Howard sie tatsächlich darin zu ermutigen, ihm Gedanken und Gefühle mitzuteilen. Marlene entwickelte immer mehr Mut, Howard gegenüber etwas zu riskieren, je mehr sie ihre dramatisierende Haltung hinterfragte, je mehr sie lernte, nicht mehr sich selbst und damit auch Howards Reaktionen zu kontrollieren. Dieser Prozeß und Howards unterstützende Haltung hat die Beziehung enorm stabilisiert.

Wenn Sie Ihr dramatisierendes Denken abbauen wollen, stellen Sie sich folgende drei Fragen:

1. Wie hoch ist die Wahrscheinlichkeit, daß die befürchtete Konsequenz tatsächlich eintritt? Vielleicht machen Sie sich ständig Sorgen, weil Sie sich vor einer bestimmten Situation fürchten, und müssen schließlich feststellen, daß Sie eine Menge Zeit und Energie vergeudet haben. Wie Will Rogers es ausdrückte: «Ich hatte viele Probleme in meinem Leben – die meisten sind nie eingetreten.» Eine Freundin von mir hat sich ständig Gedanken darüber gemacht, daß ihr Mann sie verlassen könnte – zehn Ehejahre lang!

2. Selbst wenn das befürchtete Ereignis eintritt, würde dann wirklich die Welt zusammenbrechen? Auch wenn Sie natürlich nicht möchten, daß Ihr Ehepartner Sie verläßt oder Ihre Freundin böse auf Sie ist, so würden Sie es verkraften. Wenn Sie versuchen, unerwünschte Entwicklungen zu kontrollieren, weil Sie sie für katastrophal halten, sorgen Sie für eine Menge unnötigen Streß in Ihrem Leben.

3. Wieviel Leid fügen Sie sich selbst zu, wenn Sie so denken? In Ihrer Kindheit war die erhöhte Wachsamkeit, mit der Sie etwaige Katastro-

phen vorherzusehen versuchten, vielleicht angebracht, doch heute erweist sie sich nur als anstrengend und belastend. Die körperliche und seelische Anspannung, den Ihr Hang zum Dramatisieren mit sich bringt, kann Sie buchstäblich krank machen.

Um zu Ihrer dramatisierenden Haltung eine neue Einstellung gewinnen zu können, führen Sie folgende Übung allein oder mit Ihrem Partner durch.

**Übung:**

Malen Sie sich unabhängig voneinander eine Situation in Ihrer Beziehung aus, in der Sie den Verlust an Kontrolle schrecklich finden würden. Gary zum Beispiel fiel ein, daß er sich verwundbar und hilflos fühlen würde, wenn er Maureen sein Verletztsein oder seine Ängste offenbaren würde. Er empfand diese Vorstellung als entsetzlich.

Nehmen Sie ein Blatt Papier, und beschreiben Sie ausführlich diese Situation. Stellen Sie sich dann die Frage: «Was kann mir schlimmstenfalls passieren, wenn die gefürchtete Situation tatsächlich eintritt?» Schreiben Sie Ihre Antwort unter den ersten Satz. Gary notierte beispielsweise: «Wenn ich Maureen erzählen würde, wie unsicher ich mich in meinem neuen Job fühle, wäre sie wahrscheinlich entsetzt.»

Der Spaß bei dieser Übung beginnt, wenn Sie *die Situation weiterspinnen*. Notieren Sie nacheinander sämtliche verheerenden Folgen, die die Ausgangssituation haben könnte. Lassen Sie Ihrer Phantasie freien Lauf, und scheuen Sie sich nicht, sie bis ins Absurde zu überziehen. Gary ließ die Situation folgendermaßen eskalieren: «Wenn ich ihr von meinen Ängsten erzählen würde, wäre sie nicht nur entsetzt, sondern sie würde mich auch für einen Versager halten. Sie würde mich wahrscheinlich auslachen. Sie würde mich wahrscheinlich auch anschreien, so daß es alle Nachbarn hören könnten. Und natürlich würde sie mit keinem Versager zusammenleben wollen und wahrscheinlich ausziehen. Weil sie so außer sich wäre, würde sie an sämtliche Nachbarn Flugblätter verteilen, auf denen steht, daß ich mit meinem neuen Job nicht zurechtkomme. Sie würde meinen Chef anrufen und ihm erzählen, daß ich ein Angsthase bin, und wahrscheinlich würde sie auch noch die Presse informieren. In der Sonntagszeitung würde ein Artikel erscheinen, der die Öffentlichkeit darüber aufklärt, wie unfähig ich in Wirklichkeit bin. Spätestens dann müßte ich die Stadt verlassen.» Und all das, weil er das Risiko einging, Maureen von seinen beruflichen Ängsten zu erzählen!

Wenn Sie die Situation dramatisieren, dann können Sie vielleicht erkennen, wie absurd Ihre Befürchtungen eigentlich sind. Wenn Sie nun Ihre übertriebenen Ängste vor einem Verlust der Kontrolle besser einschätzen können, fragen Sie sich im nächsten Schritt, welche realistischen Konsequenzen Sie zu erwarten haben. Dann machen Sie sich bewußt, daß diese Konsequenz, selbst wenn sie eintreten würde, höchstwahrscheinlich nicht so schrecklich wäre, wie Sie annehmen. Gary stellte fest, daß er selbst die schlimmstmögliche Alternative verkraften würde: «Das Schlimmste, was eigentlich passieren könnte, wäre, daß Maureen bestürzt ist, weil sie mich als den ruhenden Pol in der Beziehung sieht. Sie würde vielleicht versuchen, mich davon zu überzeugen, daß ich keine Angst zu haben brauchte, weil ich nämlich wirklich etwas kann.»

Notieren Sie sich jetzt einige Gedanken, die Sie darin bestärken können, das Risiko auf sich zu nehmen. Gary schrieb: «Selbst wenn sie bestürzt wäre, so wäre das noch kein Weltuntergang. Wir haben schon einige Schwierigkeiten gemeinsam durchgestanden. Außerdem würde ich es überleben. Ich muß vor ihr nicht meine Gefühle verbergen, nur weil sie vielleicht bestürzt wäre. Wir beide waren uns immer einig darin, daß wir offen mit unseren Gefühlen umgehen wollen, und jetzt hab ich eine Gelegenheit, es zu üben. Und es ist auch völlig in Ordnung, daß ich Angst habe. Das heißt noch lange nicht, daß ich nichts kann. Ich habe ein Recht darauf, Angst zu haben, und auch sie hat ein Recht auf ihre Gefühle.»

Es ist nützlich, sich immer wieder daran zu erinnern, daß die Welt nicht zusammenbricht – selbst wenn Ihr Partner Sie verläßt, Ihnen böse ist, nicht mit Ihnen übereinstimmt oder was auch immer – Sie werden damit fertig werden und wahrscheinlich eine Menge dabei lernen. Wenn Sie tatsächlich mit einer Katastrophe rechnen müssen, sobald Sie sich in Ihrer Beziehung öffnen, dann sollten Sie sich die weit dringlichere Frage stellen, weshalb Sie in einer Beziehung sind, in der man Sie nicht respektiert.

Wenn Sie die Übung gemeinsam mit Ihrem Partner angehen, wäre es am sinnvollsten, die Übung getrennt durchzuführen und sich dann über Ihre Gedanken und Gefühle auszutauschen. Es ist wichtig, daß Sie Ihre Gefühle ernst nehmen, aber Sie sollten auch wissen, daß Sie sie durch Ihre innere Einstellung beeinflussen können. Ihre dramatisierende Haltung kann extreme Gefühlslagen auslösen – Bestürzung, Niedergeschlagenheit, Depression, Hilflosigkeit und Zorn. Wenn Sie einige Ihrer übertriebenen Befürchtungen neu überdenken, werden Sie feststellen, daß Sie vielleicht noch dieselben Gefühle haben, aber sie werden Sie nicht mehr so lähmen oder behindern.

Darüber hinaus können Sie, wenn Sie Ihr forderndes und dramatisierendes Denken hinterfragen, auch Ihr Bedürfnis abbauen, sich oder Ihren Partner zu kontrollieren. Das heißt nicht, daß Sie hilflos oder machtlos Ihrem Partner gegenüber sind und ihn nicht beeinflussen könnten, sondern daß Sie sich nicht mehr auf Ihre Vorstellungen versteifen. Sie haben nach wie vor Ihre Wunschvorstellungen, und es ist sinnvoll, diese zu erkennen und zu artikulieren. Es ist ebenfalls sinnvoll, sich zu überlegen, ob man den anderen nicht so akzeptieren sollte, wie er ist.

### Den Partner so nehmen, wie er ist

So wie er ist? Welch ein revolutionärer Gedanke – besonders für Erwachsene Kinder, deren Eltern ihnen eigentlich das Gegenteil vorlebten. Wenn Sie eine funktionierende, ausgeglichene Beziehung aufbauen wollen, dann müssen Sie sämtliche Versuche, Ihren Partner zu kontrollieren, aufgeben. Sie müssen konsequent alle eingeschliffenen Kontrollmechanismen ablegen. Sie werden sicher eine Menge Gründe finden, um Ihre Versuche, Ihren Partner zu kontrollieren, zu rechtfertigen: «Es ist doch nur zu seinem Besten.» – «Er braucht mich.» – «Ich werde mich nicht ändern, solange sie es nicht tut.» Mit diesen Erklärungen rechtfertigen Sie jedoch letztlich nur die eigenen eingefahrenen co-abhängigen Verhaltensweisen und Ihre tiefsitzenden Verlustängste. Solange Sie weiter glauben, daß es eine persönliche Katastrophe wäre, von Ihrem Partner verlassen zu werden, und solange Sie darauf bestehen, daß Ihr Partner so denkt, fühlt und handelt, wie Sie es möchten, werden Sie weiterhin ein Spiel spielen, in dem es keinen Gewinner gibt.

Liebe läßt sich nicht erzwingen. Nur wenn wir sie freiwillig geben, ist es echte Liebe. Andernfalls handeln wir aus emotionaler Bedürftigkeit und Abhängigkeit heraus. Anne Wilson Schaef schreibt sehr treffend: «Vieles in unserem Leben basiert auf subtiler Kontrolle. Wenn wir uns in einer bestimmten Art und Weise verhalten, glauben wir, daß unser Partner uns liebt und bei uns bleibt. Doch Liebe hält sich nicht an solche Spielregeln. Wir können sie nicht kontrollieren. Sie ist ein Geschenk. Wir müssen das akzeptieren, selbst wenn uns jemand ewige Liebe geschworen hat.»

Angst treibt uns dazu, andere zu kontrollieren; Liebe hilft uns loszulassen. Harold Bloomfield formuliert dies so: «Sie müssen lernen, Ihren Partner so zu akzeptieren, wie er oder sie ist; nicht so, wie Sie hoffen oder sich wünschen, daß er oder sie ist. Eine Veränderung, von der Sie glauben, daß sie nur zum Besten Ihres Partners ist, kann für ihn oder sie ganz anders aussehen. Natürlich können Sie ganz offen sein, Wünsche äußern und sich ein gegenseitiges Feedback geben, aber der Versuch, den Partner so zu verändern, daß er Ihren persönlichen Ansprüchen genügt, ist mit Sicherheit zum Scheitern verurteilt. Eine echte Veränderung tritt nur dann ein, wenn Ihr Partner sie selber wünscht. Eine reife Liebe zeichnet sich dadurch aus, daß man die Fehler des anderen akzeptiert und seine oder ihre einzigartigen und liebenswerten Seiten zu schätzen weiß.»

Beziehen Sie diese Überlegungen in die nächste, einfache Partnerübung ein. Ich bin sicher, daß Sie sie sehr wirkungsvoll finden werden.

**Übung:**

Setzen Sie sich bequem einander gegenüber, und sehen Sie sich in die Augen. Achten Sie auf etwaige unangenehme Gefühle – sagen Sie nichts, registrieren Sie Ihre Beobachtungen. Einigen Sie sich, wer den Anfang macht. Derjenige, der anfängt, ist Partner A, der andere Partner B.

Partner A sagt, während er Partner B in die Augen sieht: «Ich liebe dich, (Name von Partner B), und akzeptiere dich genau so, wie du bist.» Partner B antwortet dann langsam: «Ja, (Name von Partner A), du liebst mich und akzeptierst mich genau so, wie ich bin.»
Warten Sie einige Minuten ab, und achten Sie beide genau auf Ihre Reaktionen – Gedanken, Gefühle und Verhalten. Es kann durchaus sein, daß Sie sich anfangs bei dieser Übung unwohl fühlen. Sie haben wahrscheinlich beachtliche innere Widerstände zu überwinden, sich offen und bedingungslos zu Ihrer Liebe zu bekennen, und es wird Ihnen auch schwerfallen, den Satz Ihres Partners anzunehmen. Achten Sie aufmerksam auf Ihre Reaktionen, ohne sie zu analysieren.
Wiederholen Sie denselben Dialog bis zu zehnmal. Unterbrechen Sie dann die Übung, und reden Sie etwa fünf Minuten über die Reaktionen, die Sie an sich festgestellt haben. Tauschen Sie dann die Rollen, und wiederholen Sie die Übung, wobei Partner B anfängt und Partner A die Aussage bestätigt. Nehmen Sie sich dann noch einmal ein paar Minuten Zeit, um Ihre Erfahrungen auszutauschen.
Diese Übung ist eine einfache, aber sehr wirkungsvolle Methode, sich seiner Gefühle zu versichern, gehen Sie deshalb entsprechend mit ihr um. Wiederholen Sie die Übung einmal täglich drei Wochen lang, und beobachten Sie, wie sich Ihre Beziehung entwickelt.

Nora und Phil probierten diese Übung aus. Nach ihrem ersten Versuch berichtete Nora: «Es fiel mir schwer, mir den Satz anzuhören, und genauso schwer, ihn zu Phil zu sagen. Als Phil an der Reihe war, meldete sich eine Stimme in mir: ‹Wie kann er mich nur lieben, so wie ich bin – wo doch soviel mit mir nicht stimmt. Ich bin zu dick, bin heute mal wieder gehässig gewesen, und erst gestern haben wir uns gestritten.› Mir kamen Zweifel an seinem Urteilsvermögen! Zuerst mußte ich lachen, aber dann konnte ich mich entspannen. Nach ein paar Durchläufen konnte ich Phils Aussage schließlich annehmen. Als ich an der Reihe war, hatte ich dauernd das Bedürfnis, meine Aussage einzuschränken – so wie beispielsweise: ‹Ich liebe und akzeptiere dich genau so, wie du bist, außer wenn du an mir herumnörgelst.› Nachdem ich dieses Stadium überwunden hatte, konnte ich meine Liebe und Wertschätzung für Phil ganz intensiv spüren.»

Phil erzählte: «Als Nora den Satz zu mir sagte, kam ich mir zuerst so vor wie in dieser Kindersendung, wo es am Schluß immer heißt: ‹Ich mag euch so, wie ihr seid.› Es fiel mir anfangs schwer, die Übung ernst zu nehmen, aber schließlich fällt es mir auch sonst schwer, meine Zuneigung auszudrücken, ohne gleich Witze darüber zu machen. Ich finde, es war eine großartige Chance für uns, so etwas gemeinsam zu erleben. Nachdem Nora und ich die Übung gemacht hatten, versuchten wir es auch mit unserem Sohn Chris. Anfangs zierte er sich ein bißchen, aber man merkte ihm an, daß es ihm gefiel. Jetzt bin ich mir sicher, daß Nora und ich uns ab und zu ansehen können und sagen können, daß wir uns lieben und es auch wirklich meinen.»

Nachdem Sie nun einige Einstellungen kennengelernt haben, die Ihnen helfen können, Ihr Kontrollbedürfnis abzubauen, möchte ich jetzt zwei Möglichkeiten aufzeigen, wie man miteinander kommunizieren kann, ohne sich zu kontrollieren.

## Kommunikation ohne Manipulation

Sie können Ihren Partner beeinflussen, ohne ihn oder sie zu kontrollieren. Zwischen beidem besteht ein wesentlicher Unterschied. Wenn Sie jemanden beeinflussen, dann wirken Sie auf ihn ein; wenn Sie hingegen jemanden kontrollieren, dann bringen Sie ihn dazu, das zu tun, was Sie wollen. Wenn Sie versuchen, jemanden zu beeinflussen, dann möchten Sie vielleicht erreichen, daß man Ihnen einen Wunsch erfüllt, aber Sie setzen dabei nicht die hartnäckigen, manipulativen Methoden ein, mit denen wir eine andere Person direkt oder indirekt kontrollieren können. Wenn wir jemanden beeinflussen möchten, dann lassen wir ihm die Freiheit, auf seine Weise zu reagieren. Wenn ich mit meiner Partnerin ins Kino gehen will, dann kann ich es ihr vorschlagen, aber dann liegt es an ihr, zu entscheiden, ob sie mitgeht. Wenn ich hingegen versuche, sie zu manipulieren und zu kontrollieren, dann setze ich eine Leidensmiene auf, um bei ihr Schuldgefühle hervorzurufen.

Wenn Sie auf Ihren Partner lediglich einwirken wollen, dann sollten Sie lernen, wie man kommuniziert, ohne zu manipulieren. Sie finden in sämtlichen Lösungsabschnitten des Buches Anregungen zu diesem Thema. Im folgenden werde ich mich auf zwei zentrale Aspekte konzentrieren, die Ihnen helfen sollen, auf Kontrolle zu verzichten und direkter miteinander umzugehen: *Wünsche klar äußern* und *sich über Konsequenzen aufklären.*

*Die eigenen Wünsche klar äußern*

Eine erfolgversprechende Alternative zu den Kontrollstrategien (Rückzug, sich für andere aufopfern, die hilflose Rolle, Lügen, Ärger als Druckmittel einsetzen) ist die klare Äußerung Ihrer Wünsche. Damit Ihnen dies gelingt, müssen Sie Ihr forderndes und dramatisierendes Denken aufgeben und Ihrem Partner die Möglichkeit lassen, wirklich seine eigene Entscheidung zu treffen. Sie müssen darüber hinaus lernen, ein Nein als Antwort zu akzeptieren. Wenn Sie sich das Recht zugestehen, zu fragen, gestehen Sie dem andern das Recht zu, abzulehnen.

Darin besteht tatsächlich Ihr einziges Risiko – daß Sie Ihre Vorstellungen nicht durchsetzen können. Wenn Ihrem Wunsch nicht entsprochen wird und Sie die Situation dramatisieren, dann laufen Sie Gefahr, in vertraute Kontrollmechanismen zurückzufallen. Vergessen Sie nicht, es bricht keine Welt zusammen, wenn man Ihnen einen Wunsch ablehnt. Möglicherweise war der Zeitpunkt ungünstig gewählt, Ihr Anliegen zu groß, oder Ihr Partner war einfach nicht in der Stimmung, Ihrem Wunsch zu entsprechen. Jemandem einen Wunsch erfüllen ist übrigens kein Liebesbeweis, also nur zu – riskieren Sie etwas, und sagen Sie offen, was Sie sich wünschen.

Auch wenn Sie dazu neigen, die Situation durch Ihre Angst vor irgendwelchen schlimmen Konsequenzen unnötig zu verkomplizieren, so sollten Sie versuchen, möglichst einfach und direkt Ihre Wünsche zu äußern. Im folgenden zeige ich Ihnen anhand von einigen Beispielen, wie man den Partner um etwas bitten kann.

«Mir wäre es lieber, wenn du mir einfach zuhörst, ohne mir Ratschläge zu geben. Ich weiß, daß du mir helfen willst, und ich weiß das zu schätzen, aber im Moment wäre es mir am liebsten, wenn du mir einfach nur zuhörst, einverstanden?»

«Kannst du mich heute abend einfach nur eine Weile im Arm halten? Mir ist gar nicht nach Sex zumute.»

«Ich weiß, daß du viel zu tun hast, aber ich möchte unter der Woche wirklich gern mehr Zeit mit dir verbringen, auch wenn es nur ein paar Stunden sind. Was hältst du davon?»

«Hast du Lust, mir den Rücken zu massieren?»

Wenn Sie auf diese Art und Weise um etwas bitten, lernen Sie, Ihre Kontrolle noch weiter einzuschränken. Die folgende Übung können Sie mit Ihrem Partner gemeinsam durchführen.

**Übung:**

Nehmen Sie sich für die nächsten drei Wochen vor, jeden Tag Ihren Partner um etwas zu bitten. Bleiben Sie zunächst bei einfachen, kleinen Dingen, und steigern Sie Ihre Wünsche nur, wenn Sie sich wohl dabei fühlen. Beobachten Sie sich nicht gegenseitig, sondern achten Sie auf Ihre eigenen Erfahrungen. Wenn Sie diese Übung in Ihren täglichen Umgang einbauen, wird es Ihnen leichter fallen, direkt um etwas zu bitten und nicht auf manipulative Mittel zurückzugreifen. Sprechen Sie nach dem dreiwöchigen Übungsprogramm mit Ihrem Partner über Ihre Erfahrungen, besonders über Ihre Empfindungen, wenn Sie einen Wunsch äußerten.

Ich persönlich finde es sehr angenehm, Wünsche klar und unumwunden zu artikulieren. Da ich als Kind in der Familie und später auch in Liebesbeziehungen die fürsorgliche Rolle einnahm, verstieß es völlig gegen meine Erziehung und meine Prinzipien, meine Partnerin um irgend etwas direkt zu bitten. Zum einen hätte ich dann zugegeben, daß ich jemanden brauchte, und das verstieß gegen die mir antrainierte Rolle, gegen den Anspruch, immer allein zurechtzukommen. Zum anderen erwartete ich natürlich von meiner Partnerin, daß sie mir jeden Wunsch von den Augen ablas und ich sie um nichts bitten mußte.

Seit ich an meiner Genesung arbeite, erkenne ich allmählich, wie wertvoll es ist, einfach um das zu bitten, was ich möchte. Ich erinnere mich noch, daß ich mich vor einigen Jahren, als ich mich ziemlich ausgelaugt fühlte, danach sehnte, umsorgt zu werden. Damals fiel es mir noch ziemlich schwer, meine Wünsche direkt zu äußern, aber ich hielt die Gelegenheit für gekommen, es auszuprobieren. Ich fragte meine damalige Freundin, ob sie Lust hätte, mir den Rücken zu waschen, während ich in der Wanne saß, und ob sie mich anschließend massieren könnte. Ich weiß noch, daß ich mir sicher war, eine Ablehnung akzeptieren zu können, doch zu meiner großen Überraschung war sie einverstanden. Und ich genoß es in vollen Zügen!

*Sich über Konsequenzen aufklären: Wenn... dann...*

Wenn Sie es vermeiden wollen, Ihren Partner zu kontrollieren, dann haben Sie die Möglichkeit, ihn über die Folgen seines Verhaltens aufzuklären – darüber, wie sich seine Handlungsweise auf Sie auswirkt.

Jede Handlung hat bestimmte Auswirkungen. Wenn ich lächle, dann hat das meist zur Folge, daß andere zurücklächeln. Wenn ich den Apfel in meiner Hand loslasse, wird er zu Boden fallen. Wenn ich in einer Partnerschaft lebe und sage, daß ich zu einer bestimmten Uhrzeit zu Hause sein werde, aber regelmäßig erst viel später heimkomme, wird das zur Folge haben, daß mir meine Partnerin nicht mehr vertraut.

Es ist weit gesünder, den anderen über die Konsequenzen seiner Handlungsweise aufzuklären, als sein Verhalten zu kontrollieren oder als falsch und verbesserungswürdig zu beurteilen. Es ist viel sinnvoller, dem Partner mitzuteilen, wie sich sein Verhalten auf Sie auswirkt. Dies läßt sich am besten durch «Wenn... dann...»-Aussagen erreichen.

Zum Beispiel: «Wenn du dich verspätest und nicht anrufst, dann mache ich mir Sorgen und kann nicht einschlafen» oder «Wenn du so laut wirst, dann schalte ich ab, und ich ziehe mich zurück, und dann höre ich nicht, was du mir sagen willst» oder «Wenn du ärgerlich wirst, weil ich keine Lust auf Sex habe, dann gebe ich vielleicht nach, aber nehme mir das übel.» Diese Methode kann natürlich nicht dafür garantieren, daß Sie Ihren Partner nicht doch kontrollieren, aber sie gibt Ihnen ein Mittel in die Hand, das Gespräch zu eröffnen, ohne gleich zu versuchen, Ihren Partner zu kontrollieren. Sie können an diese Aussagen Ihre Bitte direkt anschließen. Wenn all dies nicht funktioniert, dann nehmen Sie sich noch einmal die Kapitel über Grenzen und Konflikte vor (Kapitel 4 und 6), und arbeiten Sie sie gründlich durch.

In der nächsten Übung können Sie und Ihr Partner üben, wie man sich gegenseitig über Konsequenzen aufklärt.

**Übung:**

Nehmen Sie ein Blatt Papier, und unterteilen Sie es in zwei Spalten. Versehen Sie die eine mit der Überschrift «Verhalten», die andere mit «Auswirkungen». Schreiben Sie in die Spalte «Verhalten» einige Verhaltensweisen Ihres Partners, die Ihnen nicht gefallen. Beschreiben Sie dann unter der Rubrik «Auswirkungen», wie sich diese Verhaltensweisen auf Sie auswirken. Die Auswirkungen können ganz konkreter oder rein gefühlsmäßiger Natur sein. Lonnie notierte sich folgendes über ihren Freund Fred:

Verhalten
1. Nicht auf meine Fragen antworten
2. Seine Sachen im Wohnzimmer herumliegen lassen
3. Mir drohen, mich zu verlassen
4. Fast jeden Abend zu Hause arbeiten

Auswirkungen
1. Ich fühle mich vernachlässigt.
2. Ich stolpere darüber, und das Zimmer sieht unordentlich aus.
3. Ich fühle mich nicht mehr sicher und ziehe mich in mich selbst zurück.
4. Wir haben abends keine Zeit füreinander.

Wenn Sie die beiden Spalten ausgefüllt haben, lesen Sie sie Ihrem Partner vor, und benutzen Sie die «Wenn... dann...»-Technik. Nehmen Sie sich Zeit, um über Ihre Reaktionen zu sprechen. Versuchen Sie in den nächsten Wochen konsequent, sich mit Hilfe dieser Methode über die Auswirkungen des Verhaltens Ihres Partners zu verständigen.

Lonnie berichtet: «Als ich bei Fred diese Methode anwendete und ihn nicht, wie sonst, einfach nur zurechtwies, hatte ich den Eindruck, daß er mir richtig zuhörte. Neulich zum Beispiel, als ich ihm etwas über meine Arbeit erzählte, hat er mich dauernd unterbrochen, um mir Ratschläge zu geben. Ich hielt einen Moment inne und sagte dann mit sorgfältig gewählten Worten: ‹Fred, wenn du mich dauernd unterbrichst, dann verliere ich den Faden, und außerdem habe ich dann das Gefühl, daß du das, was ich dir erzähle, nicht wichtig nimmst.› Er hörte auf damit, und ich erzählte ihm dann, daß ich vielleicht befördert werden würde.»

## Aufhören zu kämpfen

Lassen Sie mich noch einige abschließende Bemerkungen machen, um das Thema Kontrolle in die richtige Perspektive zu rücken: Ich habe in diesem Kapitel mehrfach darauf hingewiesen, daß der Wunsch nach Kontrolle illusionär ist und daß Sie bei weitem nicht über die Kontrolle verfügen, die Sie gerne hätten. Es ist sehr verlockend, den Partner, die Kinder, die Freunde, sich selbst und sogar die unmittelbare Umgebung weiterhin zu kontrollieren. Dennoch ist es einfach absurd, zu glauben, daß unsere Versuche, alles zu kontrollieren, letztlich keine destruktiven Folgen haben werden.

Dieses Verhalten läuft in aller Regel dem Fluß des Lebens zuwider und führt deshalb zu unnötigen Kämpfen und Unstimmigkeiten. Es ist, als wolle man gegen die Strömung anschwimmen, anstatt sich von ihr tragen zu lassen. Wenn Sie gegen die Strömung anschwimmen, werden Sie sich so aufreiben, daß Sie schließlich kaum noch vorankommen. In Ihrer erschöpften, ausgelaugten Verfassung werden Sie schließlich doch noch von der Strömung mitgerissen werden. Wieviel leichter und einfacher wäre es dann, gleich mit dem Strom zu schwimmen! Wenn Sie sich mit dem Lebensstrom bewegen, brauchen Sie nicht mehr zu kämpfen.

Wenn Sie dauernd versuchen, Ihren Partner zu kontrollieren, kommen Spannungen, Kämpfe und Streit auf Sie zu. Es wird immer wieder Situationen geben, in denen er nicht dasselbe möchte wie Sie oder Sie sich nicht so verhalten, wie Sie es sich vorstellen. Wenn Sie Ihre Zeit und Ihre Energie darauf verwenden, Ihren Partner zu manipulieren, dann schwimmen Sie gegen die Strömung. Das ist vielleicht möglich, aber es fordert einen hohen Preis. Anstatt zu kontrollieren, können Sie jedoch lernen, um etwas zu bitten, zu verhandeln, Kompromisse einzugehen, Grenzen zu setzen und Übereinkünfte zu erzielen. Auch wenn es der Übung und entsprechender Anleitung bedarf, um die altvertrauten, eingeschliffenen Kontrollmechanismen abzulegen und neue Verhaltensweisen und Fähigkeiten zu erlernen, wird Ihre Partnerschaft dadurch weit ausgeglichener und entspannter werden.

Die Anregungen und Methoden in diesem Kapitel werden Ihnen helfen, das innere Bedürfnis nach Kontrolle abzubauen. Ich bin sicher, daß dies nicht nur Ihrer Partnerschaft, sondern auch allen anderen Beziehungen in Ihrem Leben zugute kommen wird. Da es Ihnen nun schon ein wenig leichter fällt, auf einige Ihrer Kontrollstrategien zu verzichten, werden wir zu einem weiteren Aspekt übergehen, der in den Liebesbeziehungen Erwachsener Kinder eine zentrale Rolle spielt und der den Wunsch nach Kontrolle verringern kann: Grenzen ziehen.

# 4 Grenzen

Dick setzte sich zu Barbara auf die Couch, die sich im Fernsehen einen Film ansah, und studierte einen Moment lang das Programm. Dann nahm er die Fernbedienung und schaltete auf einen anderen Kanal um. Barbara blickte ihn ungläubig an. «Dick, ich habe mir gerade einen Spielfilm angesehen.»

«Es gibt eine Wiederholung von ‹Columbo›, die will ich unbedingt sehen», sagte er. «Ist sowieso viel besser als dein blöder Film.»

Barbara war den Tränen nahe. «Gestern abend hast du gesagt, ich könnte ihn mir ruhig ansehen, und jetzt...»

«Hör endlich auf mit deinem ewigen Gejammer und Gemecker!» fuhr Dick sie an. «Seit du heimgekommen bist, sitzt du schon vor der Glotze. Es wird dir nichts schaden, wenn du diesen Film nicht siehst.»

Barbara lehnte sich in eisigem Schweigen zurück. Als sie wenige Minuten danach aufstand, schielte Dick zu ihr herüber und fragte: «Wo gehst du hin?»

«Keine Ahnung. Ich denke, ins Schlafzimmer. Ich hab keine Lust auf diesen Film.»

«Ooch komm, Liebes», bat er. «Bleib doch hier. Du fehlst mir. Ich hab den ganzen Tag noch nichts von dir gehabt.»

«Na schön», murmelte Barbara. Sie setzte sich unwirsch wieder hin und starrte auf den Bildschirm.

Georgia hielt vor der Haustür einen Moment lang inne, holte tief Luft, öffnete dann die Tür und trat ins Haus. Sofort kamen Justin und Mindy, Georgias und Mikes neun- bzw. siebenjährige Kinder, auf sie zugestürmt, plapperten fröhlich drauflos, waren offensichtlich erfreut, sie zu sehen.

«Mama! Mama!» Mindy quiekte vor Aufregung. «Sieh mal, was ich heute in der Schule gemacht habe!» Mindy hielt ein Bild in die Höhe, damit Georgia es auch gebührend bewundern konnte.

«Das ist großartig, Mindy», sagte Georgia und drückte beide Kinder zur Begrüßung an sich.

«Mama, Mindy war ganz gemein zu mir!» lenkte Justin die Aufmerksamkeit auf sich.

«Nein, stimmt gar nicht!» erwiderte Mindy. «Du blöder Kerl!»

«Jetzt aber genug, ihr zwei. Seid mal eine Minute ruhig.» Georgia sah erst Justin, dann Mindy ernst an. «Ich bin gerade erst nach Hause gekommen. Ich brauch ein paar Minuten Ruhe. Dann habe ich für jeden von euch Zeit.» Beide Kinder murrten und brummelten vor sich hin, trollten sich dann aber und spielten zusammen.

«Hallo, Schatz», sagte Mike und trat ins Wohnzimmer. «Bin ich froh, daß du endlich da bist. Du bist meine Rettung. Ich habe Probleme mit dem neuen Textverarbeitungsprogramm, und ich muß dieses verdammte Rundschreiben für den Drucker morgen fertig haben. Kannst du mir gleich mal helfen?»

«Nicht jetzt, Mike», erwiderte Georgia. «Ich bin gerade im Moment heimgekommen, das war wieder mal so ein richtiger Streßtag. Ich brauch ein paar Minuten für mich, und dann habe ich Justin und Mindy versprochen, ihnen etwas Zeit zu widmen.»

«Aber ich brauche deine Hilfe. Ich muß dieses Rundschreiben heute unbedingt noch fertigmachen.»

«Im Augenblick geht es nicht, Mike. Ich weiß, daß es dir wichtig ist, und ich will dir auch helfen, aber erst brauche ich etwas Zeit für mich. Wie wär's mit später, wenn die Kinder im Bett sind?»

«Na schön», willigte Mike ein, «wenn's eben nicht anders geht.»

«Danke, Mike. Es ist wirklich wichtig. Ich gehe jetzt ins Schlafzimmer und leg mich etwas hin. Ich bin in ein paar Minuten wieder da.»

Grenzen sind entscheidend für das individuelle Wohlergehen beider Partner und für das Funktionieren einer Paarbeziehung. Sie zeigen, wo der eigene Bereich endet und der des Partners beginnt. Ohne klar definierte Grenzen ist Ihr Selbstwertgefühl äußerst gering. Ohne ein gesundes Selbstwertgefühl haben Sie entweder das Gefühl, daß Ihre Beziehung Sie vereinnahmt, oder Sie fühlen sich die meiste Zeit von Ihrem Partner isoliert, ihm fremd.

In problematischen Beziehungen, wie bei Dick und Barbara, fehlen persönliche Grenzen. Es läßt sich kaum feststellen, wo der eine Partner endet und der andere beginnt. Dick behandelt Barbara wie ein Anhängsel von sich selbst, und Barbaras Verhalten bestärkt ihn darin. Barbara verliert sich leicht in der Beziehung und definiert weder ihre Grenzen, noch macht sie ihre Rechte als eigenständige Person geltend. Dick in seiner Ichbezogenheit erwartet von Barbara vor allem, daß sie seine Bedürfnisse befriedigt.

In intakten Beziehungen, wie bei Georgia und Mike, kennt jeder Partner seine Grenzen, und beide respektieren die Grenzen des anderen. Beide verfügen über ein gesundes Selbstwertgefühl und sind in der Lage, ihre Grenzen abzustecken. Georgia kann ihre Bedürfnisse artikulieren und ihren Kindern und ihrem Mann ihre Grenzen deutlich machen. Selbst als Mike ihre Grenzen zunächst nicht anerkennt, bleibt sie fest.

## Sie, Ihre Grenzen und Ihre Familie

Im *Duden* wird eine Grenze als «Begrenzung, Abschluß/linie, Schranke» definiert. Was persönliche Grenzen angeht, so hat diese Definition mehrere Bedeutungen. Zum einen: Wenn man um seine eigenen Grenzen weiß, so heißt das, daß man seinen Geschmack, seine Vorlieben und Bedürfnisse genau kennt; zum anderen, daß man sich bewußt als eigenständige Persönlichkeit begreift.

Persönliche Grenzen charakterisieren darüber hinaus bestimmte physische und psychische Schranken und definieren, wo Ihr Bereich beginnt und wo er endet. Wenn Sie Ihre Grenzen festlegen, dann legen Sie zugleich Ihr körperliches und seelisches Limit fest und machen damit deutlich, wem Sie Zutritt zu Ihrem persönlichen Bereich gewähren und wem er verwehrt bleibt.

Ihre physischen Grenzen beziehen sich auf Ihren Körper und Ihr persönliches Eigentum. Mittels dieser physischen Grenzen legen Sie fest, wie Sie behandelt werden wollen und ob jemand Ihr Eigentum benutzen darf oder nicht. Ihre psychischen Grenzen beziehen sich auf das Verhalten anderer Ihnen gegenüber. Wenn Sie Ihre psychischen Grenzen kennen, können Sie leichter seelische und körperliche Mißhandlung abwehren und eher entscheiden, wann und auf welche Weise Sie jemandem Zeit und Aufmerksamkeit widmen wollen.

Wenn Sie Ihre persönlichen Grenzen klar abgesteckt haben, verfügen Sie über einen größeren persönlichen Freiraum. Ohne klar definierte Grenzen vergeuden Sie eine Menge Zeit und Energie darauf, Ihre Privatsphäre zu verteidigen, sind schnell gereizt, fühlen sich ungerecht behandelt und vermeiden Situationen, wo Sie Gefahr laufen, übergangen oder ausgenutzt zu werden. Verfügen Sie über eindeutige Grenzen, dann können Sie entscheiden, wann Sie jemanden in Ihren Bereich einlassen und wann nicht. Wenn Sie sich dieser Entscheidungsmöglichkeit bewußt sind, können Sie weitaus selbstsicherer in Beziehungen auftreten.

Georgia ist ein gutes Beispiel für eine Frau, die sich ihrer Grenzen bewußt ist. Sie scheint sich selbst zu kennen, ihre eigenen Limits zu respektieren, und sie kann ihre Bedürfnisse mit ruhiger Bestimmtheit anmelden. Sie weiß um ihre Vorlieben und kann auch nein sagen, wenn ihr Mann und ihre Kinder Forderungen an sie stellen, die sie im Moment nicht erfüllen kann.

Dick und Barbara hingegen sind in ihrer Beziehung einander ausgeliefert, in einer ungesunden Co-Abhängigkeit aneinandergekettet. Barbara verfügt Dick gegenüber über keinerlei klar definierte Grenzen, und auch Dick scheint seine Grenzen nicht zu kennen. Er hat kein Gefühl dafür, wo sein Bereich endet und Barbaras beginnt; somit schließt seine Grenze sie mit ein. Dick wurde in seiner Kindheit seelisch und körperlich mißhandelt, Barbara erlebte sexuellen Mißbrauch, und beide halten an Verhaltensmustern in ihrer Beziehung fest, die sich in der Kindheit herausbildeten.

Mit großer Wahrscheinlichkeit hatten Sie in Ihrem Elternhaus wenig Gelegenheit zu lernen, wie man seine Grenzen absteckte. Immer war es etwas zuviel oder zuwenig, entweder waren die Grenzen zwischen den einzelnen Familienmitgliedern zu diffus oder zu strikt, oder sie schwankten scheinbar willkürlich zwischen beiden Extremen hin und her. Es war für Sie schwierig, persönliche Grenzen klar zu definieren und ein eigenes Selbstgefühl zu entwickeln.

## Fließende Grenzen, unsichere Rollen

Wenn die Grenzen in Ihrer Familie fließend waren, so führte das leicht zu Grenzverletzungen und Rollenunsicherheit. Grenzverletzungen treten auf, wenn die Grenzen fehlen oder nicht klar definiert sind und sich ständig ohne Vorwarnung ändern. Sie konnten sich nicht darauf verlassen, daß man Ihre Grenzen respektierte. Ihr Körper gehörte nicht Ihnen, und Ihre Besitztümer ebenfalls nicht. Ihre Mutter kam ins Badezimmer, wenn Sie es gerade benutzten. Ihre Schwester nahm Ihre Spielsachen, ohne zu fragen, und Ihre Einwände blieben unbeachtet. Ihr Vater kitzelte Sie, sosehr Sie auch dagegen protestierten. Im Fall von sexuellem Mißbrauch wurden Ihre persönlichen Grenzen mit Sicherheit verletzt. Sie wagten es nicht, das Wörtchen «nein» Ihren Eltern gegenüber auch nur zu flüstern oder auf irgendeine andere Weise deutlich zu machen, daß Sie eine eigenständige Person mit eigenen Gefühlen und Gedanken waren, die sich von ihren unterschieden.

Ellens Beziehung zu ihrer Mutter ist ein typisches Beispiel für diese Art von Verletzung: «Sie ging nie ohne mich aus dem Haus. Heute glaube ich, daß sie sich zu Tode fürchtete, alleine aus dem Haus zu gehen, also nahm sie mich zu ihrem Schutz mit. Damals gefiel es mir irgendwie, weil ich das Gefühl hatte, etwas Besonderes zu sein. Aber als ich älter wurde, wurde es mir lästig. Wenn ich eine Verabredung hatte, benahm sie sich wie ein verlorenes kleines Hündchen. Mit der Zeit konnte ich ihr leidendes Gesicht nicht mehr ertragen und sagte sämtliche Verabredungen ab.»

Grenzverletzungen können auch im Zusammenhang mit Ihren Geschwistern aufgetreten sein.

«Meine Familie kannte keine persönlichen Grenzen», erklärte Daryl. «Meine beiden Schwestern nutzten mich immer aus, vor allem die ältere. Seit ich fünf war, kam sie jede Nacht in mein Zimmer und belästigte mich. Sie hänselte mich, behauptete, daß mit mir etwas nicht stimmte, daß ich böse und schlecht sei. Sie höhnte, daß ich einen zu kleinen Penis hätte. Meine Eltern unternahmen nie etwas dagegen. Ich bin mir noch nicht mal sicher, ob sie es wußten, und ich erzählte es ihnen auch nicht. Ich schämte mich zu sehr.» Daryl ist 32 Jahre alt und hat noch nie eine Beziehung gehabt. Er empfindet Frauen gegenüber eine große Feindseligkeit. Es ist kein Wunder, daß er Schwierigkeiten hat, eine Beziehung einzugehen, bedenkt man die fehlenden Grenzen in seiner Familie und vor allem die unnatürliche sexuelle Beziehung zu seiner Schwester.

Eine andere Folge fließender Grenzen ist Rollenunsicherheit. Wenn die Rollen in Ihrer Familie nicht klar vorgegeben waren, verhielten sich Erwachsene oft wie Kinder, und folglich hatten die Kinder die Rollen der Erwachsenen zu übernehmen. Sie wurden vielleicht von Erwachsenen erzogen, die sich wie Sechsjährige verhielten. Sie waren vielleicht Mutters kleiner Held, und Ihre Mutter sah in Ihnen eher einen Retter und Beschützer als ihren Sohn. Wenn Sie Vaters kleine Prinzessin waren, hatten Sie das Gefühl, Ihrem Vater als emotionale Stütze zu dienen und im Fall von Inzest auch noch als seine sexuelle Partnerin. Wahrscheinlich existierte irgendeine Art von Rollentausch in Ihrer Familie. Schon als kleines Kind mußten Sie sich vielleicht um ein Elternteil oder auch beide kümmern, sowohl in körperlicher als auch in seelischer Hinsicht.

Ich kann mich noch ganz deutlich daran erinnern, daß ich als Dreizehn- oder Vierzehnjähriger die Rolle des Eheberaters für meine Eltern übernahm. Wir waren gerade von Iowa nach Kalifornien gezogen, und unsere finanzielle Lage war alles andere als rosig. Mein Vater trank, meine Mutter fühlte sich alldem nicht gewachsen, und es gab permanent Krach. Ich erinnere mich noch daran, daß ich die Verantwortung übernahm, mich mit ihnen hinsetzte und ihnen Ratschläge für ihre Ehe gab. Es überrascht mich jetzt, daß ich das tat, aber ich verbarg meine eigenen Ängste, meine Niedergeschlagenheit, mein Bedürfnis nach elterlicher Führung und versuchte, erwachsen und stark zu sein, so zu tun, als hätte ich für alles eine Lösung parat.

Dies ist ein Beispiel für Rollentausch, wie er aus unklar definierten Grenzen heraus entstehen kann. Das führte dazu, daß ich mich später in meinen Beziehungen als Erwachsener genauso verhielt – ich trat selbstsicher auf, als wüßte ich, wo's langging, auch wenn ich keine Ahnung hatte, und leugnete meine eigene Verletzbarkeit und meine Bedürfnisse.

## Jeder von uns in seiner eigenen Welt

Das andere Extrem wäre eine Familie, in der die Grenzen sehr strikt waren und zu Isolation führten. Es gab wenig oder gar keinen körperlichen oder emotionalen Kontakt zwischen den Familienmitgliedern, und jeder lebte in seiner bzw. ihrer kleinen Welt. Wenn dies bei Ihnen der Fall war, gab es in Ihrer Familie strenge Regeln, die Sie zu befolgen hatten. Möglicherweise lieferte Religion die Rechtfertigung für diese rigiden persönlichen und psychischen Grenzen.

«In meiner Erinnerung an meine Kindheit wird alles von dieser grenzenlosen Einsamkeit beherrscht», sagt John. «Meine Familie war sehr gläubig, und meine Eltern waren vorbildliche Gemeindemitglieder. Ich kann mich jedoch nicht daran erinnern, daß meine Mutter mich je an sich gedrückt hätte. Es kam mir so vor, als wären sie und mein Vater und meine Schwester reine Marionetten – und ich ebenfalls. Der engste körperliche Kontakt waren die Schläge, die ich erhielt. Mein Vater rief immer den Allmächtigen an, wenn er mir eine Tracht Prügel verabreichte. Eine meiner schlimmsten Schläge bekam ich, als ich ihn fragte, warum Gott zuließe, daß er mich so verprügelte. Während er mich verdrosch, zitierte er Bibelverse.»

In seinem Heilungsprozeß versucht John, mit einigen seiner perfektionistischen Gewohnheiten zu brechen. Aufgrund dieser rigiden persönlichen Grenzen fällt es ihm schwer, mit seiner Frau intim zu sein, und jahrelang erstickte er seine Angst vor ehelicher Intimität in einem Übermaß an Arbeit.

Lydia erinnert sich: «Meine Mutter war ein richtiger Putzteufel; sie bestand darauf, daß das Haus immer blitzblank war. Sie hatte sogar Plastikhüllen über die Lampenschirme und Polster gestülpt, und wir mußten immer am Rand der Treppe laufen, damit sich der Läufer in der Mitte nicht so schnell abnutzte. Ich dachte, daß irgend etwas mit mir nicht stimmte, weil sie mich so oft ignorierte, und ich kann mich nicht daran erinnern, daß sie mich je gestreichelt oder in den Arm genommen hat. Ich sehe an Großmutter, woher sie es hatte. Zumindest weiß ich jetzt, daß es nicht meine Schuld war.»

## Ratespiel Grenzen

Beim Nachdenken über ihre Kindheit erinnern sich viele Erwachsene Kinder an den willkürlichen Umgang mit Grenzen. Grenzen änderten sich ständig, wurden entweder zu strikt oder zu locker gehandhabt. In solch einer Familie war es schwer, vorherzusehen, mit welcher Grenze man im Moment gerade konfrontiert wurde. Manchmal ließ Sie Ihre Mutter bei Freunden zu Hause spielen; ein anderes Mal, ohne erkennbaren Grund, erlaubte sie es nicht. Manchmal war sie zärtlich und liebevoll und dann wieder abweisend und ärgerlich. Manchmal war Ihr Vater distanziert, dann wieder zärtlich, und gelegentlich kehrte sich diese Zärtlichkeit in sexuelle Anzüglichkeit um. Es war ein ständiges Ratespiel, und der Versuch, Ihre Eltern zu durchschauen, mußte zwangsläufig fehlschlagen. Sie wußten nie, was auf Sie zukam. Das führte dazu, daß Sie zu Ihrer eigenen Sicherheit rigide persönliche Grenzen zogen, um so das Risiko, verletzt zu werden, zu verringern.

Dieser ständige Wechsel ist charakteristisch für Alkoholikerfamilien. Meine Familie war eine typische Alkoholikerfamilie, wo die Grenzen häufig zwischen Extremen hin und her schwankten, zwischen äußerst rigide und sehr locker. Ruhige Zeiten wurden jäh durch einen Streit beendet, gewöhnlich durch den übermäßigen Alkoholkonsum eines oder beider Elternteile hervorgerufen. Es herrschte Unberechenbarkeit und zeitweiliges Chaos. Die Grenzen zwischen den einzelnen Familienmitgliedern konnten sich schlagartig, je nach Laune, ändern.

Ich erinnere mich gut daran, wie ich einmal von meinem Taschengeld eine schöne Summe gespart hatte. Ich war so stolz auf mich. Ich hatte eine Kaffeedose voller Münzen gesammelt. Eines Tages, ohne Vorwarnung, warf mir meine Mutter in einem Wutanfall vor, daß ich nichts anderes als Geld im Kopf hätte. Ich denke, ich habe meine Münzen für ihren Geschmack zu oft gezählt. Ohne irgendeine Erklärung nahm sie mir daraufhin das Geld ab, und ich sah es nie wieder. Ich war verwirrt und wütend. Im nachhinein sehe ich, daß dies eine klare Verletzung meiner Grenzen war, und ich habe lange gebraucht, um darüber hinwegzukommen. Dies ist ein Beispiel für die unvorhersehbare Verletzung von Grenzen, wie sie für mein Zuhause so charakteristisch war, und typisch für die Grenzschwankungen in Krisenfamilien.

## Jetzt, da wir erwachsen sind

Wenn Sie ohne klar definierte Grenzen aufwuchsen – ohne Persönlichkeitsgefühl und die Fähigkeit, Grenzen zu setzen –, dann übernehmen Sie in Ihrem Erwachsenenleben die Verhaltensmuster, die man Ihnen in Ihrer Kindheit beigebracht hat. Da die Frage nach Grenzen erst im Zusammenleben mit anderen Menschen akut wird, erleben Sie diese Strukturen vor allem in engen Beziehungen, das heißt mit Ihrem Partner bzw. Ihrer Partnerin.

Für mich wiederholten sich meine Kindheitserfahrungen in späteren Beziehungen, vor allem in meiner zweiten Ehe. Ich hatte Mauern um mich herum errichtet, die mich zwar schützten, aber auch von anderen Menschen trennten und vereinsamen ließen. Da ich keine Erfahrung darin besaß, eigene Grenzen zu definieren, verschanzte ich mich hinter dicken Mauern, die jeden ausschlossen. Unglücklicherweise schlossen sie auch meine Frau aus – diejenige, deren Nähe ich herbeisehnte. Mein Selbstgefühl war derart fragil, daß ich nicht riskieren wollte, mich in dieser Beziehung zu verlieren. Damals war es für mich absolut unmöglich, wirkliche, dauerhafte Nähe zuzulassen.

Gelegentlich versuchte Susan mir zu erklären, daß ich unnahbar und unzugänglich sei, aber ich verstand nicht, was sie meinte. Und selbst wenn ich es verstanden hätte, bezweifle ich, daß ich damals irgend etwas hätte dagegen tun können. Ich war ein Gefangener meiner selbst. Einmal, nachdem wir gerade zusammen geschlafen hatten, sagte sie traurig, daß wir uns beim Liebesakt nie in die Augen sehen würden. Ich ging mit einer scherzhaften Bemerkung darüber hinweg, aber der wahre Kern ihrer Aussage versetzte mir einen Stich. Dennoch vermied ich auch weiterhin jeden Blickkontakt mit ihr, weil ich einfach zuviel Angst davor hatte. Indem sie sah, wie ich wirklich war, würde ich ihr Zugang zu meinem Innern gewähren. Wenn ich ihr Zugang gewährte, würde ich mich verlieren, und wenn ich mich selbst verlor, dann wäre ich zu verletzbar. Wenn ich verletzbar wäre und sie zu sehr liebte, würde sie mich vielleicht verlassen. Indem ich diese rigiden Schranken aufrechterhielt, riskierte ich weniger.

Wenn allerdings Ihre Grenzen so instabil sind, daß ein anderer sie mit Leichtigkeit überwinden kann, dann haben Sie als Erwachsener schnell das Gefühl, sich in Ihrer Beziehung aufzugeben – jedes Gespür für Ihre eigenen Gefühle, Bedürfnisse und Limits zu verlieren. Kathy hatte große Probleme, ihre eigenen Gefühle von denen ihres Ehemanns zu unterscheiden. Sie stellt es folgendermaßen dar: «Jack kam zur Tür herein, und ich wußte, wie er sich fühlte, bevor ich ihn überhaupt sah. Wenn er ärgerlich war, spürte ich es sofort und behandelte ihn wie ein rohes Ei. Es war so, als wüßte ich, was er fühlte, ohne daß er es selbst wußte.

Man kann sich so leicht in einem anderen Menschen verlieren, ohne sich dessen bewußt zu sein. Alles, was Jack wollte, wollte ich auch. Was immer er ablehnte, ich stimmte ihm zu. Ich bin eine intelligente Frau, aber ich verlor die Fähigkeit, für mich selbst zu entscheiden. Es kam mir so vor, als wäre ich sein Schatten, der zwar immer im verborgenen blieb, ihm aber trotzdem nicht von der Seite wich.»

## Abgrenzungsprobleme in Partnerschaften

Was Sie in Ihrer Familie erlebten, zeigt sich in bestimmten Bereichen Ihrer Paarbeziehung. Insbesondere Abgrenzungsprobleme erweisen sich als Schwierigkeit, wenn es darum geht, Nähe zuzulassen, Sexualität auszuleben, sich Freiräume zu schaffen und vor allem den Partnern gegenüber auch einmal nein sagen zu können.

Damit echte Nähe aufkommen kann, ist die Fähigkeit, Grenzen zu setzen, entscheidend. Melody Beattie erklärt dies einleuchtend: «Um vorübergehend mit einem anderen Menschen in der Erfahrung, die wir Intimität nennen, verschmelzen zu können, müssen wir in der Lage sein, uns wieder zu lösen. Ansonsten ist dies keine Intimität und Nähe, sondern Selbstaufgabe und Abhängigkeit. Wir benötigen ein gesundes Gespür für uns selbst, damit wir sicher sein können, daß wir uns nicht verlieren.» Um «sich lösen» zu können, benötigen wir ein Gespür für unsere eigenen Grenzen. In dem obengenannten Beispiel konnte Kathy sich nicht mehr von Jack lösen und gab damit ihre eigene Persönlichkeit auf.

Was den Umgang mit Sexualität angeht, so sollten Sie sich als erstes mit der Frage beschäftigen, ob Sie sexuellen Kontakt zulassen wollen oder nicht. Wenn ja, dann können Grenzen Ihnen helfen, das Wann und Wie Ihrer Zärtlichkeiten näher zu bestimmen. Wenn Ihr Partner Sie zu unsanft oder aber zu wenig leidenschaftlich berührt, ist es an Ihnen, ihm mitzuteilen, was Ihnen gefällt und was nicht. Wenn Sie mit Ihrem Partner schlafen, obwohl es Ihnen überhaupt keinen Spaß macht, dann verletzen Sie eine persönliche Grenze. Dazu Wayne Kritsberg: «In einer sexuellen Beziehung hat ein Partner nicht zwangsläufig Anspruch auf den Körper des anderen. Wenn ein Partner das Maß an erwünschter Zärtlichkeit oder seine sexuelle Verfügbarkeit einschränkt, setzt er oder sie damit eine persönliche Grenze. Eine Grenze abzustecken bedeutet nicht, Intimität an sich abzulehnen... Sie signalisieren unsere Vorlieben und Wünsche.»

Karen, die als Kind sexuell mißbraucht wurde, war nicht in der Lage, ihrem Mann gegenüber ihre sexuellen Grenzen festzulegen. «In unserer Hochzeitsnacht vergewaltigte er mich. Das legte den Grundstein für unsere sexuelle Beziehung. Nach dieser Nacht versuchte ich alles, um nicht mit ihm schlafen zu müssen, aber das war schwierig. Die meiste Zeit ließ ich ihn einfach gewähren. Meistens tat es mir weh, aber ich wußte nicht, wie ich es verhindern konnte. Außerdem war ich dazu erzogen worden, mich als Frau zu fügen.»

Sex kann das Intimste zwischen zwei Menschen sein oder aber rein mechanisch und ohne Gefühle ablaufen – ja selbst, wie bei Karen, in einen Gewaltakt ausarten. Das Maß an Intimität wird zum Teil dadurch bestimmt, wie gut die beteiligten Partner ihre Grenzen kennen und inwieweit sie in der Lage sind, ihre Barrieren auch einmal zu lockern. Um sich zu öffnen, müssen Sie sich sicher fühlen. Um sich sicher zu fühlen, müssen Sie in der Lage sein, Ihre Grenzen, wenn nötig, auch wieder zu errichten. Eine sexuelle Vereinigung ist mit Sicherheit ein Moment, wenn Grenzen fallengelassen werden; dennoch ist es während des Liebesaktes wichtig, wachsam zu sein und Grenzen abzuklären, wie beispielsweise dem Partner mitzuteilen, was Ihnen gefällt und was nicht, wie Sie gern berührt und im Arm gehalten werden möchten und wie nicht. Im nächsten Kapitel werden wir uns eingehender mit diesen Überlegungen beschäftigen.

Darüber hinaus ist es wichtig, sich abgrenzen zu können, um sich Zeit für sich zu nehmen. Man läßt sich so leicht von der Hektik des Alltags auffressen, von Aktivitäten vereinnahmen, die die Kinder betreffen, oder von der eigenen Beziehung, daß man darüber vergißt, sich Zeit für sich zu nehmen. Menschen, die sich Freiräume schaffen, um wieder neue Kraft zu schöpfen, betonen immer wieder, wie gut es ihnen tut. Private, persönliche Zeit ist notwendig, um Streß abzubauen und zu sich selbst zu finden. Innerhalb einer Beziehung müssen Sie darauf bestehen, Zeit für sich zu haben.

Charles, einer meiner Freunde, kam mit seiner Frau Leanne überein, daß er bewußt alle drei bis vier Monate einen Auftrag annimmt, der es erforderlich macht, daß er übers Wochenende nicht zu Hause ist. Charles versichert: «Das ist wichtig. Es gibt mir Gelegenheit, einen klaren Kopf zu bekommen, meine Gedanken zu ordnen und einfach nur alles hinter mir zu lassen. Ich nehme einen kleinen Kassettenrecorder mit und spreche alle möglichen Gedanken drauf. Nach einem solchen Wochenende fühle ich mich viel besser, und Leanne und ich kommen dann viel besser miteinander aus.» Dies ist ein gut funktionierendes Arrangement, das beiden Ehepartnern Gelegenheit bietet, einmal Zeit ohne den anderen zu verbringen.

Zu guter Letzt kommen wir zu der Fähigkeit, nein sagen zu können, um sich von anderen abzugrenzen. In gewisser Hinsicht laufen alle oben beschriebenen Bereiche darauf hinaus, nein zu sagen. Die Fähigkeit, etwas abzulehnen, ist das A und O des Grenzenziehens, die Voraussetzung für die Entfaltung einer eigenständigen Persönlichkeit.

Hugh beschreibt, wie er seiner Freundin gegenüber einmal nein sagte: «Ich glaube, ich habe Christine ganz schön verwöhnt. Gewöhnlich lasse ich ihr ihren Willen, aber danach ärgere ich mich oft und bin wütend auf sie. Also beschloß ich, einmal ehrlich zu ihr zu sein und ihr zu sagen, wenn mir etwas nicht paßt, statt einfach klein beizugeben. Neulich fragte sie mich, ob ich nicht zu ihr ziehen wollte. Ich sagte nein. Ich sei noch nicht soweit. Sie bohrte noch etwas nach, aber ich blieb standhaft, obwohl ich mich schuldig fühlte und Angst hatte. Sie war richtig sauer und redete zwei Tage lang nicht mit mir. Aber ich bin froh, daß ich es getan habe. Es wäre ein großer Fehler gewesen, wenn ich einfach nachgegeben hätte. Später gab Christine zu, daß sie es mir hoch anrechnete, daß ich ehrlich zu ihr gewesen bin, obwohl sie von meiner Antwort enttäuscht war.»

## Mach, was du willst, aber verlaß mich nicht

Marsha ist ein typisches Beispiel für ein Erwachsenes Kind. Sie heiratete, als sie 16 war, um «von zu Hause wegzukommen». Sie wollte einer gefühlskalten, tyrannischen Mutter und einem ständig schimpfenden Vater entfliehen. Ihr Mann Ron mußte sich in seiner Familie um einen jüngeren Bruder und eine kleine Schwester kümmern, da ihre alleinerziehende Mutter oft nicht zu Hause war. Sein Vater hatte die Familie verlassen, als Ron acht Jahre alt war, und Ron kann sich nur noch an seine aufbrausende Art erinnern und daran, daß er ihn und seine Geschwister beim geringsten Anlaß verprügelte.

Das erste Ehejahr verlief relativ harmonisch, aber dann begann Ron immer stärker zu trinken. Er wurde zunehmend aggressiver, fordernder Marsha gegenüber und schreckte auch vor sexueller Gewalt nicht zurück. Marsha zog sich immer weiter zurück, gab Rons Forderungen immer wieder nach, konnte ihn jedoch nie ganz zufriedenstellen. Je mehr sie akzeptierte, desto mehr verlangte er von ihr und beschimpfte sie auf gemeinste Weise.

Marsha hatte panische Angst, irgend etwas falsch zu machen, und deshalb hielt sie sich von Anfang an zurück und wurde zunehmend depressiver. Als sie mit 34 Jahren in meiner Praxis erschien, hatte sie zwei Kinder, so gut wie keine Unterstützung und klagte über Depression und Eheprobleme. Ron weigerte sich, zu den Sitzungen zu kommen, da er davon überzeugt war, daß es Marsha war, die sich ändern müßte. Ron zufolge sollte Marsha endlich aufhören zu jammern und mehr Spaß am Sex finden.

Obwohl noch andere Faktoren eine Rolle spielten, fehlten Marsha vor allem klare Grenzen. Sie besaß keinerlei Selbstgefühl und wußte nicht, wie sie persönliche «Regeln» aufstellen sollte, um sich selbst zu definieren. Sie ließ sich von Ron genauso beherrschen wie früher von ihren Eltern. Obwohl Marsha arbeitete und Geld zum gemeinsamen Haushalt beisteuerte, konnte nur Ron über ihr Konto verfügen. Wenn Marsha ihn um Geld bat, so kam es ihr vor, als würde sie «Kaugummi von einem heißen Bürgersteig abkratzen wollen». Ron war genauso eiskalt und tyrannisch wie ihre Mutter. Ähnlich wie ihr Vater gelang es ihm, sie verbal einzuschüchtern und zu verletzen. Marsha fühlte sich wie damals als kleines Mädchen: hilflos, frustriert, gefangen und ohnmächtig, ohne das geringste Selbstwertgefühl. Marsha fühlte sich von Ron und ihrer Ehe völlig vereinnahmt.

Dieses Gefühl von Hilflosigkeit und Frustration ist Ihnen sicherlich vertraut. Es resultiert aus einer tiefverwurzelten Angst vor dem Verlassenwerden. Sie wurden als Kind emotional im Stich gelassen, gelegentlich auch physisch. Ihre Eltern waren einfach nicht für Sie da. Als Erwachsene Kinder waren sie ganz von ihrer eigenen Dysfunktion in Anspruch genommen. Sie waren nicht in der Lage, Ihre emotionalen und entwicklungsbedingten Bedürfnisse zu befriedigen. Möglicherweise ignorierten sie Ihre Bedürfnisse auch schlichtweg.

Oder vielleicht haben in Ihrem Fall Ihre Eltern ihre gesamte Aufmerksamkeit auf Sie gerichtet, weil es für sie zu schmerzlich war, sich mit sich selbst oder dem Ehepartner auseinanderzusetzen. Sie versuchten, ihre eigenen Bedürfnisse durch Sie zu befriedigen. Dies ist eine andere Art des emotionalen Verlassenwerdens, eine, bei der das Verhalten der Eltern die Kinder erdrückt. In beiden Fällen – ob sie Sie ignorierten oder erdrückten – ließen Ihre Eltern Sie emotional im Stich.

Wie ich bereits dargelegt habe, ist die Vorstellung, keine Eltern zu haben, für ein Kind weit schlimmer als jede Art von Mißhandlung, da es von den Eltern völlig abhängig ist. In der Vorstellung eines Kindes ist Verlassenwerden wie ein Sturz in ein tiefes, dunkles Loch, ins Unbekannte, ins Alleinsein. Diese Urangst vor dem Verlassenwerden begleitet Sie auch als Erwachsener und manifestiert sich auf vielfältige Art und Weise, vor allem darin, wie Sie in Ihrer gegenwärtigen Beziehung mit Ihren Grenzen umgehen.

Wayne Kritsberg unterscheidet zwischen zwei unterschiedlichen dysfunktionalen Beziehungsmustern und bietet damit eine erfrischend unkonventionelle Herangehensweise an Beziehungen. Sie nehmen Ihrem Partner gegenüber entweder den *verschlingenden* Part ein oder den *flüchtenden*. Beide gegensätzlichen Muster gehen auf Abgrenzungsprobleme zurück.

### *Den Partner verschlingen*

Aufgrund Ihrer Angst, verlassen zu werden, verhalten Sie sich Ihrem Partner gegenüber wie eine Klette. Sie fühlen sich bedroht und klammern sich verzweifelt an Ihren Partner. Ihre beider Grenzen verschwimmen so sehr, daß Sie jegliches Gefühl für Ihr eigenes Ich verlieren. Sie sind krankhaft eifersüchtig – Sie müssen ständig darüber Bescheid wissen, was Ihr Partner gerade tut, Sie erwarten uneingeschränkte Aufmerksamkeit und wollen nie alleine bleiben. Sie leben in ständiger Angst, daß Ihr Partner Sie verlassen könnte. Manchmal ist Ihr klammerndes Verhalten passiver Natur, äußert sich in selbst auferlegtem Leiden, in Krankheit und Depression, und manchmal eher aktiv.

Julia durchlebt im Geist noch einmal die ersten beiden stürmischen Ehejahre mit ihrem Mann Dennis: «Ich ließ ihn weder aus den Augen noch aus dem Sinn. Wenn er fort war, war ich total mißtrauisch, selbst wenn er zur Arbeit war. Ich erinnere mich noch, daß ich ihn seine ganze Mittagspause lang über eine Bemerkung ausquetschte, die er am Tag zuvor über die Frauen im Büro gemacht hatte – ihre Röcke würden immer kürzer werden oder so. Das hatte mir keine Ruhe mehr gelassen, und ich hatte mir daraufhin alles mögliche vorgestellt, was er trieb, wenn er alleine war. Als er abends heimkam, hatten wir einen Riesenkrach. Er erklärte mir, daß ich ihm überhaupt keine Zeit ließe, um eine Affäre zu haben, selbst wenn er es wollte. Das war nicht besonders beruhigend. Jetzt weiß ich nicht, was ich tun soll. Ich werde immer noch schnell panisch und mißtrauisch.»

*Vor dem Partner flüchten*

Ein anderes Verhaltensmuster, mit dem Sie sich vor einem «verschlingenden» Partner schützen, ist die Abwehrhaltung. Jedesmal, wenn Sie sich bedroht fühlen, kapseln Sie sich ab. Sie ziehen rigide Grenzen, weil Sie Angst haben, vereinnahmt und überrumpelt zu werden, oder weil ein solcher Schutzwall die einzige Möglichkeit ist, die Sie kennen. Sie sind so verunsichert, was die Errichtung und Aufrechterhaltung von Grenzen angeht, daß Sie sich hinter dicken psychischen Mauern verbergen, die es anderen Menschen äußerst schwer machen, wenn nicht unmöglich, zu Ihnen vorzudringen. Sie haben panische Angst, sich selbst zu verlieren, wenn Ihnen irgend jemand zu nahe kommt.

Ironischerweise errichten Sie diese unüberwindlichen Mauern, gerade weil Sie sich Ihrer Grenzen so unsicher sind. Wenn Sie wüßten, wie man Grenzen setzt, und sich sicher sein könnten, daß Sie, selbst wenn Sie mit einem anderen Menschen einmal verschmelzen, Ihre persönlichen Grenzen wiederherstellen können und somit unversehrt aus dieser Erfahrung hervorgehen, dann würden Sie nicht die Notwendigkeit verspüren, Ihren Partner auf Distanz zu halten.

Es gibt mehrere Möglichkeiten, einen anderen Menschen auf Distanz zu halten: überwiegend unwirsch reagieren, aus der Beziehung ausbrechen (vor allem nach Zeiten großer Nähe), abwehrend auf Küsse oder Umarmungen reagieren, Gefühle zurückhalten und sich sexuell oder gefühlsmäßig verweigern. Sie errichten eine Vielzahl von körperlichen und seelischen Barrieren, weil Sie Angst haben, daß Sie Ihre Persönlichkeit aufgeben, wenn Sie einen anderen Menschen zu nahe an sich heranlassen.

Ricks Angst, vereinnahmt zu werden, zeigte sich in allen seinen Beziehungen. «Ich sehe jetzt, daß ich jedesmal, wenn ich mich zu sehr einließ, Panik bekam. Bei jeder meiner Freundinnen versuchte ich, mich nach ein paar Monaten irgendwie wieder aus der Beziehung herauszulavieren. Meine letzte Freundin sagte dann etwas, das mir die Augen öffnete, und ich beschloß einen Psychologen aufzusuchen. Ihr war aufgefallen, daß ich meinen Humor immer häufiger als Schutzschild einsetzte und daß ich mich immer mehr von ihr zurückzog, je mehr sie mich liebte. Heute macht mich das traurig, weil ich denke, daß sie mich wirklich liebte.»

## Drei schädliche Verbindungen

Sie neigen in Ihrer Beziehung entweder dazu, eine Abwehrhaltung einzunehmen oder Ihren Partner zu vereinnahmen. Dieses Verhaltensmuster hängt nicht nur mit Ihrer Sozialisation zusammen, sondern auch mit der einzigartigen Verbindung, die zwei Menschen eingehen. Sie haben vielleicht bemerkt, daß Sie sich in einer Beziehung eher abwehrend verhalten und in einer anderen eher vereinnahmend. Es gibt drei denkbare Kombinationen von Verhaltensweisen in einer Beziehung, jede mit ihrer ganz spezifischen Ausdrucksform.

*Flüchten–Flüchten*
Wenn Sie sich Ihrem Partner gegenüber abwehrend verhalten und eine Beziehung mit einem Menschen eingehen, der sich ebenso verhält, dann wird Ihre Beziehung hauptsächlich von Distanz bestimmt sein und Ihr Umgang miteinander nüchtern und emotionsarm. Wenn nichts Entscheidendes passiert, werden Sie sich mit großer Wahrscheinlichkeit auseinanderleben. Keiner von Ihnen ist bereit, seine emotionalen Barrieren zu lockern, aus Angst, vereinnahmt zu werden, eine Angst, die auf das Kindheitstrauma des Verlassenwerdens zurückgeht. Den anderen an sich heranzulassen bedeutet, verletzbar zu sein, und erhöht die Angst vor dem Verlassenwerden.

In meiner ersten Ehe war dies der Fall. Beth und ich hatten beide Mütter, die sehr dominant waren und uns mit ihrer Liebe erdrückten, und Väter, die tranken und sich abweisend verhielten – folglich reagierten wir aufeinander mit Abwehr. Ich liebte sie, soweit ich dazu in der Lage war, und ich bin sicher, daß sie mich auch liebte, aber wir hatten um uns herum mauerdicke emotionale Schutzwälle errichtet. Als wir etwa zwei Jahre verheiratet waren, stellten wir eines Abends bei einem Gespräch übereinstimmend fest, daß in unserer Beziehung etwas fehlte. Nach einer kurzen Diskussion beschlossen wir, es einmal mit der «offenen Ehe» zu probieren. George und Nina O'Neills Buch *Die offene Ehe* war damals ein Bestseller, und wir hatten es beide gelesen. In diesem Buch wurde mehr Offenheit in der Ehe propagiert, aber in unserem engen Verständnis nahmen wir es als Aufforderung, uns auf außereheliche sexuelle Abenteuer einzulassen. Welch eine Farce! Dieses Experiment diente lediglich dazu, die emotionale Distanz zwischen uns zu vergrößern. Wir übernahmen beide die Rolle des Flüchtenden, um uns selbst in Sicherheit zu wiegen.

*Flüchten–Verschlingen*
Wenn Sie der Flüchtende in Ihrer Beziehung sind und Ihr Partner der Verschlingende, dann wird das Ihre Angst nähren, vereinnahmt zu werden. Je mehr Ihr Partner Sie bedrängt, desto abweisender reagieren Sie. Ihr Einfallsreichtum kennt keine Grenzen – Wut, Rückzug, Süchte oder Passivität – alles, um Ihren verschlingenden Partner abzuwehren und selbst unnahbar zu bleiben. Als abwehrender Partner müssen Sie

zunehmend höhere Schranken errichten, um Ihr empfindliches Selbstgefühl zu bewahren und Ihre Angst, verlassen zu werden, zu bekämpfen.

Wenn Sie den verschlingenden Part einnehmen und mit einem flüchtenden Partner zusammen sind, dann leben Sie in ständiger Furcht vor seinen emotionalen Rückzugsmechanismen. Da er oder sie die meiste Zeit über emotional und geistig unerreichbar wirkt, werden in Ihnen unbewußte Kindheitsängste vor Verlust und Verlassenwerden wach. Je mehr er sich zurückzieht, desto ängstlicher und verschlingender werden Sie. Sie verlieren jegliches Selbstwertgefühl, da Sie zunehmend das tun, von dem Sie glauben, daß es Ihr Partner will, nur um ihn nicht zu verlieren. Es erübrigt sich hinzuzufügen, daß Sie keine klaren Vorstellungen von Ihren eigenen Grenzen haben.

Als Frank und Rita zu mir zur Beratung kamen, wurde bereits beim ersten Gespräch deutlich, daß ihre Art der Beziehung flüchtend-verschlingender Natur war. Beide drückten den Wunsch aus, endlich die ständigen Streitereien zu beenden, die von Beginn an ihren Alltag beherrschten. Rita beklagte sich über Franks übertriebene Golfleidenschaft und seine Gleichgültigkeit ihr gegenüber. Sie empfand ihn als zunehmend unnahbarer und warf ihm vor, das Golfspielen als Rückzug aus der Beziehung zu benutzen. Ihr eigenes Verhalten beschrieb sie als «immer zickiger und fordernder» und war sehr enttäuscht über die Entwicklung, die ihre Ehe nahm.

Frank war bereit, an ihren Problemen zu arbeiten, aber er empfand, wie er sagte, die Nähe zu Rita schwierig. Er fühlte sich unfähig, ihre Forderungen zu erfüllen, und hatte das Gefühl, daß sie ihm zu wenig Freiraum ließ. Je mehr sie ihn unter Druck setzte, desto mehr zog er sich zurück und flüchtete sich ins Golfspiel. Sie erkannten beide, daß Rita immer ängstlicher wurde und sich an ihn klammerte, je mehr Frank auf Distanz ging.

Rita und Frank sind ein klassisches Beispiel für ein flüchtend-verschlingendes Paar. Durch die Verhaltensmuster, die sie praktizieren – basierend auf ihren spezifischen Ängsten –, verstärken sie nur noch ihr gegenwärtiges Dilemma. Nachdem sie die im Lösungsteil vorgeschlagene Übung durchgearbeitet hatten, begannen sie die Art des anderen, mit latent vorhandenen Verlustängsten umzugehen, zu verstehen und konnten offener darüber reden. In der Anfangsphase ging es darum, Grenzen zu setzen; Frank sollte weiterhin Golf spielen können und Rita trotzdem Gelegenheit haben, mit ihm ganz bewußt Zeit zu verbringen.

*Verschlingen–Verschlingen*
Bei diesem Typ der Beziehung hat keiner von beiden eine klare Vorstellung von seinen bzw. ihren Grenzen, daher sind die Übergänge fließend. Beide klammern sich aneinander, aus der Angst heraus, verlassen zu werden. Es fällt Ihnen schwer, Ihre Bedürfnisse und Vorlieben auseinanderzuhalten – es ist, als wären Sie beide zu einer Einheit verschmolzen.

Während Sie auf Außenstehende wie ein Traumpaar wirken, erstikken Sie einander in Wirklichkeit. Die Beziehung basiert auf der Furcht, daß einer von Ihnen eines Tages fortgehen könnte, und so werden Veränderungen und Risikobereitschaft im Keim erstickt – wenn sich der eine Partner verändert, fühlt sich der andere bedroht.

Jim und Hillary, die seit drei Jahren zusammen sind, verkörpern dieses Beziehungsmuster. Sie gehen völlig ineinander auf; bis auf ihre Arbeitszeit sind sie nie getrennt. Einmal veranstaltete Hillarys Firma für alle Angestellten ein Meditationswochenende, und Hillary hatte zugesagt, obwohl dies bedeutete, daß sie Jim allein lassen mußte. Als sie Jim davon erzählte, war er so außer sich, daß sie von ihrem Vorhaben abließ.

Nach diesem Überblick über die Schwierigkeiten, die im Umgang mit Grenzen auftreten können, werden wir uns jetzt speziellen Fähigkeiten und Ideen zuwenden, die Ihnen bei der Bewältigung von Abgrenzungsproblemen in Ihrer Partnerschaft helfen können.

## Lösungen: Grenzen setzen und aufrechterhalten

Wie auch immer Sie mit Ihrer Angst, verlassen zu werden, umgehen und unabhängig von Ihrem Beziehungsmuster besteht Ihre Hauptschwierigkeit darin, adäquate physische und psychische Grenzen festzulegen und zu verteidigen. In Ihrem Elternhaus hat man Sie davon überzeugt, daß Sie kein Recht haben, nein zu sagen. Das hat dazu geführt, daß Sie entweder zu einem Jasager wurden oder daß Sie sich hinter rigiden persönlichen Schranken verschanzen, aus Angst, sich in Ihrer Beziehung völlig zu verlieren.

Wenn Sie lernen, in Ihrer Beziehung Grenzen abzustecken, werden Sie zufriedener mit sich sein. Sie können Ihre Selbstachtung erheblich steigern, wenn Sie Ihre Grenzen festlegen und Ihrem Partner gegenüber deutlich machen. Anfänglich mag Ihr Partner mittels Kontrolle und Manipulation versuchen, Sie umzustimmen, aber er bzw. sie wird Sie schließlich dafür achten, daß Sie Ihre Grenzen klar definieren. Wenn Sie und Ihr Partner gemeinsam daran arbeiten, Grenzen abzustecken, wird sich Ihre Beziehung intensivieren.

Eric war es zunächst nicht ganz wohl bei der Vorstellung, seiner langjährigen Freundin Betty Grenzen zu setzen, aber als er sein Vorhaben in die Tat umsetzte, stieg er in seiner ebenso wie in ihrer Achtung. Er beschreibt einen seiner ersten Versuche: «Betty wollte in unserem Urlaub ein Hausboot mieten, und ich wußte, daß wir uns das nicht leisten konnten. Ich erklärte ihr, daß ich nicht so viel Geld ausgeben wollte, und sie erwiderte, daß wir es doch aufnehmen könnten, daß es doch nur Geld sei, daß wir nur einmal lebten und so weiter. Sie wurde richtig böse. Ich blieb fest und sagte ganz ruhig: ‹Nein›. Sie redete einen ganzen Tag lang nicht mit mir. Als wir das nächste Mal das Thema anschnitten, gab sie zu, daß ich recht hatte; sie hätte noch mal darüber nachgedacht. Wir konnten es uns wirklich nicht leisten, so viel Geld für unseren Urlaub auszugeben.»

In einer Beziehung können Sie Ihr eigenes Selbstgefühl stärken. Das wird Ihnen helfen, ein stärkeres Gefühl für die eigene Identität zu entwickeln, sowohl innerhalb als auch außerhalb der Beziehung. Dies war keine Fähigkeit, die Sie an Ihren Eltern beobachten konnten, aber Sie können sie sich als Erwachsener durchaus noch aneignen.

Während Sie lernen, Grenzen zu ziehen, ist es wichtig, sich stets in Erinnerung zu rufen, daß diese nicht unverrückbar und unflexibel sein sollten. Eine Grenze, die Sie heute errichten, kann sich nach einer Weile ändern, je nach Ihren Wünschen, neuen Informationen, den Bedürfnissen Ihres Partners oder den Bedürfnissen, die mit der Weiterentwicklung einer Beziehung einhergehen. Heute lehnen Sie es vielleicht ab, mit Ihrer Frau in die Tanzschule zu gehen, und sechs Wochen später haben Sie es sich anders überlegt. Heute finden Sie es vielleicht noch ganz in Ordnung, Ihre Schwiegereltern jedes Wochenende zu besuchen, aber nach einer Weile reicht es Ihnen, wenn sich diese Besuche auf einmal im Monat beschränken.

Im folgenden Abschnitt finden Sie Beispiele, wie Sie Ihre Grenzen aufstellen und aufrechterhalten können. Zunächst lernen Sie, wie Sie sich am besten darauf vorbereiten, Grenzen zu setzen.

*Grenzen vorbereiten*

Die meisten Erwachsenen Kinder haben Probleme damit, Grenzen aufzustellen und aufrechtzuerhalten – schon deshalb, weil sie es nicht gewöhnt sind. Seien Sie nicht so hart gegenüber sich selbst, und denken Sie daran, daß nicht nur Sie allein damit Schwierigkeiten haben. Beginnen Sie, einfache Grenzen zu bestimmen, stellen Sie beispielsweise fest, welche Fernsehsendung Sie sehen möchten, wo Sie im Restaurant sitzen wollen oder wann Sie Zeit für sich brauchen. Die Voraussetzung dafür ist, daß Sie erkennen, wann Sie eine Grenze ziehen sollten.

*Wann sollten Sie eine Grenze setzen?*

Es gibt Situationen, für die Sie bereits im Vorfeld eine Grenze abstekken können, aber es gibt ebenso viele Gelegenheiten, wo Sie sich in der Situation selbst entscheiden müssen. In beiden Fällen werden Ihnen die folgenden Übungen helfen zu erkennen, wann der Moment gekommen ist, eine Grenze zu ziehen.

Es gibt drei Möglichkeiten, um herauszufinden, ob Sie eine Grenze errichten sollten.

1. *Achten Sie auf Ihre Gefühle.* Bestimmte Gefühle zeigen Ihnen, daß es notwendig ist, eine Grenze zu ziehen. Wenn Sie verstimmt sind, sich ungerecht behandelt, ausgenutzt, ausgelaugt oder eingeengt fühlen, so sind dies eindeutige Hinweise für fehlende Grenzen.

Körperliche Symptome sind ebenfalls gute Indikatoren dafür, daß Sie sich zu wenig um Ihre Grenzen kümmern. Wenn Sie anhaltende körperliche Verspannungen bemerken, vor allem im Magen, im Rükken, im Nacken, in der Brust oder am Kinn, dann können dies Anzeichen dafür sein, daß Sie Grenzen setzen und mehr auf Ihre Bedürfnisse eingehen sollten. Häufige Krankheiten sind Warnsignale, daß Sie Ihr Leben überdenken und überlegen sollten, in welchen Bereichen Sie sich unbedingt abgrenzen müßten. Wenn Sie häufig unter Kopfschmerzen oder Magenschmerzen leiden, dann kann dies ein Hinweis darauf sein, daß Sie sich in Ihrer Beziehung zuwenig entfalten können.

2. *Gehen Sie der Sache auf den Grund.* Wenn Sie Zweifel haben, so gehen Sie der Sache auf den Grund. Eine Möglichkeit ist, zu beobachten, wie sich andere Menschen in ihren Beziehungen verhalten. Wie gehen sie mit ihren Kindern um? Wie zeigen sie Zuneigung in der Öffentlichkeit? Wie verhalten sich Paare, wenn sie gemeinsam einkaufen? Wie oft unternehmen andere Paare etwas gemeinsam – und wie häufig getrennt? Wenn Sie andere Paare beobachten, werden Sie ein breites Spektrum an Grenzen – vorhandene und fehlende – feststellen. Nicht alle sind nachahmenswert, aber diese breite Palette kann Ihnen Aufschluß darüber geben, wie andere mit Abgrenzungsproblemen umgehen.

Darüber hinaus sollten Sie mit anderen Menschen reden. Sie können einen Freund oder eine Freundin, einen Therapeuten oder Eheberater über ein spezielles Abgrenzungsthema befragen, oder erkundigen Sie sich bei anderen Paaren, wie sie Grenzen handhaben. Da Sie als Erwachsenes Kind über keinerlei Übung im Umgang mit Grenzen verfügen, sollten Sie nicht davor zurückscheuen, andere nach ihren Erfahrungen zu befragen.

3. *Seien Sie vorbereitet.* Überlegen Sie sich Bereiche in Ihrer Beziehung, in denen Sie eine Grenze setzen könnten. Vielleicht wird dadurch Ihre Aufmerksamkeit auf Grenzen gelenkt, die Sie bislang nicht in Erwägung gezogen haben. Die folgende Liste soll Ihnen ein paar Denkanstöße geben, sowohl in bezug auf Bereiche, die Sie sich genauer ansehen sollten, als auch in bezug auf Fragen, die Sie sich stellen könnten.

*Sex* – Wie oft? Wie wollen Sie berührt werden und wie nicht? Wann haben Sie Lust auf Sex? Wann nicht? Was macht Ihnen Spaß, wenn Sie mit jemandem schlafen? Was gefällt Ihnen an der Art, wie Ihr Partner mit Ihnen umgeht? Was gefällt Ihnen nicht? Gibt es andere Dinge, die Sie sich von Ihrem Partner wünschen?

*Geld* – Wer bestimmt über die Ausgaben? Wer stellt den Haushaltsplan auf? Wer zahlt die Rechnungen? Nach welchen Kriterien wird das Geld ausgegeben? Muß über Ausgaben Rechenschaft abgelegt werden?
*Kindererziehung* – Wie setzen Sie Ihren Kindern Grenzen? Wie unterscheiden Sie sich darin von Ihrem Partner? Verbringen Sie auch Zeit mit Ihrem Partner ohne die Kinder? Wer kümmert sich um die Kinder?
*Haushalt* – Wie werden die häuslichen Pflichten verteilt? Wer putzt? Wie steht es mit Reparaturen im Haushalt?
*Zeit* – Wie verbringen Sie Ihre Freizeit? Wieviel Zeit verbringen Sie bewußt mit Ihrem Partner? Wieviel Zeit haben Sie für sich allein? Wieviel Zeit verbringen Sie mit Arbeiten? Spielen?

**Übung:**

Beantworten Sie die obigen Fragen so ausführlich wie möglich. Seien Sie genau! Das Ziel dieser Übung besteht darin, es Ihnen zu erleichtern, jene Bereiche herauszufinden, in denen Sie Grenzen errichten können. Während Sie jeden Bereich und jede Frage prüfen, achten Sie gleichzeitig auf körperliche oder gefühlsmäßige Reaktionen. Wenn sich bei dem Gedanken an einen Besuch bei den Schwiegereltern Ihr Magen verkrampft, so ist dies ein deutlicher Hinweis darauf, daß Sie hier Ihre Grenzen überdenken sollten. An diesem Punkt ist es wichtig, daß Sie in jedem Bereich aktiv werden. Die Fähigkeit, Grenzen zu setzen, ist etwas, das Sie im Laufe der Zeit lernen werden. Im Moment ist am wichtigsten, die Problembereiche zu entdekken.

Sie können mit Ihrem Partner über Ihre Liste reden, aber präsentieren Sie ihm oder ihr diese Liste nicht als Forderungskatalog. Lesen Sie zunächst dieses Kapitel zu Ende, bevor Sie miteinander über Änderungen reden; dann sind Sie eher darauf vorbereitet, mit Ihren speziellen Grenzproblemen umzugehen. Glauben Sie nicht, Sie müßten alles auf einmal klären. Im Moment ist es vor allem wichtig, die Bereiche aufzuspüren, in denen Abgrenzungsprobleme liegen. Wenn Sie sich mit Ihrem Partner über Ihre Antworten austauschen, sollten Sie in erster Linie auf das Thema Grenzensetzen eingehen.

Mark sah sich seine Antworten genauer an und kam zu einigen interessanten Ergebnissen: «Ich fand heraus, daß ich ein weit größerer Jasager war, als ich dachte. Ich will bei meinem Chef einen guten Eindruck machen, indem ich ständig Überstunden mache, und meine Frau ist sauer auf mich. Meine Frau erklärt mir, daß ich viel zuviel arbeite, also reduziere ich meine Arbeitszeit, und mein Chef ist sauer. Ich will es meinem Chef recht machen, meiner Frau, und ich bin nur unzufrieden! Ich begreife, daß ich meinem Chef und meiner Frau gegenüber Grenzen setzen muß. Ehrlich gesagt, habe ich jetzt schon Panik, wenn ich nur daran denke, aber es ist zumindest ein Anfang.»

*Es ist Ihr gutes Recht*

Sie können davon ausgehen, daß Sie in Ihrer Beziehung ein Recht darauf haben, Grenzen zu ziehen. Ihr Partner besitzt Sie nicht, und Sie sollten ihm nicht so begegnen, als wäre er der liebe Gott. Auch wenn Sie gelernt haben, Ihren Eltern zu gehorchen, so sind Sie jetzt erwachsen, und es ist nicht Ihre Pflicht, sich Ihrem Ehepartner unterzuordnen. Das Wort *gehorchen* ist inzwischen aus den meisten Ehegelöbnissen gestrichen worden. Lieben Sie Ihren Partner, schätzen und achten Sie ihn, aber diskutieren und argumentieren Sie lieber, statt zu gehorchen. Wenn Sie eine Frau sind, so trifft dies auf Sie besonders zu, da in unserer patriarchalischen Gesellschaft traditionell die Autorität des Vaters als unantastbar gilt.

Es ist entscheidend, daß Sie sich immer wieder Ihre Rechte bewußtmachen, während Sie Ihrem Partner Grenzen setzen. Aber Sie müssen sich auch darüber im klaren sein, daß Sie mit Konsequenzen zu rechnen haben. Ihr Partner wird von Ihren Handlungen nicht unbedingt begeistert sein, denn er ist an bestimmte Verhaltensweisen von Ihnen gewöhnt. Eine Möglichkeit, sich die eigenen Rechte einzuprägen, sind Affirmationen. Die folgende Liste soll Ihnen helfen, Ihr Recht auf Grenzen in einer Beziehung zu bekräftigen und letztendlich zu verinnerlichen.

Ich habe ein Recht darauf, zu entscheiden, was mit meinem Körper geschieht.

Ich habe ein Recht darauf, Zeit und Aufmerksamkeit auf meine Heilung zu verwenden.
Ich werde mich eine Stunde am Tag nur um mich kümmern.
Weil ich mich liebe, werde ich meine Grenzen gegenüber anderen aufrechterhalten.
Ich habe ein Recht darauf, mich zu entspannen und Spaß zu haben.
Ich habe ein Recht darauf, daß mein Zuhause drogen- und alkoholfrei ist.
Ich habe ein Recht darauf, keine Überstunden zu machen.
Ich werde zumindest eine Stunde amTag mit meinem Kind verbringen.
Ich werde niemandem erlauben, mich auf irgendeine Weise, zu irgendeiner Zeit zu mißbrauchen.
Ich habe ein Recht darauf, nein zu sagen.
Ich habe das Recht, die letzte Entscheidung darüber zu treffen, was für mich richtig ist.
Ich habe das Recht, meine Grenzen weder zu rechtfertigen noch zu erklären.
Ich habe das Recht, anderen die Lösung ihrer Probleme zu überlassen.
Ich habe das Recht, erst in Ruhe darüber nachzudenken, ob ich der Forderung von jemandem nachgeben will.
Ich habe das Recht, meine Meinung zu ändern.
Ich habe das Recht, meine Hilfe auch einmal zu verweigern.
Ich habe das Recht, die Wahrheit über meine Grenzen zu sagen.
Ich habe das Recht, zu gehen, wenn man mich schlecht behandelt.
Ich habe das Recht, selbst darüber zu entscheiden, mit wem ich meine Zeit verbringe.

**Übung:**

Suchen Sie sich zwei bis fünf der obengenannten Affirmationen aus. Verwenden Sie während der nächsten drei Wochen ein paar Minuten pro Tag darauf, diese Rechte zu wiederholen. Wenn Sie alleine sind, sagen Sie diese Sätze laut auf, nennen Sie direkt nach dem «Ich» Ihren Namen. Zum Beispiel: «Ich, Marie, habe ein Recht darauf, selbst darüber zu entscheiden, was mit meinem Körper geschieht.» Wiederholen Sie jede Affirmation zehn- bis zwölfmal, legen Sie danach jedesmal eine kurze Pause ein, um Ihrem Körper Zeit zu geben, zu reagieren. Wenn die Affirmation auf Sie zutrifft, werden Sie anfangs eine körperliche oder emotionale Reaktion registrieren; oder Sie werden in Ihrem Innern eine Stimme vernehmen, die die Affirmation ablehnt, verwirft oder leugnet. Solange Sie diese Reaktion nicht überwältigt, nehmen Sie sie lediglich wahr, ohne sie zu analysieren oder sich zu verteidigen oder ihr nachzugeben. Die Reaktionen, die Ihre selbstbewußten Affirmationen hervorrufen, sind lediglich die anerzogenen, gewohnheitsmäßigen Gefühle und Gedanken Ihres inneren Kindes. Früher einmal dienten sie Ihnen zum Überleben, aber jetzt schränken sie Sie nur ein. Statt sich aufzuregen oder sich wegen dieser Empfindungen Vorwürfe zu machen, sollten Sie sie schlichtweg ignorieren und mit der Übung fortfahren.

Gehen Sie zur nächsten Affirmation über, halten Sie danach kurz inne, und nehmen Sie Ihre physischen, emotionalen oder mentalen Reaktionen wahr. Sie werden vermutlich feststellen, daß die bestärkende Wirkung der Affirmation um so größer wird, je länger sie damit arbeiten. Sie gehen beim Überdenken Ihrer Grenzen neue Wege, und indem Sie Ihre Rechte und Grenzen immer wieder bekräftigen, wächst Ihr Glaube an sie. Sie werden einige Übungsstunden benötigen, um die Wirkung der Affirmation zu spüren; also geben Sie nicht auf. Es lohnt sich. Diese neue Denkweise spielt eine entscheidende Rolle bei der Festlegung Ihrer Grenzen.

Marie arbeitete mit einigen dieser Affirmationen über den empfohlenen Zeitraum von drei Wochen. «Ich fühlte mich wohl dabei, vor allem, was das Recht anging, nein sagen zu können. Ich habe niemals darüber nachgedacht, daß ich ein Recht habe, nein zu sagen. Bei meinem Freund Robert habe ich gewöhnlich zu allem ja und amen gesagt. Aber in letzter Zeit habe ich öfters meinen Mund aufgemacht. Neulich abends gingen wir aus, und er fragte mich, ob ich Lust hätte, ein Eis zu essen. Ich sagte, nein, hätte ich nicht. Es war ihm auch recht, überhaupt kein Problem. Aber für mich war's ein Erfolg, weil ich etwas gesagt hatte und nicht nur einfach getan hatte, was er wollte.»

*Verlassen ist nicht allein gelassen*

Damit es Ihnen leichter fällt, Ihre Grenzen abzustecken, sollten Sie Ihre Ängste vor dem Verlassenwerden überdenken. Wenn Sie davon überzeugt sind, daß das Ende einer Partnerschaft gleichzeitig das Ende der Welt bedeutet, so äußert sich hier wieder Ihr Kindheitstrauma vom Verlassenwerden. Natürlich wäre es traurig und unbequem, wenn Ihr Partner sich fürchterlich aufregte oder sich gar von Ihnen trennte, aber keine dieser beiden Möglichkeiten käme einer Katastrophe gleich. Auch wenn Sie das zunächst nicht glauben wollen, so denken Sie einmal nüchtern darüber nach, und ich bin sicher, daß Sie mir recht geben werden. Sie werden es überleben. Es ist gut möglich, daß Sie sich in einen anderen Menschen verlieben. Das soll nicht heißen, daß Sie Ihre Gefühle leugnen sollten. Aber statt sich über eine mögliche Trennung Sorgen zu machen, sollten Sie lieber etwas an Ihrem Pessimismus ändern.

Um Ihren Angstvorstellungen entgegenzuwirken, könnten Sie sich folgende Fragen stellen. Erstens: Wenn Sie Ihrem Partner gegenüber eine Grenze ziehen, was könnte schlimmstenfalls passieren? Zweitens: Wenn dieser schlimmste Fall tatsächlich eintreten würde, würden Sie es überleben? Wenn Sie sich mit diesen beiden Fragen auseinandersetzen, werden Sie feststellen, daß Sie es überleben werden – von Situationen, in denen Ihr Partner Sie körperlich verletzt, einmal abgesehen. Obwohl sich das alles so einfach anhört, gehört etwas Übung dazu, tiefverwurzelte Überzeugungen in Frage zu stellen. Sie benötigten diese Überzeugungen, um Ihre Kindheit zu überleben, deshalb scheut sich Ihr inneres Kind, sie aufzugeben. Aber mit etwas Geduld und Überzeugungskunst von Ihrer Seite und mit etwas Übung im Grenzenziehen wird Ihr inneres Kind seinen Widerstand aufgeben. Es wird einsehen, daß Sie es beschützen werden und nicht zulassen, daß man ihm je wieder etwas zuleide tut.

Damit kommen wir zu einem weiteren wichtigen Punkt, einer Grundvoraussetzung für das Errichten von Grenzen: das Wissen, daß Sie als Erwachsener, auch wenn Menschen in Ihr Leben treten und wieder daraus verschwinden, nicht *wirklich allein gelassen werden.* Sie sind nicht auf andere angewiesen, um sich wohl zu fühlen. Sie können sich als Erwachsener nur selbst im Stich lassen. Solange Sie einem anderen Menschen die Macht geben, darüber zu entscheiden, ob es Ihnen gutgeht oder nicht, laufen Sie Gefahr, daß sich Angst vor dem Verlassenwerden einstellt, sobald diese Person anderer Meinung ist als Sie. Wenn Sie *wissen*, daß es Ihnen gutgeht, dann benötigen Sie nicht die Zustimmung eines anderen und können nicht wirklich allein gelassen werden.

Jennifer, die seit 13 Jahren mit Bob verheiratet ist, beschreibt, wie sich diese Erkenntnis einstellte: «Ich hatte solche Angst davor, daß Bob mich einmal verlassen könnte, vor allem in den ersten Jahren unserer Ehe. Manchmal, wenn Bob wütend war, dann drohte er damit, daß er mich verlassen oder die Scheidung einreichen würde. In letzter Zeit ist mir klargeworden, daß ich, wenn es sein müßte, auch alleine zurechtkäme. Es wäre nicht leicht, aber ich würde es schaffen. Bei unserer letzten Auseinandersetzung sagte Bob wieder einmal, daß er mich verlassen würde, und ich reagierte völlig anders. Ich sah ihn an und sagte, daß ich ihn nicht aufhalten würde, wenn er das Gefühl hätte, mich verlassen zu müssen. Ich war vielleicht überrascht, als ich mich das sagen hörte! Und ich weiß, daß Bob ebenso überrascht war. Er verließ mich nicht, und später gestand er mir, daß er erst durch meine Reaktion erkannte, daß er wirklich die Wahl hatte, zu gehen oder zu bleiben.»

**Übung:**

Stellen Sie sich eine Grenze vor, die Sie Ihrem Partner gegenüber gerne setzen würden. Vielleicht würden Sie Mittwoch abends gern etwas alleine unternehmen, zum Beispiel einen Abendkurs besuchen oder einem Debattierclub beitreten. Nehmen Sie ein Blatt Papier, und schreiben Sie alle denkbaren Katastrophen auf, die eintreten könnten, wenn Sie Ihrer Partnerin von Ihrem Vorhaben erzählten. Vergessen Sie nicht Ihre Verlustängste! Sie könnte beispielsweise ärgerlich sein; sie könnte Ihnen Untreue vorwerfen; sie könnte Sie verlassen; sie könnte beschließen, jeden Abend auszugehen und ihre eigenen Interessen zu verfolgen. Dann notieren Sie Ihre Antworten auf folgende zwei Fragen: Erstens: Wie wahrscheinlich ist es, daß die befürchtete Situation tatsächlich eintritt? Zweitens: Angenommen, der denkbar schlimmste Fall träte ein, würden Sie es überleben? Mit anderen Worten, wäre es tatsächlich eine Katastrophe? In den meisten Fällen werden Sie feststellen, daß Sie den befürchteten – und zweifellos unangenehmen Ausgang – dennoch überleben würden.

Als nächstes schreiben Sie ein paar realistische, ermutigende Aussagen auf, um sich daran zu erinnern, daß es durchaus in Ordnung ist, Grenzen zu setzen. Zum Beispiel: «Ich habe ein Recht darauf, Zeit für mich zu haben, und selbst wenn meine Partnerin ärgerlich reagieren würde, wäre es nicht das Ende der Welt. Wir verbringen genug Zeit miteinander, um ein Gegengewicht zu schaffen. Selbst im schlimmsten Fall, das heißt, wenn sie mich verließe, würde ich mich zwar eine Zeitlang einsam fühlen, aber ich würde es überleben.» Denken Sie vor allem daran: Selbst wenn Ihre Partnerin Sie verlassen würde, so bedeutete dies nicht, daß Sie alleine und einsam wären – wie früher als Kind.

## Grenzen setzen

Sie sind jetzt in der Lage, Ihre Grenzen abzustecken. Wenn Sie an irgendeinem Punkt nicht weiterkommen, gehen Sie zurück und nehmen sich noch einmal den vorangegangenen Abschnitt vor, um zusätzliche Übung im Abgrenzen zu erlangen. Im folgenden werden wir uns damit beschäftigen, im voraus Grenzen zu ziehen, das heißt, Grenzen mit dem Partner auszuhandeln und sie mit seiner bzw. ihrer Unterstützung aufrechtzuerhalten.

### *Grenzen im voraus setzen*

Wenn möglich, klären Sie Ihre Grenzen bereits im Vorfeld. Obwohl viele Grenzen spontan gezogen werden, ist es wichtig, bestimmte Grenzen vorausahnen zu können. Überlegen Sie sich, welche Grundeinstellungen Sie haben. Zum Beispiel:

Ich werde weder Drogen noch Alkohol in meinem Haus dulden.
Ich werde *niemandem* erlauben, mich irgendwie zu mißhandeln.
Ich werde mindestens 30 Minuten am Tag für mich verwenden.

Wenn Sie bestimmte Dinge für sich festlegen, können Sie sich rechtzeitig überlegen, was zu tun ist, wenn Ihre Grenzen in Frage gestellt werden, und reagieren nicht völlig unvorbereitet. Gleichzeitig werden Sie dadurch in der Überzeugung bestärkt, ein Recht auf persönliche Grenzen zu haben. Es ist wichtig, daß Sie Ihre Prinzipien aufschreiben und irgendwo gut sichtbar aufhängen. Mit dieser Methode formulieren und bekräftigen Sie Affirmationen, die Ihnen helfen, Ihren Grenzen gemäß zu handeln.

**Übung:**

Im vorangegangenen Abschnitt haben wir versucht, Bereiche in Ihrer Beziehung aufzuspüren, in denen Sie Grenzen setzen müßten. Greifen Sie jene Bereiche heraus, bei denen Grenzen im Vorfeld abgeklärt werden könnten. Erstellen Sie eine Liste, denken Sie sich Affirmationen aus, und arbeiten Sie mit diesen Affirmationen täglich über einen Zeitraum von drei Wochen. Diese Übung wird Sie kontinuierlich darin bestätigen, daß Sie ein Recht auf Grenzen haben. Diese ständige Ermutigung und Bestärkung wird Ihnen zugute kommen, wenn Sie Ihren Partner oder eine andere Person mit Ihren Grundprinzipien konfrontieren. Ich kann nicht genug betonen, wie wichtig es ist, sich immer wieder vor Augen führen, daß Sie – im Kleinen wie auch im Großen – ein Recht auf Grenzen haben. Indem Sie für Situationen, die Sie vorhersehen können, Grenzen im voraus festlegen, erleichtern Sie sich das Leben und verbessern Ihre Beziehung.

*Über eine Grenze verhandeln*

Es wäre schön, wenn wir all unsere Grenzen im voraus festlegen könnten, aber leider ist das nicht möglich. In vielen Fällen werden Sie gefordert sein, Grenzen spontan zu setzen – zum Beispiel, wenn Ihr Partner mit Ihnen schlafen will, Sie aber keine Lust haben; wenn Ihr Partner Ihre Zeit beansprucht, Sie aber noch eine wichtige Arbeit beenden müssen; wenn eine Diskussion immer hitziger wird und Sie nicht wollen, daß es zum Streit kommt.

Bei anderen Gelegenheiten werden Sie vielleicht mit Ihrem Partner über eine bereits festgelegte Grenze neu verhandeln wollen. Themen wie Zeit, Zuwendung, Geld, Sex/Zärtlichkeiten und andere werden immer wieder auftauchen und neu geklärt werden müssen. Das folgende Vier-Schritte-Programm zum Abstimmen von Grenzen von Janet Woititz und Alan Garner könnte vielleicht hilfreich sein:

*Definieren* – Definieren Sie Ihre Grenzen so genau wie möglich. Finden Sie heraus, was für Sie akzeptabel ist und was nicht.
*Äußern* – Sagen Sie Ihrem Partner, worüber Sie sich Gedanken machen und wo Ihre absolute Grenze ist.
*Zuhören* – Sobald Sie Ihre Grenzen festgelegt haben, hören Sie zu, welche Einwände und Gefühle Ihr Partner äußert. Entscheiden Sie, mit welcher Grenze sie oder er am besten umgehen kann.
*Handeln* – Einigen Sie sich auf ein gemeinsames Vorgehen. Dies wird zweifellos Kompromißbereitschaft von Ihnen beiden erfordern.

John wählte diese Methode, um sich mit Ellen darüber zu einigen, wieviel Zeit er auf Computer verwandte. Ellen ärgerte sich, daß er so viel Zeit mit seinem Computer verbrachte, aber John war es wichtig, und so beschloß er, mit Ellen darüber zu reden.

*Definieren* – John wollte während der folgenden sechs bis acht Wochen jeden Tag 30 Minuten lang am Computer verbringen, um sich mit dem System vertraut zu machen. Er war bereit, sonntags eine Pause einzulegen; nach einigen Überlegungen entschied er sich, zusätzlich noch einen freien Abend in der Woche einzuplanen. (Beachten Sie, daß er genau analysierte, was für ihn akzeptabel wäre und was nicht.)
*Äußern* – John brachte seine Vorstellungen Ellen gegenüber zum Ausdruck, erklärte ihr, wie wichtig es für ihn sei, daß er mit dem Computer umzugehen lernte.
*Zuhören* – Bei diesem überaus wichtigen dritten Schritt ermunterte John Ellen, ihre Gefühle und Gedanken zu äußern, und fragte sie, was sie sich vorstellte. Sie war nicht sonderlich glücklich über seine Entscheidung und gab zu, daß sie den Computer am liebsten aus dem Fenster werfen würde. Sie sah aber ein, daß es John wichtig war, und zeigte sich erfreut darüber, daß er sich Gedanken darüber machte, wie man

das Problem lösen könnte. Sie wollte, daß sie einen Abend in der Woche gemeinsam verbrachten; dazu war John bereit. Sie einigten sich auf Mittwoch, wo sie gemeinsam essen gehen und anschließend noch etwas unternehmen wollten.
*Handeln* – John und Ellen stellten gemeinsam einen Zeitplan für die folgenden sechs Wochen auf.

Obwohl es einiger Diskussion bedurfte, waren John und Ellen in der Lage, die Richtlinien zu befolgen und eine Einigung zu erzielen. Diese Vorgehensweise ist insofern sinnvoll, als sie nicht nur Ihre Bedürfnisse und Grenzen, sondern auch die Ihres Partners mit einbezieht. (Wenn Sie feststellen, daß diese Vorgehensweise zu Streitigkeiten führt, dann versuchen Sie es mit dem Sechs-Schritte-Programm zur Konfliktlösung in Kapitel 6.)

*Unterstützung für Ihre Grenzen*
Da Sie als Kind für Ihr Abgrenzungsbedürfnis keine Unterstützung erhielten, müssen Sie sich jetzt als Erwachsener diese Unterstützung sichern, indem Sie einen Freund oder eine andere Vertrauensperson, vielleicht auch einen Therapeuten hinzuziehen. Wenn Sie anfangen, klare Grenzen zu ziehen, werden Sie mit Sicherheit bei Ihrem Partner auf Widerstand stoßen. Schließlich ist er oder sie an ein bestimmtes Verhalten gewöhnt; wenn Sie sich also ändern und Grenzen ziehen, seien Sie auf negative Reaktionen gefaßt. Wenn Ihr Partner nicht gerade selbst an seiner Co-Abhängigkeit arbeitet oder nicht außergewöhnlich unterstützend und verständnisvoll ist, dann wird er alles versuchen, damit Sie so bleiben, wie Sie sind.

Während ihres Heilungsprozesses stieß Amy immer wieder auf das Unverständnis Nathans, mit dem sie seit neun Jahren verheiratet war. «Er machte mir jedesmal die Hölle heiß, wenn wieder ein Treffen der Erwachsenen Kinder von Alkoholikern anstand. Er kam später von der Arbeit nach Hause, und ich hatte niemand, der auf die Kinder aufpaßte. Er beschwerte sich über den Haushalt – alles nur, um mich zu ärgern. Aber ich zeigte ihm immer wieder, daß ich mich nicht unterkriegen ließ. Ich redete viel mit meiner Freundin Sandy, als ich mit der Gruppe anfing und Nathan mir das Leben schwermachte. Sie hörte mir zu, und ein- oder zweimal paßte sie auch auf die Kinder auf. Ich bin wirklich froh darüber, daß sie da war, denn ein paarmal war ich nahe daran, alles hinzuwerfen, und sie redete mir immer wieder gut zu, doch hinzugehen.»

## Halten Sie an Ihren Grenzen fest

Sobald Sie Ihre Grenzen mitgeteilt haben, sollten Sie Möglichkeiten finden, um sich abzusichern. Wenn Sie keinen verständnisvollen Partner haben, werden Sie auf Widerstand stoßen und Ihre Grenzen verteidigen müssen. Aus diesem Grund ist es wichtig, daß Ihnen noch zusätzliche Hilfsmittel zur Verfügung stehen.

*Die Schallplatte mit dem Sprung*
Diese Technik ist besonders nützlich, wenn Sie zum erstenmal üben, Ihre Grenzen abzustecken, weil sie Ihnen zu mehr Selbstvertrauen verhelfen wird. Sie ist ebenfalls nützlich, wenn Sie es mit einem Freund oder Ehepartner zu tun haben, der besonders hartnäckig versucht, Sie zu zermürben und von Ihren neugesteckten Grenzen abzubringen.

Bei der Schallplatte-mit-einem-Sprung-Technik wiederholen Sie immer wieder Ihr Anliegen (in diesem Fall Ihre Grenze) – wie eine Schallplatte, die hängt. Sie mögen für die Gefühle oder Einwände Ihres Partners Verständnis haben, aber es ist wichtig, daß Sie sich nicht in eine Diskussion darüber verstricken lassen, warum Sie einen entgegengesetzten Standpunkt einnehmen. Sobald Sie seine bzw. ihre Gefühle oder Vorbehalte wahrnehmen, wiederholen Sie sich im Geist immer wieder Ihre Argumente. Sagen Sie sich immer wieder mit Nachdruck dieselben Worte. Denken Sie daran: Sie müssen Ihre Genzen nicht rechtfertigen, es sei denn, Sie wollen es. Es ist wichtig, daß Sie sich nicht ablenken lassen, wenn Sie diese Technik anwenden, um eine Grenze zu errichten und daran festzuhalten. Ein Beispiel:

*Rob:* He, Teri, laß uns ins Bett gehen und ein bißchen schmusen, ja?
*Teri:* Oh, Rob. Ich habe heute abend keine Lust, mit dir zu schlafen.
*Rob:* Ach, nun komm schon. Es ist schon so lang her, daß wir das letzte Mal miteinander geschlafen haben.

*Teri:* Ich weiß, aber heute abend bin ich wirklich nicht in Stimmung.
*Rob:* Das bist du ja nie. Wir wär's, wenn wir es dieses eine Mal machen würden, ohne daß du in Stimmung bist?
*Teri:* Es stimmt, ich hatte gestern abend schon keine Lust, aber heute habe ich auch keine.
*Rob:* Ich massier dir den Rücken.
*Teri:* Nein, vielen Dank, ich bin heute nicht in der Stimmung dazu.

Ist Ihnen aufgefallen, daß Teri auf Robs Gefühle und Einwände reagiert und trotzdem fest bleibt und zu ihren eigenen Gefühlen steht? Rob ist sicherlich nicht besonders glücklich über ihre Entscheidung, aber Teri hält an dem fest, was sie vertreten kann. Wenn Sie diese Methode anwenden, werden dadurch Ihre Probleme nicht unbedingt gelöst, aber sie gibt Ihnen das Rüstzeug, um an Ihren Grenzen festzuhalten.

Ein weiterer erwähnenswerter Punkt ist Ihre Körpersprache und Ihr Tonfall. Achten Sie darauf, wenn Sie Grenzen errichten. Wenn Ihre Stimme sanft und unsicher ist, wenn Sie die Schultern hängen lassen, wenn Sie ein unechtes Lächeln und eine flehende Miene aufsetzen und jeglichen Blickkontakt vermeiden und dann sagen: «George, ich will heute abend wirklich nicht mir dir schlafen», dann wird George Sie höchstwahrscheinlich nicht ernst nehmen. Wenn Sie sich der Schallplatten-Methode bedienen, dann achten Sie darauf, daß Ihre Körpersprache und Ihre Stimme mit Ihrer Aussage übereinstimmen. Übermitteln Sie Ihre Botschaft ruhig und gelassen, aber bestimmt. Dazu sollten Sie folgende Aspekte beachten:

*Stimme:* Bestimmt und zugleich ruhig, klar und deutlich und laut genug, damit man Sie hören kann.
*Augen:* Offener, anhaltender Blickkontakt mit Ihrem Partner.
*Körperhaltung:* Aufrecht stehend, aber nicht gezwungen gerade, die Hände zu beiden Seiten.
*Gesichtsausdruck:* Stimmt mit Ihrer Botschaft überein. Vermeiden Sie ein gespieltes Lächeln, aber bleiben Sie freundlich.

**Übung:**

Proben Sie mit Ihrem Partner oder einem Freund ein kurzes Rollenspiel mit Hilfe der Schallplatten-Methode. Es ist hilfreich, wenn Sie bestimmte Situationen vorher geübt haben, damit Sie, wenn es ernst wird, darauf vorbereitet sind. Sie können obiges Beispiel verwenden oder irgendein anderes Beispiel für Abgrenzungen.
Sobald Sie das Rollenspiel einmal ganz durchgegangen sind, bitten Sie Ihren Partner um ein Feedback. Hören Sie sich an, was gut und was noch verbesserungswert war. Vielleicht war Ihr Ton, Ihre Haltung und die Aussage an sich in Ordnung, aber Sie lächelten die ganze Zeit über. Nachdem Sie sich das Feedback Ihres Partners angehört haben, wiederholen Sie das Rollenspiel, und versuchen Sie diesmal, die Art Ihrer Übermittlung zu verbessern. Lassen Sie sich danach wieder ein Feedback geben. Versuchen Sie es, wenn nötig, ein drittes Mal.

George testete die «Schallplatte mit einem Sprung» an einem Freund, bevor er es bei seiner Freundin versuchte. «Ich war nicht bereit, mehr als dreißig Dollar für eine Karte fürs Janet-Jackson-Konzert auszugeben», sagte George, «ganz egal, wie sehr wir beide für sie schwärmten. Aber die Karten waren ausverkauft, und man konnte nur noch welche auf dem Schwarzmarkt bekommen, und da verlangten sie unverschämte Preise. Trish hatte mich die ganze Woche getrieben, Karten zu besorgen, und ich mußte ihr sagen, daß es keine mehr gab. Michael und ich setzten uns zusammen und wendeten die Schallplatten-Methode an. Ich kam mir ein bißchen albern dabei vor, aber es funktionierte. Michael machte mich darauf aufmerksam, daß ich den Kopf hängen ließ und nach unten sah, als ich ‹nein› sagte, und das war nicht besonders überzeugend. Ich ging hin und versuchte es bei Trish, und es klappte. Jetzt läßt sie mich in Frieden.»

*«Wenn ... dann ...»: Wenn Grenzen mißachtet werden*
Es ist auch wichtig, daß Sie sich darüber Gedanken machen, wie Sie vorgehen wollen, wenn Ihre Grenzen mißachtet werden. Die Mißachtung von Grenzen und die Konsequenzen, die sich daraus ergeben, nennt man *Wenn ... dann ...-Bedingtheit.* Sie sagen beispielsweise zu

Ihrem Partner: «Wenn du mich je schlägst, dann verlasse ich dich.» Oder: «Wenn du mich nicht in Ruhe lesen läßt, dann gehe ich in ein anderes Zimmer» oder «Wenn du nicht rechtzeitig zu Hause bist, dann werden wir ohne dich mit dem Essen anfangen.»

Warnungen vor möglichen Folgen sind keine Drohungen und müssen nicht auf drohende Weise geäußert werden. Es geht lediglich darum, Ihren Partner darüber aufzuklären, wie Sie reagieren werden, wenn er sich auf eine bestimmte Art und Weise verhält. Somit liegt die Entscheidung bei Ihrem Partner, entweder sein bzw. ihr unerwünschtes Verhalten aufrechtzuerhalten oder davon abzulassen – er kennt die Konsequenzen. Mißachtet Ihr Partner dennoch Ihre Grenze, dann sollten Sie unbedingt Ihre Absicht in die Tat umsetzen. Andernfalls wird Ihr Partner Sie in Zukunft nicht mehr ernst nehmen. Auch hier ist es wichtig, daß Sie auf Ihre Körpersprache und den Ton Ihrer Stimme achten.

Carrie setzte ihrem Freund Paul im voraus eine Grenze, indem sie ihm erklärte, daß sie nicht mit ihm zusammensein wolle, wenn er zuviel trank. Sie mußte schon bald ihre «Wenn... dann...-Aussage» in die Tat umsetzen. «Wir gingen auf eine Party, und mindestens die Hälfte der Leute trank. Als Paul sich ein Glas Wein holte, war ich einen Moment lang wie gelähmt. Ich war wirklich überrascht, aber ich beschloß, konsequent zu bleiben. Also erklärte ich ihm, daß er ruhig trinken könne, denn das sei seine Sache, daß ich dann aber nicht mit nach Hause fahren würde. Er wurde wütend, aber ich hielt an meiner Grenze fest. Er entschied sich fürs Trinken, also fragte ich eine der anwesenden Frauen, ob sie mich mitnehmen könnte. Ich war etwas unsicher, aber irgendwie war mir klar, daß ich standhaft bleiben mußte. Als ich Paul am nächsten Tag traf, war er noch immer wütend, aber ich hatte nicht das Gefühl, mich rechtfertigen zu müssen. Ich wendete bei ihm die Schallplatten-Methode an und erklärte ihm, daß ich ein Recht darauf hätte, das zu tun, was ich für richtig hielt. Paul trinkt immer noch, aber das ist sein Problem, er macht es jedoch nicht, wenn wir zusammen sind.»

Noch einmal, eine «Wenn... dann...-Bedingtheit» sollte nicht als Druckmittel eingesetzt werden. Wenn Sie sie als Druckmittel benutzen, versuchen Sie nur, Ihren Partner zu kontrollieren, statt ihn tun zu lassen, was er für richtig hält, und statt dessen Ihre eigenen Grenzen zu ziehen. Die folgende Übung wird Ihnen helfen zu erkennen, wie Sie Ihre Grenzen noch besser verteidigen können.

**Übung:**

Nehmen Sie ein Blatt Papier, und notieren Sie alle Verhaltensweisen Ihres Partners, die Ihnen Schwierigkeiten bereiten. Denken Sie dann über mögliche Konsequenzen für die nach, die Ihnen besonders problematisch erscheinen. Im obigen Beispiel fand Carrie Pauls Trinkerei anstößig und beschloß, daß sie nicht mit ihm zusammensein wollte, wenn er trank. Andere Beispiele: «Wenn mich mein Freund noch einmal beschimpft, dann ziehe ich mich innerlich zurück und verlasse den Raum.» – «Wenn er nicht pünktlich sein kann, dann gehe ich.» – «Wenn sie nicht den neuen Arnold-Schwarzenegger-Film sehen will, dann gehe ich alleine oder mit einem Freund.» Von diesem Zeitpunkt an wäre es fair, Ihren Partner über die Folgen zu informieren, falls er sein Verhalten nicht ändert.

Nachdem wir nun darüber diskutiert haben, wie man Grenzen setzt, lassen Sie uns einmal genauer betrachten, wie Sie diese Grenzen lokkern und sich Ihrem Partner nähern können. (Sie können gegen keine Regeln verstoßen, solange Sie keine aufgestellt haben!) Im nächsten Kapitel werden wir untersuchen, wie Sie als Erwachsenes Kind mehr Nähe zu Ihrem Partner zulassen können.

# 5 Nähe

Pauline und ihr Mann Ben saßen sich an einem kleinen Tisch in ihrem Stammlokal gegenüber. Ungefähr einmal im Monat organisierten sie einen Babysitter für die Kinder und gingen in dieses Restaurant, wo sie sich immer dasselbe Gericht bestellten und während des Essens nur ein stockendes, mühsames Gespräch in Gang hielten. Nach einigen Jahren war dies zur Routine geworden – wie ihre Ehe auch. Nach vierzehn gemeinsamen Jahren war alles ein wenig schal geworden. Trotz ihrer wachsenden inneren Unruhe sagte sich Pauline immer wieder, daß es nun einmal so sein müsse. Die meisten Paare waren nicht besonders glücklich, warum sollte also ihre Ehe eine Ausnahme sein? Schließlich waren ihre Eltern 35 Jahre zusammengeblieben und hatten auch nicht besonders glücklich gewirkt. Außerdem war sie eine Verpflichtung eingegangen, und sie sollten allein der Kinder wegen zusammenbleiben.

«Ich hab heute die Teppichfirma angerufen, damit sie den Riß im neuen Teppich ausbessern», erzählte Pauline Ben. «Sie sagten, er würde nicht vor nächsten Dienstag fertig.»

Ben brummte zustimmend und wandte sich wieder seinem Steak mit Pommes frites zu. Er fühlte sich ziemlich ausgelaugt. Er hatte langsam genug von seinem Job, nachdem man ihn im letzten Jahr zweimal bei der Beförderung übergangen hatte. Er hatte das Gefühl, festgefahren zu sein, hatte aber aufgrund seiner langen Betriebszugehörigkeit Angst, die Firma zu wechseln. Außerdem verdiente er nicht schlecht, und als Vater von drei Kindern konnte er sich keine Experimente leisten. Er hing an seiner Familie, empfand sie manchmal aber doch als Belastung. Er hatte vage Schuldgefühle, weil er glaubte, sie zu enttäuschen, aber er wußte nicht, wie er es ausdrücken sollte. Wie konnte er irgend etwas davon seiner Frau erzählen? Sie würde ihn nie verstehen.

Beide sahen oft zum Fenster hinaus, und manchmal warfen sie sich einen verstohlenen Blick zu. Beide sehnten sich nach Trost, Geborgenheit und Zuwendung, wußten aber nicht, wie sie dieses Bedürfnis artikulieren sollten. Obwohl sich beide Vertrautheit und Nähe herbeiwünschten, hielt ihre Angst sie auf Distanz. So aßen sie schweigsam vor sich hin, und trotz ihrer inneren Aufgewühltheit hätte man höchstens an Paulines gelegentlichem Seufzen ablesen können, daß irgend etwas nicht stimmte.

Jerry griff nach seinem Jackett im Wandschrank und blieb am Fuß der Treppe stehen, um es sich überzuziehen. «Beeil dich, Sheila! Wir sind spät dran, und ich hab schon Hunger.»

«Ich komm schon», antwortete Sheila, als sie die Treppe herunterkam. «Ich weiß, daß es spät ist, und ich weiß, daß du schon Hunger hast, aber ich weiß auch, daß es dir gefällt, wenn ich gut aussehe.»

«Wow!» Jerry war mit einem Arm in sein Jackett geschlüpft und hielt inne. «Du siehst phantastisch aus! Ich hab wirklich Glück, mit einer Frau wie dir auszugehen.»

Sheila errötete ein wenig, und ihr Lächeln verriet, wie sehr sie Jerrys Kompliment freute. «Ach Jerry. Ich glaube, wir haben beide Glück. Ich hab mich den ganzen Tag auf heut abend gefreut.»

«Ich auch», sagte Jerry, «aber jetzt setz dich erst mal, und schließ die Augen.»

Sheila tat, wie ihr geheißen, und fragte sich verwundert, ob sie womöglich irgendeinen besonderen Anlaß oder einen Jahrestag vergessen hatte. Vielleicht, überlegte sie, hat Jerry eine Gehaltserhöhung bekommen oder ist befördert worden. Dann hörte sie ihn sagen: «Jetzt kannst du sie wieder aufmachen.» Vor ihr stand eine wunderschöne Kristallvase mit einer einzelnen gelben Rose darin.

«O Jerry!»

Gelbe Rosen hatten für sie eine besondere Bedeutung. Sie hatten sich kennengelernt, als Jerry geschäftlich in San Francisco war, und sie hatten sich sofort zueinander hingezogen gefühlt. Nach einer Reihe von Ferngesprächen und je zwei Briefen hatte er ihr überraschend ein halbes Dutzend gelber Rosen geschickt. Dann kam eins zum anderen, und nun steckte er nach 10 Ehejahren immer noch voller Überraschungen.

«Ich wollte dir nur zeigen, wie sehr ich dich liebe», sagte er, «und wie froh ich bin, daß du auch mich liebst. Die letzten zehn Jahre mit dir waren sehr schön für mich, Sheila.»

«Jerry, du bist einfach ein toller Mann», sagte Sheila, stand auf, um ihn zu umarmen und liebevoll zu küssen. «Laß uns auf die Vorstellung nach dem Essen verzichten. Ich hab eine bessere Idee.» Sheila lächelte verschmitzt und hakte sich bei Jerry ein, während sie zur Haustür gingen.

Wir erleben Vertrautheit und Nähe, wenn wir unsere innersten Empfindungen und Gedanken mitteilen. Wir erfahren Nähe, wenn wir die Grenzen zwischen uns und dem Partner aufheben. Im Unterschied zur Co-Abhängigkeit, die dazu führt, daß wir uns im anderen verlieren, weil unsere Grenzen verschwimmen, bedeutet Nähe, den anderen *bewußt* an sich heranzulassen und mit ihm oder ihr für gewisse Momente zu verschmelzen. Anstatt sich zu verlieren, geben Sie sich freiwillig hin. Wenn Sie ein gesundes Verhältnis zu Ihren eigenen Grenzen haben, können Sie sich nach solchen Momenten immer wieder vom anderen lösen, bis sich eine neue Gelegenheit für eine intensive Begegnung ergibt. Eine innige Beziehung basiert demnach auf einer Reihe von intensiven Begegnungen, die im Laufe der Zeit anwachsen.

Pauline und Ben erleben auf schmerzvolle Weise den Mangel an Vertrauen und Nähe in ihrer Partnerschaft. Folglich fehlt es ihrer Beziehung auch an Dynamik und Lebendigkeit. Sie ist eingefahren und deshalb langweilig geworden; die Ehepartner tauschen sich nicht über ihre wahren Sorgen und Ängste aus. Sie geben sich wenig Zärtlichkeit und Zuwendung. Keiner von beiden fühlt sich beim andern sicher genug, um ehrlich und offen zu sein, und so verbergen sie ihre persönlichsten Gedanken und Gefühle voreinander.

Jerry und Sheila hingegen zeigen einander ungezwungen ihre Liebe und Zuneigung. Durch ihre Bereitschaft, Gefühle auszudrücken, schaffen sie Vertrauen und Nähe. Sie bewundern einander aufrichtig, und sie entwickeln ihre Beziehung ständig weiter, anstatt sie immer mehr zu reduzieren. Sie führen keine perfekte Ehe – sie haben in ihren gemeinsamen zehn Jahren auch Konflikte und Unstimmigkeiten erlebt –, aber sie versuchen trotzdem, aktiv eine Atmosphäre des Vertrauens zu schaffen. Sie wenden sich einander zu, ohne besitzergreifend zu sein, und sie gehen auf die Gefühle und Bedürfnisse des anderen ein, ohne ihre eigenen zu negieren.

## Fünf Grundvoraussetzungen für Nähe

Der Wunsch nach Nähe und Vertrautheit ist für die meisten Menschen der Grund, um eine Partnerschaft einzugehen: eine tiefe Sehnsucht, die vom menschlichen Grundbedürfnis nach Liebe – lieben und geliebt werden – herrührt. Wenngleich wir alle dieses Bedürfnis haben, gibt es viel, das uns daran hindert, echte Nähe zu erfahren. Als Erwachsenes Kind haben Sie nie gelernt, wie man zu einem anderen Menschen Nähe herstellt. Statt dessen haben Sie gelernt, entweder immer auf der Hut zu sein oder sich in einer anderen Person zu verlieren. Um jedoch in einer Partnerschaft Nähe entwickeln und aufrechterhalten zu können, müssen gewisse Grundvoraussetzungen erfüllt sein. Diese fünf Voraussetzungen sind Vertrauen, Verletzbarkeit, klare Grenzen, Einfühlungsvermögen und Wertschätzung.

### Vertrauen

Vertrauen ist die erste und grundlegendste Voraussetzung für Nähe. Wenn zwischen den Partnern ein ausreichendes Maß an Vertrauen herrscht, dann ist auch eine emotionale Sicherheit gegeben. Wenn Sie sich sicher fühlen, dann kann sich Ihr wahres Ich in der Beziehung frei entfalten. Echte Nähe ist nur möglich, wenn Sie und Ihr Partner einander Ihr wahres Gesicht zeigen.

Vertrauen läßt sich nicht erzwingen, es entwickelt sich im Laufe der Zeit, wenn Sie Ihre innersten Gefühle und Gedanken einander mitteilen und wenn dies in einer Atmosphäre der Sicherheit und der Achtung geschieht. Zwischen Jerry und Sheila bestehen Sicherheit und gegenseitiges Vertrauen.

In Ihrer Kindheit und Jugend wurde Ihr Grundvertrauen immer wieder aufs neue erschüttert. Wie konnten Sie auch Vertrauen entwickeln, wenn in Ihrer Familie so viel Unberechenbarkeit und Unbeständigkeit herrschten? Sie konnten sich nicht darauf verlassen, daß Ihre Eltern für Sie da waren, wenn Sie sie brauchten. Ohne die beständige und verläßliche Anwesenheit eines Erwachsenen, der auf Ihre Gefühle einging und Ihre Gegenwart schätzte, erlebten Sie wenig oder gar keine emotionale Sicherheit. Sie zogen einen logischen Schluß daraus: Traue niemandem. Traue nicht den eigenen Gedanken und Gefühlen – denn andere werden sie nicht respektieren –, und traue vor allem keinem anderen Menschen. Diese persönliche Konsequenz setzt sich in Ihren heutigen Beziehungen fort.

Ohne eine gemeinsame Vertrauensbasis ist Nähe nur schwer zu erlangen. Wenn Sie lernen, mehr Vertrauen zu haben, vor allem zu sich selbst – zu Ihrer inneren Stimme, Ihrer Intuition –, dann schaffen Sie die Voraussetzung für mehr Vertrauen und Nähe in Ihren Beziehungen.

## Verletzbarkeit

Um sich verletzbar zeigen zu können, müssen Sie sich sicher fühlen. Sie sind verletzbar, wenn Sie sich öffnen, wenn Sie bereit sind, sowohl Ihre zärtlichsten Gefühle mitzuteilen, als auch Seiten Ihrer Persönlichkeit zu offenbaren, die Sie vielleicht selber nicht mögen. Sich verletzbar machen setzt voraus, daß Sie in direktem Kontakt zu Ihren Gefühlen stehen und ehrlich mit ihnen umgehen. Um Nähe zu erfahren, müssen Sie Risiken in Kauf nehmen, und wenn Sie Risiken eingehen, sind Sie auch verwundbar. Sie müssen bereit sein, Sie selbst zu sein, besonders dann, wenn Sie Ihrer Idealvorstellung von sich am wenigsten entsprechen.

In Ihrer Kindheit kam Verletzbarkeit einem Todesurteil gleich. Es war einfach zu gefährlich, Gefühle offen zu zeigen – wenn Sie es taten, wurden Sie entweder mißhandelt oder im Stich gelassen. Also entwickelten Sie Schutzmechanismen, um nicht verletzbar zu sein. Sie mußten Ihre Rolle spielen, Ihr wahres Ich verbergen und die Seiten Ihrer Persönlichkeit leugnen, die Ihre Eltern nicht akzeptierten.

Weder Ben noch Pauline sind in der Lage, sich dem anderen gegenüber verletzbar zu zeigen. Ben ist frustriert und bedrückt und frißt alles in sich hinein. Pauline empfindet ein vages Unbehagen, spürt eine Art

Mangel in der Partnerschaft, hat aber Angst, mit Ben darüber zu sprechen. Beide empfinden ihre Verletzbarkeit als zu bedrohlich und wahren Distanz, selbst in einer Situation, die nach außen hin sehr vertraut wirkt – ein romantisches Abendessen im Restaurant.

Sie sollten in Ihrer Beziehung immer wieder versuchen, sich verwundbar zu zeigen, immer dann, wenn Sie sich sicher genug fühlen. Die Übungen in diesem Buch sollen Sie dabei unterstützen. Wenn Sie im Laufe der Zeit an Selbstvertrauen gewinnen, wird es Ihnen leichter fallen, das Risiko der Verwundbarkeit einzugehen.

## Klare Grenzen

Wie bereits erwähnt, sollten Sie einerseits in der Lage sein, Grenzen zu ziehen, andererseits auch die Fähigkeit und die Bereitschaft haben, diese Grenzen abzubauen, um Nähe herzustellen. So paradox es auch klingen mag: Je mehr Vertrauen Sie in Ihre Fähigkeit entwickeln, Ihre Grenzen klar zu definieren, desto leichter wird es Ihnen fallen, diese Grenzen zu lockern.

Diese außerordentlich wichtigen Fähigkeiten konnten Sie sich in Ihrer Familie nur unzureichend oder gar nicht aneignen. Da Sie nur mit sehr starren oder sehr verschwommenen Grenzen konfrontiert wurden, lernten Sie, entweder eine große Distanz zu anderen Menschen zu wahren oder sich in Beziehungen zu verlieren oder auch zwischen diesen beiden Extremen hin und her zu pendeln. Obgleich auch andere Faktoren zu dieser Polarisierung beitragen können, so ist Ihr schwach ausgebildetes Gespür für die eigenen Grenzen ein wesentlicher Grund für Ihre Schwierigkeiten, Nähe zuzulassen.

Rita erinnert sich an die Unberechenbarkeit ihrer Mutter: «Manchmal konnte sie so warmherzig und liebevoll sein, und dann wieder so gemein. Das Problem war, daß ich nie wußte, was mich an einem x-beliebigen Tag erwartete. Einmal, als ich ungefähr neun war, hatten wir gerade zusammen das Haus geputzt und dabei gelacht und gescherzt. Dann entdeckte sie auf den Fensterscheiben, die ich geputzt hatte, ein paar Schmutzspuren und explodierte aus heiterem Himmel, beschimpfte mich fürchterlich und schlug mich mit dem Besenstil. Ich verstand die Welt nicht mehr: Gerade hatten wir uns noch so gut verstanden. Ich lernte, ihr gegenüber immer auf der Hut zu sein.» Es ist nur zu verständlich, daß Rita ihre Grenzen ihrer Mutter gegenüber nicht abbaute, und es verwundert auch nicht, daß sie jetzt Probleme hat, sie ihrem Partner gegenüber zu lockern.

Sobald es Ihnen leichter fällt, Ihre Grenzen abzustecken, wird es Ihnen auch weniger schwerfallen, sie zu lockern. Wenn Sie feststellen, daß Sie mit Ihrem Partner nicht nur verschmelzen können, sondern sich auch als eigenständige, individuelle Persönlichkeit wieder lösen können, dann werden Sie mit Ihrem Partner eine intensivere Nähe erleben. Solange Ihre Grenzen nicht starr und einengend sind, wird Ihnen diese grundlegende Fähigkeit helfen, Ihre Liebe intensiver zu erleben.

## Einfühlungsvermögen

Eine weitere Voraussetzung, um Nähe zu entwickeln, ist die Fähigkeit, sich in den Partner einzufühlen und mit ihm zu fühlen, wobei dies nicht mit Mitleid zu verwechseln ist. Wir sollten unseren Partner nicht bemitleiden, sondern *mit* ihm fühlen. Es geht um die Fähigkeit, sich in den anderen hineinzuversetzen, ihre oder seine Gefühle nachzuvollziehen. Wenn Sie sich in jemanden einfühlen, dann ist Ihre Aufmerksamkeit hauptsächlich auf diesen Menschen gerichtet, wobei Sie gleichzeitig auch an Ihren eigenen Empfindungen und Reaktionen ablesen können, was die andere Person durchlebt. Wenn beispielsweise Ihre Frau Ihnen erzählt, wie gut ihr Vorstellungsgespräch für die neue Stelle lief, dann erkennen Sie nicht nur ihre Zufriedenheit an ihrer Körpersprache und ihrer Stimme, sondern bemerken auch Ihre eigene Freude über diese Neuigkeit.

Sich in den anderen einfühlen heißt nicht, wie es bei Co-Abhängigkeit der Fall ist, wie ein Schwamm die Gefühle des Partners in sich aufsaugen. Wenn Sie sich einfühlen, dann versetzen Sie sich in die Lage Ihres Partners, ohne sich jedoch seine oder ihre Gefühle zu eigen zu machen. Sie können zwischen Ihren und den Gefühlen des Partners klar unterscheiden. Möglicherweise kommt diese Fähigkeit Ihrer Persönlichkeit entgegen. Wenn Sie als Kind die fürsorgliche Rolle übernommen haben, dann haben Sie gelernt, den Gefühlen anderer Aufmerksamkeit zu schenken, und die Fähigkeit entwickelt, echtes Mitgefühl zu empfinden. Das Problem ist allerdings, daß Sie nicht gelernt haben, auf Ihre eigenen Gefühle zu achten, und so neigen Sie dazu, nicht nur mitzufühlen, sondern sich zu stark mit den Gefühlen des anderen zu identifizieren und Ihre eigenen zu vernachlässigen.

Tim beschreibt die Beziehung zu seiner Mutter: «Ich glaube, sie hat mich fast als eine Art Erweiterung von sich angesehen. Sie kümmerte sich nicht sehr um meine Gefühle, aber glaubte immer, es sei meine Pflicht, mich um ihre zu kümmern. Einmal in der Bank regte sie sich wegen irgendeiner Verzögerung derart über den Kassierer auf, daß sie ihn praktisch anschrie. Mir war das furchtbar peinlich, und als wir draußen waren, sagte ich ihr das auch. Oje, da ging sie auf mich los! Sie gab mir eine Ohrfeige und warf mir vor, daß ich mich nicht genauso über die Sache aufgeregt hatte wie sie. Als ich dann ganz geknickt war, hänselte sie mich. Ich konnte es ihr nie recht machen.»

Einfühlungsvermögen kann man lernen, aber in Ihrer Familie hatten Sie kaum Gelegenheit dazu. Ein Kind kann Einfühlungsvermögen erlernen, wenn die Mutter oder der Vater ihm seine Gefühle widerspiegelt, ihm hilft, sie zu erkennen, einzuordnen und zu benennen. Diese Art der elterlichen Anleitung gibt Ihnen die Hilfsmittel in die Hand, mit denen Sie Ihr Gefühlsleben erkunden können. Eine solche Mutter oder ein solcher Vater teilt dem Kind auch die eigenen Gefühle mit. Es ist sehr unwahrscheinlich, daß Ihre Eltern Ihnen so begegneten.

Wie Sie aus dem Lösungsteil dieses Kapitels ersehen können, gibt es Möglichkeiten, das Einfühlen in den Partner zu üben. Wenn Sie darüber hinaus bereit sind, an Ihren Gefühlen zu arbeiten, wird sich Ihr Einfühlungsvermögen erheblich verbessern.

## Wertschätzung

Eine weitere Voraussetzung für Nähe ist gegenseitige Wertschätzung. Wertschätzung bedeutet, seine positiven, zärtlichen Gefühle in Worten und Taten auszudrücken. Sie bedeutet, «Ich liebe dich» zu sagen, wenn Sie es wirklich fühlen und meinen, nicht einfach aus Gewohnheit. Sie bedeutet, mitten im Gespräch innezuhalten und Ihrer Partnerin mitzuteilen, was Sie gerade in diesem Moment besonders an ihr schätzen. Sie bedeutet, Ihren Partner für etwas zu loben, was Sie sonst als selbstverständlich ansehen würden. Wertschätzung heißt, nicht nur durch Worte, sondern auch durch Taten Ihrem Partner Ihre Liebe zu zeigen. Sie bedeutet, mit Liebe und ohne Erwartung auf Gegenleistung dem anderen etwas zu geben. Ein gutes Beispiel dafür ist die gelbe Rose, die Jerry Sheila schenkte.

Man neigt allzuleicht dazu, nur das wahrzunehmen, was in der Partnerschaft nicht klappt und was fehlt, und an seinem Partner nur die Schwächen zu sehen. Diese negative Sichtweise steht einer vertrauensvollen und innigen Beziehung im Wege. Die negative Atmosphäre, in der Sie aufwuchsen, hat zweifellos dazu beigetragen, daß Sie sich heute auf das konzentrieren, was Ihnen fehlt, statt auf das, was Sie schätzen können. In Ihrer Familie wurden zärtliche, liebevolle Gefühle selten oder gar nicht gezeigt. Wenn *Sie* es taten, wurde dies vielleicht mit Sarkasmus oder Hänseleien quittiert. Natürlich haben Sie es sich dann zweimal überlegt, ob Sie je wieder innige Gefühle offenbaren.

Meine ehemalige Frau Susan hatte mir ihre Familie immer als negativ beschrieben. Zwischen einigen Familienmitgliedern bestand zwar eine enge Verbundenheit, aber die wurde kaum offen gezeigt. Wenn man seine Zuneigung ausdrückte, so war dies stets von Hänseleien und Scherzen begleitet. Fast jeder in dieser elfköpfigen Familie hatte gelernt, seine oder ihre Gefühle hinter einem Lächeln zu verbergen.

Als ich an Thanksgiving zum erstenmal die ganze Familie kennenlernte, fühlte ich mich gleich herzlich aufgenommen. Kurz vor dem Festmahl, als alle um den Tisch versammelt waren, hob ich mein Glas und sagte, daß ich mich ihnen allen sehr nah fühlte, und dankte ihnen dafür, daß sie mich so großzügig in ihren Kreis aufgenommen hatten. Es war ein Risiko für mich, aber ein aufrichtiger Ausdruck meiner Wertschätzung. Alle stießen mit mir an, aber als ich fertig war, herrschte betretenes Schweigen. Keiner schien zu wissen, wie er auf das, was ich gesagt hatte, reagieren sollte. Niemand sah mir in die Augen. Ich glaube, sie waren es nicht gewöhnt, solche Äußerungen zu hören. Nach einer kleinen Weile setzte ich mich, und innerhalb weniger Sekunden herrschte ein reges Treiben am Tisch. Als die Schüsseln mit dem Essen herumgereicht wurden, beugte sich eine von Susans Schwestern zu mir herüber, reichte mir das Kartoffelpüree und sagte kaum hörbar: «Danke.»

Diese Erfahrung hat mich gelehrt, wie wichtig es ist, Wertschätzung auszudrücken, ohne sich über etwaige Folgen Gedanken zu machen. Trotz der mangelnden Resonanz seitens der Familie hatte ich bei meiner kleinen Ansprache ein gutes Gefühl, und ich glaube, daß sich die meisten Familienmitglieder darüber freuten. Wertschätzung als Brücke zu Nähe und Vertrautheit bedeutet, daß Sie es riskieren, Ihre tiefempfundene Dankbarkeit auszudrücken. Sie setzt voraus, daß Sie das Positive und nicht nur das Negative sehen. Wenn Sie aufrichtig Ihre Wertschätzung in Worten und Taten ausdrücken, werden Sie sich nicht nur wohler fühlen, sondern es wird auch das Vertrauen und die Nähe in Ihrer Partnerschaft fördern.

## Ihre Familie als Übungsfeld: «Wie vermeide ich Nähe?»

Wie wir bereits festgestellt haben, erhielten Sie in Ihrer Familie wenig Gelegenheit, etwas über Nähe zu erfahren. Infolge des Mißbrauchs zogen Sie sich zurück, verbargen Ihre Gefühle und reagierten auf andere Menschen extrem empfindsam. Da Sie sich an die schwierigen Verhältnisse in Ihrer Familie anpassen mußten und sich vor den Übergriffen Ihrer Eltern schützten, indem Sie Ihr wahres Ich verbargen, hatten Sie kaum Gelegenheit, Nähe kennenzulernen. Um zu einem Menschen ein vertrautes und enges Verhältnis aufbauen zu können, müssen Sie ihn ganz an sich heranlassen.

Der Mensch ist von Natur aus nicht in der Lage, gleichzeitig Schmerz und Freude zu empfinden. Wenn Sie also etwas Schmerzliches erlebten, lernten Sie, solche Situationen zu vermeiden. Es schmerzte, jemandem nah zu sein. Wenn Sie jemandem nah waren, folgte darauf oft die schmerzhafte Erfahrung, mißhandelt oder emotional oder körperlich allein gelassen zu werden. Wenn Ihr Vater liebevoll zu Ihnen war, hat er Sie vielleicht anschließend angeschrien oder vielleicht sexuell mißbraucht. Ihre Mutter war vielleicht emotional unzugänglich oder schlug Sie häufig. Sie mußten als Kind Schranken errichten, um mit dieser Art von Interaktion umgehen zu können.

Um Nähe zu erfahren, müssen Sie sich einem anderen Menschen gegenüber wirklich öffnen. Wegen der Mißstände in Ihrer Familie waren Sie die meiste Zeit über von Ihrem wahren Ich abgespalten und legten sich eine Rolle zu, um sich zu schützen. Solange Sie eine Rolle spielen, können Sie einen anderen Menschen nicht an sich heranlassen.

Meine Rolle als unsichtbares Kind schützte mich in meiner Familie vor der Gewalt, die häufig um mich herum herrschte. Es war viel leichter, mich einfach «unsichtbar zu machen», wenn meine Eltern sich stritten und mein älterer Bruder auch noch mit hineingezogen wurde. Entweder ich vertiefte mich völlig in eine Fernsehsendung, oder ich verzog mich einfach in mein Zimmer. Ich perfektionierte diese Rückzugstaktik so sehr, daß sie sich zu einer gewohnheitsmäßigen Reaktion auf unangenehme Situationen mit anderen Menschen entwickelte. Ich war ständig auf der Hut. Während mich diese Rückzugstaktik in meiner Kindheit rettete, erwies sie sich in meinen späteren Beziehungen als äußerst hinderlich, wenn ich Nähe herstellen wollte.

Die Art und Weise, wie Ihre Eltern miteinander umgingen – oder nicht umgingen –, war ein weiterer wichtiger Bestandteil Ihrer Erziehung zum Vermeidungskünstler. Kinder erfahren etwas über Beziehungen, indem sie ihre Eltern beobachten und ihrem Vorbild nacheifern. Da Sie schlechte Vorbilder hatten, haben Sie keine klare Vorstellung davon, wie man eine vertrauensvolle Beziehung aufbaut. Mein Freund Tom definierte Nähe einmal sehr treffend: «Nähe? Keine Ahnung, was das ist. Ich dachte immer, Nähe wäre, wenn man aufhört zu streiten.»

Zwischen Ihren Eltern fand entweder eine gestörte oder gar keine Kommunikation statt, und sie waren nicht in der Lage, ihre Gefühle offen zu äußern. Sie waren bald ein Meister darin, Ihre Gefühle zu leugnen. Wenn in Ihrer Familie nicht viel geredet wurde, dann galt es zu erahnen, was der andere fühlte. Wenn Kommunikation stattfand, dann war sie häufig mit Wut und verletzenden Gefühlen aufgeladen. Wenn Konflikte ausbrachen, dann haben Sie es wahrscheinlich nie erlebt, daß sie beigelegt wurden.

«Einmal hatten meine Eltern eine ganz schreckliche Auseinandersetzung», erzählt Wanda. «Ich brachte meine Schwestern zu Bett und sorgte dafür, daß sie sich möglichst ruhig verhielten, obwohl sie furchtbar weinten. Ich hörte die Haustür schlagen, was, wie sich später herausstellte, mein Vater war. Meine Mutter schaute zu uns herein, und sie dachte wohl, daß wir alle schliefen, weil wir so still waren. Ich hörte sie ins Bad gehen, und es schien, als würde sie nie mehr herauskommen. Ich dachte schon, daß sie sich umbringen würde. Schließlich kam sie doch heraus und ging in ihr Zimmer. Vater muß wohl sehr spät heimgekommen sein, denn ich habe ihn nicht mehr gehört. Das Seltsame war, daß es am nächsten Morgen schien, als wäre nichts gewesen! Kein Wort wurde darüber verloren! Und ich wußte, daß ich besser meinen Mund hielt, denn es war ein ungeschriebenes Gesetz in unserer Familie, daß man über diese Streits nicht redete.»

Der Schluß, den Wanda aus dieser Erfahrung zog, liegt nahe: Sprich niemals Konflikte an, und versuche nie, sie zu lösen. Sie erzählt, daß sie immer noch dazu neigt, sich zu verschließen, wenn es zu Unstimmigkeiten kommt – ganz zum Leidwesen ihres Mannes.

Nachdem man Ihnen in Ihrer Kindheit so wenig Rüstzeug mit auf den Weg gab, um Nähe und Vertrauen zu entwickeln, wundert es nicht, daß Sie in Ihrer Partnerschaft Probleme damit haben. Ihre Vergangenheit hat nach wie vor sichtbare und unsichtbare Auswirkungen auf Ihr Leben als Erwachsener.

## Vergangene Entscheidungen, heutige Schranken

Die Entscheidungen, die Sie als Kind treffen mußten, nur um zu überleben, unterlaufen heute Ihre Bemühungen, Vertrauen und Nähe aufzubauen. Was mich angeht, so kam die mir antrainierte Rolle des unsichtbaren Kindes in meiner zweiten Ehe voll zum Tragen. Ich griff in meiner Partnerschaft auf meine altvertrauten Rückzugsmanöver zurück. Ich ging davon aus, daß eine Ehe etwas sei, das ich zu erdulden hätte, und daß eine Frau jemand sei, mit dem man «irgendwie zurechtkommen» müsse. Schließlich entsprach dies der Art von Beziehung, wie ich sie zur ersten Frau in meinem Leben, meiner Mutter, gehabt hatte. Ich kam mit ihren verschiedenen körperlichen und seelischen Leiden «irgendwie zurecht» und tat mein Bestes, um ihr das Leben zu erleichtern. Warum sollte es bei meiner Frau anders sein? Indem ich sie auf diese Art auf Abstand hielt, war keine dauerhafte Nähe zwischen uns möglich.

Wir erlebten einige Momente echter Nähe, besonders in den ersten zwei Jahren unserer Partnerschaft. Doch solche Momente gehörten bald der Vergangenheit an, da es mir immer schwerer fiel, mich einzulassen und Nähe zu einem Menschen zu entwickeln, den ich sehr liebte. Die meiste Zeit über empfand ich eine quälende, undefinierbare Angst und fühlte mich in meiner Selbstverleugnungs- und Verstellungstaktik gefangen. Ich wollte Nähe, aber ich stieß ständig gegen innere Barrieren, die mir kaum bewußt waren, Barrieren, die auf lebenslanger Angst und antrainierten Rückzugsstrategien beruhten.

Auch Sie eigneten sich in Ihrer Kindheit viele Verhaltensweisen und Einstellungen an, die Sie vor Verletzungen bewahrten und die Ihnen jetzt auf Ihrer Suche nach Nähe im Wege stehen. Im folgenden stelle ich Ihnen einige der häufigsten vor.

### Mangelndes Vertrauen

Wie wir bereits festgestellt haben, stellt Vertrauen die wichtigste Grundlage für Nähe in einer Partnerschaft dar. Wenn es daran fehlt, wird es kaum gelingen, eine innige Beziehung aufzubauen. Vertrauen setzt zunächst voraus, daß Sie sich selbst trauen – Ihren Gefühlen und Gedanken, Ihrer Intuition. Dies fällt Ihnen vermutlich schwer, weil man in Ihrer Familie nicht auf Ihre Gefühle einging und Sie sich ihrer nicht versichern konnten. Um Selbstvertrauen zu entwickeln, braucht ein Kind die Mutter (die Hauptbezugsperson), die für das Kind da ist und ihm sein noch anfälliges, aber wachsendes Selbstgefühl widerspiegelt.

Alice Miller beschreibt diesen Prozeß der Spiegelung in *Das Drama des begabten Kindes und die Suche nach dem wahren Selbst:* «Jedes Kind hat das legitime narzißtische Bedürfnis, von der Mutter gesehen, verstanden, ernst genommen und respektiert zu werden. Es ist darauf angewiesen, in den ersten Lebenswochen und -monaten über die Mutter verfügen zu können, sie zu gebrauchen, von ihr gespiegelt zu werden. Am schönsten läßt sich das veranschaulichen mit einem Bild von Winnicott: Die Mutter schaut das Baby an, das sie im Arm hält, das Baby schaut in das Antlitz der Mutter und findet sich selbst darin... vorausgesetzt, daß die Mutter wirklich das kleine, einmalige, hilflose Wesen anschaut und nicht ihre *eigenen* Introjekte, auch nicht *ihre* Erwartungen, Ängste, Pläne, die sie für das Kind schmiedet, auf das Kind projiziert. Im letzteren Fall findet das Kind im Antlitz der Mutter nicht sich selbst, sondern die Not der Mutter. Es selbst bleibt ohne Spiegel und wird in seinem ganzen späteren Leben vergeblich diesen Spiegel suchen.»

Wenn Sie noch als Erwachsener «vergeblich diesen Spiegel suchen», dann neigen Sie dazu, in anderen Menschen nach einer Bestätigung Ihrer Gefühle und Gedanken zu suchen. Es fällt Ihnen schwer, Ihrer eigenen Selbsteinschätzung zu trauen. In der Partnerschaft befinden Sie sich dann in einer unsicheren Position, da Sie Ihrer eigenen Wahrnehmung mißtrauen. Sie sind darauf angewiesen, daß Ihr Partner Ihnen sagt, wer Sie sind, und begeben sich damit in eine extreme Co-Abhängigkeit, wie es bei Melissa der Fall war.

«Ich konnte Joe manchmal wahnsinnig machen. Ich fragte ihn dann ständig, ob er mich okay fand. Ich fragte das nicht immer so direkt, aber irgendwie wollte ich es immer wissen – gefällt dir dieses Kleid, bin ich zu dick, habe ich es richtig gemacht? Einmal platzte ihm der Kragen, und er fuhr mich an, ich solle endlich meine Unsicherheit in den Griff kriegen und daß sie ihn wahnsinnig machte. Das verunsicherte mich erst recht, und ich setzte ihm noch mehr zu.»

Im zweiten Schritt müssen Sie lernen, anderen zu vertrauen. Solange Sie anderen Menschen nicht vertrauen, ist Nähe unmöglich. Wenn die Person, der Sie kein Vertrauen entgegenbringen können, tatsächlich nicht vertrauenswürdig ist, dann verfügen Sie über eine ausgezeichnete Menschenkenntnis. Doch häufig wird Ihr Urteilsvermögen durch Ihre gewohnheitsmäßige Alles-oder-nichts-Haltung beeinträchtigt, die Sie in bezug auf Vertrauen und damit auch auf Nähe einnehmen. Als Erwachsenem Kind kann es Ihnen passieren, daß Sie Ihrem Partner anfangs hundertprozentiges Vertrauen entgegenbringen, daß Sie ihm jedoch nach einer Enttäuschung Ihr Vertrauen völlig entziehen. Oder Sie sind vielleicht mit jemandem zusammen, der im Grunde vertrauenswürdig ist, doch wegen Ihrer extremen Vorsicht und Ihrer kompromißlosen Alles-oder-nichts-Einstellung liegen Sie ständig auf der Lauer, um Ihren Partner bei einem Vertrauensbruch zu ertappen. Wenn Ihnen das dann tatsächlich gelingt – was sehr wahrscheinlich ist –, werden Sie nur allzu bereitwillig Ihr Vertrauen vollständig entziehen.

«Als ich Adam kennenlernte», erinnert sich Muriel, «war ich sehr für ihn eingenommen. Er versprach anzurufen und tat es auch, kam immer pünktlich zu unseren Verabredungen und behandelte mich äußerst zuvorkommend – ich hatte so einen Mann noch nie kennengelernt. Dann ertappte ich ihn bei einer Lüge. Er erzählte mir, daß er in einigen Monaten einen Wochenendurlaub plane. Als der Termin dann näher rückte, war plötzlich von einer einwöchigen Reise die Rede, dann wurden zehn Tage daraus. Er beklagte sich dauernd darüber, wie abgearbeitet er sei und daß er dringend Erholung brauchte – er hörte sich wirklich mitleiderregend an –, und ich bestärkte ihn darin, zu fahren. Zwei Tage vor seiner Abreise rutschte ihm dann heraus, daß er das Ticket schon viel früher besorgt hatte. Ich erfuhr, daß er die Reise schon lange vorher geplant hatte, und ich war natürlich sehr wütend auf ihn. Er entschuldigte sich und erklärte, daß er mir deshalb nicht gleich die ganze Wahrheit erzählt hätte, weil er mich nicht hatte verärgern wollen. Ich verlor eine Zeitlang mein ganzes Vertrauen in ihn und begann sogar, meine anfängliche Meinung über ihn in Frage zu stellen. Doch er machte mir klar, daß er sich zwar diesen einen Fauxpas geleistet hätte, daß ich ihm aber sonst nichts vorwerfen könnte. Damit hatte er wohl recht, aber es dauerte trotzdem einige Zeit, bis ich wieder Vertrauen zu ihm fassen konnte.»

Vertrauen ist nichts, was man von heute auf morgen erwarten kann. Um eine Vertrauensbasis zu schaffen, braucht es Zeit und Erfahrung, damit wir erleben können, wie unser Partner mit den verschiedensten Situationen umgeht. Ein Freund von mir brachte es auf den Punkt: «Wenn du mir vertrauen willst, nimm dir zwei oder drei Jahre Zeit, und laß mich dich kennenlernen.»

## Kontrolle

Das Bedürfnis, den anderen zu kontrollieren, ist eine der destruktivsten Verhaltensweisen, die Sie aus Ihrer belasteten Kindheit übernommen haben, und eines der größten Hindernisse auf Ihrem Weg, echte Nähe zu erfahren. Wie bereits in Kapitel 3 ausgeführt, kann sich dieses Kontrollbedürfnis in einer Partnerschaft auf unterschiedlichste Weise manifestieren.

Einige Kontrollstrategien sind offensichtlich – herumkommandieren, kritisieren, wütend werden –, aber viele andere sind weniger offensichtlich. Wenn Sie versuchen, eine andere Person zu kontrollieren, dann verhindern Sie den offenen Austausch von Gefühlen, der die Voraussetzung für jede Nähe darstellt. Ob Sie nun den anderen durch aggressive Forderungen oder durch hilfloses Gebaren kontrollieren, ob durch Lügen und Unehrlichkeit oder durch Schmeicheleien, Sie verhindern damit, daß Sie und Ihr Partner sich verletzbar zeigen und Nähe zulassen können.

## Unehrlichkeit

Sei es, daß wir in kleinen Dingen unehrlich sind und zu sogenannten «Notlügen» greifen, sei es, daß wir in beinahe sämtlichen Belangen unehrlich sind – Unehrlichkeit steht einer vertrauensvollen Beziehung stets im Wege. Manche glauben, daß Notlügen der Nähe zwischen zwei Menschen keinen Abbruch tun, aber ich halte das allein schon für eine gewaltige Notlüge! Ich will damit nicht sagen, daß man alles, was einem im Kopf herumgeht, mitteilen sollte – es ist völlig in Ordnung, nicht alles über sich zu erzählen –, aber Ehrlichkeit ist der einzige Weg, der echte Nähe ermöglicht. Wenn Sie sich ärgern, warum geben Sie es nicht freimütig zu, anstatt dem anderen etwas vorzumachen? Ihr Ärger läßt sich vielleicht schnell aus der Welt schaffen, wenn Sie ihn aber leugnen oder unterdrücken, wird er sich entweder in einem Wutausbruch entladen oder wird Sie von Ihrem Partner entfremden.

In Ihrer Kindheit haben Sie allerdings erfahren müssen, daß man mit Ehrlichkeit nicht unbedingt gut fährt. Sie lernten, Ihren Eltern gegenüber die Wahrheit zu verheimlichen und Dinge abzustreiten, weil Sie

Angst hatten, mißhandelt oder allein gelassen zu werden. Auch heute noch verheimlichen Sie viel, weil Sie es nicht besser wissen. Es gibt Momente, in denen Sie nicht ehrlich zu Ihren Gefühlen, Ihren Wünschen, Ihren Bedürfnissen, Ihren Ansichten – oder gar Ihrer Unehrlichkeit selbst – stehen können.

Es ist sehr schwer, nach all den Jahren der antrainierten Selbstverleugnung sich nun ein Herz zu fassen und ehrlich zu sagen, wer Sie sind. Dieser Schritt ist mit Risiken verbunden. Sie laufen Gefahr, abgelehnt und fallengelassen zu werden. Sie riskieren, daß Ihr Partner Sie kennenlernt und über Sie Neues erfährt, was Sie besonders dann als bedrohlich empfinden, wenn Sie sich selbst nicht akzeptieren. Sie laufen ebenfalls Gefahr, sich von einer Vorstellung trennen zu müssen, von der Sie viele Jahre beherrscht wurden: daß Sie ein hilfloses Opfer sind. Echte Nähe kann nur dann entstehen, wenn Sie alle Masken fallen lassen und Ihr wahres Gesicht – alle Schönheitsfehler inbegriffen – zeigen.

Nach einem zweijährigen Genesungsprozeß wird Lana bewußt, wie sie mit ihrer «liebenswürdigen» Fassade die Distanz zu ihrem Mann James aufrechterhalten hatte. «Ich gelte überall als liebenswürdiger Mensch. Das fing mit dem Tag an, als meine Eltern mich zu einem ‹lieben kleinen Mädchen› erzogen. James konnte nie etwas falsch machen. Ich versuchte immer, ihm alles recht zu machen, und wenn er wütend war, dann dachte ich sofort, daß es wahrscheinlich meine Schuld sei. Ich entschuldigte mich ständig für irgend etwas.

In der Therapie erkannte ich allmählich, wie oft ich meine eigenen Wünsche verleugnete, um Unannehmlichkeiten aus dem Weg zu gehen. Eines Tages wurde mir mit einem Schlag klar, wie unehrlich ich James gegenüber war, indem ich meine Bedürfnisse und Gefühle unterdrückte. James und ich sprachen über ein gemeinsames Wochenende in Palm Springs, und ich war Feuer und Flamme und malte mir schon aus, was wir beide dort Tolles erleben würden. Dann erzählte er mir, daß er gerne die Taylors einladen würde. Anstatt zu sagen: ‹Nein, ich möchte lieber mit dir allein fahren›, hielt ich meinen Mund und schwieg.»

Lanas Unehrlichkeit bewirkte in ihr Ärger und Groll, doch sie verdrängte diese Gefühle, wie es ihre Gewohnheit war. Es gelang ihr nicht, mit James oder den Freunden ungezwungen umzugehen, und so verlebte sie bestenfalls ein mittelmäßiges Wochenende.

## Schuldzuweisungen

Auch dieses Verhalten verhindert, daß echte Nähe zwischen den Partnern entsteht. Wenn Sie Ihren Partner für Ihre Gefühle oder Ihr Verhalten verantwortlich machen, dann halten Sie an der erworbenen Opferrolle fest. Indem Sie anderen die Schuld geben, unterstellen Sie, daß eine andere Person oder eine äußere Instanz Macht über Ihre Gefühle und Ihr Verhalten hat. Schuldzuweisungen beruhen auf der Annahme, keine Entscheidungsfreiheit zu haben, daß ein anderer schuld daran war, wenn Sie wegen Geschwindigkeitsüberschreitung einen Strafzettel bekommen, sich zum Mittagessen verspäten oder einen Streit vom Zaun brechen. In jedem Fall sprechen Sie sich die Kontrolle über Ihr Verhalten ab. Wenn Sie Ihren Partner verantwortlich machen, geben Sie ihm oder ihr alle Macht in die Hand.

Auch wenn es noch so schwierig ist, dieses Verhalten abzulegen, so ist es doch äußerst wichtig, daß Sie sich gerade mit Schuldzuweisungen und der damit verknüpften Opferhaltung auseinandersetzen. Anklagen und Vorwürfe, ob gegen sich selbst oder den Partner gerichtet, wirken jeder Vertrautheit und Nähe entgegen. Wenn Sie Ihrem Partner Schuld zuweisen, dann hegen Sie Groll gegen ihn, und dies zieht wiederum Distanziertheit und Rückzugsverhalten nach sich. Wie andere Erwachsene Kinder auch werden Sie alle möglichen Gründe finden, um Ihre Schuldzuweisungen zu rechtfertigen, aber dies wird die Distanz zwischen Ihnen nur noch vergrößern.

Ich erinnere mich, wie leicht es mir in meiner zweiten Ehe fiel, Gründe dafür zu finden, mich zurückzuziehen und abzukapseln. Es tut mir weh, wenn ich daran zurückdenke, wie allein ich in dieser Partnerschaft war, und ich kann jetzt erst ermessen, wie allein sich auch meine Exfrau gefühlt haben muß. Ich fand eine Menge Gründe – mangelnde Zuneigung, nicht genug Sex oder ihre Bissigkeit –, weshalb ich mich in mein Schneckenhaus zurückzog. Ich erkenne jetzt, daß diese Gründe nur Ausflüchte waren, um mich nicht mit der Wahrheit konfrontieren zu müssen, von der ich damals nur eine leise Ahnung hatte: daß ich schreckliche Angst davor hatte, verlassen zu werden, wenn ich zuviel Nähe zuließ. Indem ich ihr die Schuld gab, konnte ich mich behaglich auf meine selbstgerechte Position zurückziehen, obwohl ich zugleich die Kälte und Einsamkeit spürte, die sich mit dem nur allzu vertrauten Rückzug einstellten.

Indem ich anderen die Schuld zuwies, sprach ich nicht nur mir jede Verantwortung für mein Handeln ab, sondern ich überhäufte meine Frau auch noch mit Anklagen und Vorwürfen. Ich spielte mich auf wie der liebe Gott und behauptete, ich wüßte, was richtig und was falsch war und was sein und was nicht sein sollte. Hinter Vorwürfen verbirgt sich eine tiefe Scham. Schuldzuweisungen sind im Grunde unsere nach außen gekehrte Beschämung. Wenn ich meiner Frau vorwarf, daß sie mir nicht genügend Beachtung schenkte, dann verbarg sich dahinter eine tiefliegende Beschämung über meine eigene Unzulänglichkeit – warum sonst schenkte sie mir keine Beachtung?

## Scham

Scham ist das verhängnisvollste Erbe aus Ihrer Vergangenheit. Scham ist eine Grunderfahrung, die alle Erwachsenen Kinder gemacht haben, und sie liegt allen anderen Problemen zugrunde, die Sie heute mit echter Nähe haben. John Bradshaw beschreibt anschaulich die Auswirkungen dieser Art von Beschämung: «Vergiftende Scham, die Art von Beschämung, die uns blockiert, wird als ein alles beherrschendes Gefühl der eigenen Minderwertigkeit erlebt. Vergiftende Scham ist nicht nur ein Gefühl, das uns gewisse Grenzen signalisiert, sondern ein Seinszustand, eine Grundbefindlichkeit. Sie erzeugt in uns ein Gefühl der Wertlosigkeit, des Versagens und der Unzulänglichkeit. Vergiftende Scham bedeutet, von unserem wahren Ich abgespalten zu sein.

*Es ist, als würden wir innerlich verbluten.* Im Zentrum dieser Erfahrung steht die Konfrontation mit sich selbst. Ein von Scham gepeinigter Mensch wird sich davor hüten, anderen sein Innerstes zu offenbaren, aber was wichtiger ist, er wird sich davor hüten, sich mit sich selbst zu konfrontieren.»

Es ist offensichtlich, daß Scham (Bradshaw nennt sie vergiftende Scham – ich glaube allerdings, daß uns jede Art von Scham vergiftet) eine destruktive Gefühlslage ist, die sich wie ein roter Faden durch alle anderen Gefühle und Erfahrungen zieht. Genau das erlebten Sie auch in Ihrer Familie, bei den Reaktionen auf nahezu jede sehr menschliche, kindliche Verhaltensweise. Immer wenn Ihre Eltern Sie mißhandelten, empfanden Sie Scham. Immer wenn Ihre Mutter oder Ihr Vater nicht auf Sie einging, empfanden Sie Scham. Weil Sie ein falsches Ich aufbauten, um Ihr wahres Ich zu schützen, empfanden Sie Scham. Darüber hinaus lasten die kollektiven Scham- und Schuldgefühle Ihrer Familie auf Ihren Schultern. Diese Scham ist tief verwurzelt, und Sie werden sich von ihr nur befreien können, wenn Sie mit aller Kraft an Ihrer Genesung arbeiten. Solange Sie von Scham kontrolliert werden, wird es Ihnen schwerfallen, anderen nahezukommen.

Auch Debra, eine Freundin von mir, erkennt bei sich den Zusammenhang zwischen Scham und der Schwierigkeit, zu anderen Menschen Vertrauen und Nähe zu entwickeln: «Ich weiß jetzt, daß ich die meisten Beziehungen in meinem Leben mit dieser Beschämung kaputtgemacht habe. Sobald ich zu einem Mann Nähe zu entwickeln begann, ihn anfing zu mögen, bekam ich Angst und machte mir Sorgen darüber, ob er mich auch mochte. Ich wurde dann immer sehr fordernd und schlug ihn damit in die Flucht. Ich weiß, daß Angst und Scham hinter diesem Verhalten stecken. Ich habe Angst, daß ich nicht hübsch, sexy genug oder einfach nicht gut genug sein könnte, und mache mich total verrückt deswegen. Ich bin dann fast besessen von der Vorstellung, daß irgend etwas mit mir nicht stimmt. Dieses Verhaltensmuster verfolgt mich schon mein ganzes Leben lang.» Glücklicherweise gelingt es Debra nun, dieses Muster zu durchschauen und die Scham dahinter zu erkennen.

## Fürsorge

Sie übernahmen als Kind die fürsorgliche Rolle, um das Defizit an Mitgefühl und Verständnis in Ihrer Familie auszugleichen und um Ihr inneres Kind vor Schmerz zu bewahren. Sie wandten Ihre ganze Aufmerksamkeit anderen zu und vernachlässigten dabei Ihre eigenen Gefühle, Wünsche und Bedürfnisse. Es war das Beste, was Sie damals für sich tun konnten, aber innerlich kapselten Sie sich ab.

Eine der wichtigsten Voraussetzungen für Nähe ist die Fähigkeit, zu verfolgen, was in Ihrem Innern vor sich geht. Wenn Sie dazu neigen, sich nach außen zu orientieren, wie es für die fürsorgliche Rolle typisch ist, können Sie zu Ihren eigenen Gefühlen keine Verbindung aufnehmen. In Ihrer Fürsorglichkeit haben Sie zwar einen richtigen Weg eingeschlagen, weil Sie lernten, sich in andere einzufühlen, aber es ist genauso wichtig, daß Sie Ihre inneren Prozesse wahrnehmen.

Melody Beattie schildert, wie ihr eines Tages bewußt wurde, daß ihre fürsorgliche Rolle sie davon abhielt, Nähe herzustellen: «Ich erinnere mich noch, daß ich eines Abends in unserem Wohnzimmer stand und mir ganz plötzlich und ganz stark bewußt wurde, daß ich zu ängstlich und unsicher war, um meinen Kindern nahe zu sein. Ich wußte, wie ich meine Mutterrolle zu spielen hatte. Ich wußte, wie ich die Kinder zu versorgen und zu beaufsichtigen hatte. Aber ich wußte nicht, wie ich entspannt mit ihnen umgehen und ihnen nahe sein konnte.»

Wenn auch Sie die fürsorgliche Rolle spielen, dann haben Sie zweifellos mit tiefen Kindheitsängsten zu kämpfen, die Sie daran hindern, Nähe zu entwickeln.

## Süchte

Ich halte Anne Wilson Schaefs Definition von Sucht für sehr brauchbar: «Sucht ist jede Art von Prozeß, über den wir keine Kontrolle haben. Sie beherrscht uns, bringt uns dazu, Dinge zu tun oder zu denken, die im Widerspruch zu unseren persönlichen Werten stehen, und verleiht unserem Verhalten einen immer zwanghafteren Charakter. Ein sicheres Zeichen für eine Sucht ist das plötzliche Bedürfnis, uns und andere zu täuschen – zu lügen, zu leugnen und zu verheimlichen.»

Es gibt zwei große Kategorien von Süchten: stoffgebundene und nicht stoffgebundene. Eine stoffgebundene Sucht bezieht sich auf alles, was Sie Ihrem Organismus zuführen können: Alkohol, Drogen, Tabletten, Lebensmittel. Eine nicht stoffgebundene Sucht bezieht sich auf eine Aktivität wie Glücksspiel, Arbeiten, Sex, Religion oder eine Liebesbeziehung. Jede Sucht hat drei Ziele: erstens, sich nicht mit unangenehmen und scheinbar nicht zu bewältigenden Gefühlen auseinandersetzen zu müssen; zweitens, ein niedriges Selbstwertgefühl zu kompensieren; drittens, eine tiefe innere Leere zu füllen, einen Mangel auszugleichen. Diese Leere rührt von der Abspaltung des Ichs von den eigenen Lebensenergien her. Diese drei Aspekte lassen sich in allen Süchten wiederfinden, und sie sind der Schlüssel zum Verständnis von Suchtverhalten.

Süchte stehen der vollen Entfaltung von Nähe und Vertrauen in einer Partnerschaft im Wege, denn sie werden wichtiger als die Beziehung selbst. In den meisten Fällen mildert die Sucht das Unbehagen, das wir empfinden, wenn wir Nähe herstellen sollen, aber sie führt auch zu einer seelischen Abstumpfung, die uns noch weiter von unserem Partner entfernt, uns noch unerreichbarer für ihn macht. John Lee beschreibt, wie Sucht der Nähe in einer Partnerschaft entgegenwirken kann:

«Mir wurde klar, daß ich mir als Kind immer dann Süßigkeiten nahm oder welche bekam, wenn mir meine Eltern keinen Trost oder keine Zuwendung geben konnten. So wurden Süßigkeiten für mich in meiner Jugend und auch später zu einer wichtigen Seelennahrung. Der Stoff, mit dem ich mich in meiner Kindheit tröstete, entwickelte sich zum Suchtmittel eines Erwachsenen. Wenn ich traurig, einsam oder ängstlich war, hielten mich Süßigkeiten über Wasser. Aber ich stellte fest, daß ich mich damit aus der Welt des Fühlens in eine Welt der Depression begab – und mich von mir selbst entfernte –, und das auf eine sehr indirekte, scheinbar harmlose und legale Art. Ich ließ mich selbst im Stich, so wie ich als Kind im Stich gelassen wurde. Genau die Dinge – Zucker, Koffein oder Sex –, mit denen ich versuchte, meinen Schmerz zu betäuben und das in mir gefangene Kind zu besänftigen, verstärkten mein Gefühl des Verlassenseins nur noch.»

Je mehr Sie sich einer Sucht überlassen, desto weiter entfernen Sie sich von sich selbst und von anderen. Wenn Sie nach Aktivitäten süchtig sind, dann laufen Sie vor jeder Art von Nähe davon.

Denise, eine Klientin, die mittlerweile aufgehört hat, ihren Problemen mit Hilfe von Alkohol oder Marihuana zu entfliehen, beschreibt einige der Schwierigkeiten, die sie in den vergangenen zwei Jahren mit Nähe hatte: «Ich habe nie gelernt, wie man einem Mann gegenüber nein sagt, besonders wenn er sehr romantisch ist und sich wirklich um einen bemüht. Ich habe einen Arbeitskollegen, der sehr aufmerksam ist, mich dauernd anruft und mir irgendwelche Karten schickt. Ich fühle mich wirklich zu ihm hingezogen, aber ich habe gerade eine Beziehung hinter mir und bin noch nicht bereit für eine neue. Bei ihm will ich es einmal anders machen. Ich will ihn erst kennenlernen und mit ihm warmwerden, bevor ich mit ihm ins Bett gehe. Aber er drängt mich, und das macht mir angst. Ich mag ihn sehr, und es gibt Zeiten, da fühle ich mich ihm wirklich nah, aber ich muß einfach auf mich aufpassen, denn ich weiß, wie leicht ich mich auf ihn einlassen könnte und dann womöglich abhängig von ihm werden würde. Ich möchte nicht alles wieder zerstören, was ich mir bis jetzt aufgebaut habe.»

Nachdem wir die wichtigsten Hindernisse kennengelernt haben, die Ihnen bei Ihrer Suche nach Vertrauen und Nähe im Wege stehen, möchte ich Sie nun mit einigen hilfreichen Grundgedanken und Techniken vertraut machen, damit Sie Ihre Fähigkeit, Nähe zu entwickeln, vervollkommnen können.

## Was Sie über Nähe wissen sollten

Die meisten Erwachsenen Kinder haben einige unrealistische Vorstellungen, was Nähe angeht. Sie sollten diese Vorstellungen hinterfragen und durch Fakten ersetzen. Es gibt drei grundlegende und für Sie sicher erhellende Tatsachen zum Thema Nähe.

*Tatsache Nr. 1*
*Sie müssen zuerst sich selbst kennen, bevor Sie echte Nähe zu einem anderen Menschen aufbauen können.*
Bei meinen Recherchen zu diesem Buch stellte ich vielen Personen die Frage, was ihrer Meinung nach die Voraussetzung für Nähe ist. Die meisten gaben eine klare Antwort: Man müsse sich selbst gut kennen, um einem anderen Menschen nahezukommen.

Sokrates sagte: «Kenne dich selbst.» Vielleicht war er der erste Experte in Sachen Nähe! Um uns selbst zu kennen, müssen wir jederzeit verfolgen können, was in unserem Innern vor sich geht. Das erfordert Ehrlichkeit, Sensibilität und die Bereitschaft, sich selbst vorbehaltlos zu akzeptieren, damit Sie alles, worauf Sie in Ihrem Innern stoßen, vollkommen annehmen können – auch Ihre Schattenseiten.

Um sich selbst richtig kennenzulernen, dürfen Sie Ihr Innenleben nicht verbergen, leugnen oder verfälschen. Ihr Inneres muß zugänglich sein. Wie es Joanna, eine Freundin von mir, formulierte: «Du darfst keine Mauern in dir errichten. Du darfst keine Geheimnisse vor dir haben, und alle Wege müssen offen sein.» Wenn Sie sich selbst genau kennen, werden Sie immer sensibler für die Vorgänge in Ihrem Innern werden.

Kurz nach der Trennung von meiner zweiten Frau lernte ich Mina kennen. Mina hatte die unheimliche Gabe, mitten im Gespräch zu unterbrechen, wenn ihr irgend etwas mißfiel, und zu sagen: «Wart mal, da muß ich erst nachfühlen.» Zunächst faszinierte mich das, denn es war meiner Herangehensweise völlig entgegengesetzt. Manchmal empfand ich diesen Zug auch als lästig, weil Mina nichts auf sich beruhen ließ. Wenn sie etwas irgendwie bedrückte oder beschäftigte, teilte sie es mir mit. Einmal hatten wir bis in die Nacht hinein miteinander telefoniert. Nachdem ich aufgelegt hatte, schaltete ich das Licht aus und kuschelte mich, schläfrig und zufrieden über unser Gespräch, unter die Bettdecke. Es war lange nach Mitternacht, und ich war schon am Eindösen, als das Telefon klingelte. Es war Mina. Sie machte sich Gedanken wegen einer Bemerkung, die ich am Telefon gemacht hatte, und wollte mit mir darüber reden. Dies ist eins von vielen Beispielen für Minas bemerkenswerte Fähigkeit, Verbindung zu ihren Gefühlen aufzunehmen und mit ihnen im Einklang zu sein. Ich habe diese Eigenschaft immer sehr an ihr geschätzt, denn sie war einer der ersten Menschen, an dem ich diese Fähigkeit beobachtete.

*Tatsache Nr. 2*
*Es gibt keine «spontane Nähe».*
Irgend jemand sagte einmal, daß zwei Erwachsene Kinder, die sich auf einer Party begegnen würden, sofort aufeinander zu stürzen und die Party vermutlich zusammen verlassen würden. Innerhalb der nächsten 24 bis 48 Stunden würden sie sich ineinander verlieben und sich in der ersten Woche ihre gesamte Lebensgeschichte erzählen. Wenn Sie etwas Ähnliches schon einmal erlebt haben, dann sind Sie einer Vorstellung erlegen, die viele Erwachsene Kinder mit Ihnen teilen: daß es da draußen in der Welt einen besonderen Menschen für Sie gibt, den

Richtigen, die «verwandte Seele». Wenn Sie diesen Menschen nur finden könnten, dann würden Sie sich Hals über Kopf und leidenschaftlich verlieben und bis in alle Ewigkeit zusammenbleiben.

Dieser Mythos wird der Realität ebenso weichen müssen wie die Geschichte vom Klapperstorch oder der Glaube an den Weihnachtsmann. Das obige Beispiel hat mehr mit Beziehungssucht zu tun als mit Vertrautheit und Nähe. Nähe ist nicht etwas, was man entweder sofort erlebt oder gar nicht, je nachdem, ob man sich einer bestimmten Person auf Anhieb anvertrauen kann oder nicht. Vertrauen und Verständnis lassen sich nicht von heute auf morgen erreichen; es braucht Zeit, bis sich eine Beziehung vertieft.

Es stimmt zwar, daß Sie zu manchen Menschen eher Vertrauen fassen als zu anderen, aber trotzdem beruht die «spontane Nähe», die Sie vielleicht erleben, größtenteils auf einem Wunschdenken und auf Projektion. Ob es Ihnen bewußt ist oder nicht, Sie tragen ein Traumbild von Ihrem Idealpartner mit sich herum. Wenn Sie jemanden kennenlernen, den Sie wirklich mögen und der Ihrem Ideal nahezukommen scheint, dann neigen Sie dazu, Ihre Idealvorstellungen auf diesen Menschen zu projizieren und mögliche Schattenseiten zu ignorieren. Wahrscheinlich tragen Sie ein ganzes Bündel unerfüllter Wünsche mit sich herum und träumen davon, daß diese Person Ihre vielfältigen Bedürfnisse befriedigen kann. Gleichzeitig geben Sie sich alle Mühe, so zu sein, wie es sich Ihre neue Bekanntschaft Ihrer Ansicht nach wünscht, und beobachten mit Argusaugen, ob Sie bei ihm oder ihr ankommen.

Ihr Partner spielt natürlich dasselbe Spiel. Er tut sein möglichstes, um Sie davon zu überzeugen, daß er tatsächlich der Mann – oder die Frau – Ihrer Träume ist, denn er braucht Sie ebenso. Folglich leugnet er die Seiten, von denen er glaubt, daß sie Ihnen mißfallen könnten. Er sieht in Ihnen seine eigenen idealisierten Projektionen.

Nachdem meine zweite Ehe auseinandergegangen war, vermied ich es bewußt, mich auf Frauen einzulassen. Wenn ich mich zu jemandem hingezogen fühlte, ging ich sofort wieder auf Distanz. Ich begann, einige meiner Abhängigkeiten abzulegen und mich als eigenständige Persönlichkeit zu erfahren, doch diese Unabhängigkeit stand noch auf wackeligen Beinen. Dann begegnete ich Jan Marie. Ich verliebte mich sofort in sie und sie sich in mich, und schon nach wenigen Wochen spielten wir mit dem Gedanken an eine gemeinsame Zukunft. In den ersten Monaten war Sex das dominierende Element in unserer Beziehung. Ich war so fixiert darauf, daß ich meine Arbeit und meine Freunde vernachlässigte. Ich projizierte meine ganzen Bedürfnisse auf Jan Marie, war davon überzeugt, daß sie die ideale Partnerin sei, und erwartete, daß sie immer für mich dasein würde. Ich kam schließlich zu der schmerzlichen Einsicht, daß auch sie nur ein Mensch war, mit allen Fehlern und Grenzen. Unsere beiderseitige Sucht nach Sex machte uns blind für die Anforderungen, die echte Nähe an uns stellte. Ich versuchte den Mythos von spontaner Nähe einige Monate lang aufrechtzuerhalten, bis er schließlich mit unserer Trennung zerbrach.

Doch nicht nur Ihr Elternhaus hat Sie für diesen Mythos von Nähe empfänglich gemacht, sondern auch unsere ganze Kultur hat das Thema Nähe idealisiert und glorifiziert. Die Bilder und Texte in Fernsehen, Radio, Tageszeitungen und Illustrierten suggerieren uns, daß wir nur das richtige Parfum tragen müssen, die richtige Biermarke wählen, das richtige Auto fahren, die richtige Kleidung kaufen, den richtigen Körper haben und uns die richtige Kreditkarte zulegen müssen, um uns gut zu fühlen und attraktiv zu sein, und daß wir dann auch die richtige Art von Beziehung haben werden. Besonders für Erwachsene Kinder ist es schwer, diese unglaubliche Idealisierung zu durchschauen. Unser Verständnis von Nähe wird also nicht nur durch familiäre, sondern auch durch gesellschaftliche Einflüsse geprägt.

Populäre Songs suggerieren, daß Sie es sofort merken werden, wenn Sie IHM oder IHR begegnen, weil Funken sprühen, die Erde bebt und Sie für niemanden sonst mehr Augen haben. Liebeslieder mögen zwar das Glück besingen, das zwei Menschen erfahren, wenn sie sich innerlich wirklich nahekommen, aber sie sind gespickt mit romantischen Idealisierungen co-abhängigen Verhaltens, die den Mythos von spontaner Nähe nur verstärken.

Frank ist mehr als einmal dem Mythos der spontanen Nähe erlegen: «Ich erinnere mich noch, daß ich gerade so einen romantischen Schinken las», erzählt er und kichert. «Ich kam zu dem Schluß, daß ich für meine ‹verwandte Seele› einfach aufgeschlossener sein müsse und daß da draußen bestimmt jemand auf mich wartete. Dann lernte ich eine Frau kennen, und ich glaubte anfangs, daß sie all die Eigenschaften besäße, die meine Traumfrau haben müßte. Wir verbrachten das ganze Wochenende miteinander – ich dachte wirklich, sie wäre die Richtige –, und in der dritten Woche wohnten wir quasi schon zusammen. Einer meiner besten Freunde nahm mich eines Tages zur Seite und sagte mir ganz frei heraus, ich solle nicht mit ihr zusammenziehen, sondern mir Zeit lassen. Gott sei Dank gibt es Freunde wie ihn! Daraufhin ließ ich es ein bißchen langsamer angehen, und sie war verzweifelt und fing an zu klammern, worauf ich nach meinem üblichen Muster reagierte und mich noch mehr von ihr zurückzog. Wir trennten uns nach vier Monaten, weil es einfach zuviel wurde, und ich erkenne jetzt erst, wie abhängig ich von ihr war. Jetzt weiß ich, daß man Nähe nicht an einem Abend oder in einer Woche erreichen kann. Es dauert seine Zeit.»

Ja, es dauert seine Zeit. Auch wenn Sie mit einem Menschen, den Sie gerade erst kennengelernt haben, innige Momente erleben können, so wird sich echte Nähe erst nach einiger Zeit einstellen. Wenn Sie auf diese intensiven Momente stark reagieren, dann handeln Sie aus einem Defizit an Nähe heraus, das Sie durch die andere Person zu kompensieren suchen. Wie bereits gesagt, müssen Sie sich selbst gut kennen, um einem anderen Menschen wirklich nahekommen zu können. Wie froh werden Sie dann sein, wenn Sie Begegnungen mit anderen Menschen genießen können und möglicherweise mit einigen von ihnen intensive Nähe erfahren, ohne auf der Hut sein zu müssen, ohne den Wunsch zu verspüren, die Freundschaft in gewisse Bahnen zu lenken, und ohne sich verzweifelt einreden zu müssen, daß es nur einen ganz bestimmten Menschen gibt, mit dem Sie Nähe erleben können.

*Tatsache Nr. 3:*
*Nähe ist ein Prozeß und kein Ereignis.*

Wenn Sie sich selbst gut kennen, mit Ihren Grenzen bestens vertraut sind und bereit sind, sich vollständig auf eine andere Person einzulassen, dann werden Sie wahrscheinlich mit mehreren Menschen Nähe erleben können. Wenn Sie die Fähigkeit zu dieser Art von Nähe entwickeln, dann könnten Sie lediglich Gefahr laufen, die Bedeutung dieser Nähe zu mißverstehen. Nähe heißt, daß Sie Ihrer angeborenen Fähigkeit und Ihrem Wunsch, zu anderen Menschen echten Kontakt herzustellen, vertrauen und daß Sie ein stärkeres Selbstvertrauen und ein besseres Gespür für Ihre Grenzen entwickeln. So werden Sie sich auf aktive Weise Ihrer Liebesfähigkeit bewußt.

Erst in den letzten drei oder vier Jahren ist es mir gelungen, zu Männern und zu Frauen eine größere Nähe und Vertrautheit zu entwickeln. Ich hatte immer geglaubt, daß man einer Frau nur auf sexueller Ebene nahekommen könnte und ich, wenn ich mich einem Mann emotional oder geistig nah fühlte, womöglich homosexuell sei. Ich setze mich immer wieder mit diesen alten Ängsten und Einstellungen auseinander. Dadurch sind in meinen Freundschaften ganz neue Ebenen entstanden; ich schätze mich glücklich, einige intensive und wertvolle Freundschaften zu haben.

Ein Grund für diese Nähe und Intensität ist die Tatsache, daß ich diese Freunde schon eine Zeitlang kenne, in der Regel mehrere Jahre. Der *Prozeß* des Kennenlernens ist es, der zur Tiefe und zum Charakter einer Freundschaft beiträgt. Um eine wirkliche Nähe zu einem anderen Menschen zu entwickeln, braucht es Zeit. Sie läßt sich nicht von heute auf morgen erreichen. Sie tritt nicht einfach deshalb ein, weil Sie zusammengezogen sind oder geheiratet haben oder weil Sie ein gemeinsames Kind haben. Sie erfordert Zeit, Geduld, Aufmerksamkeit und viel Liebe.

Nähe ist ein Prozeß und kein plötzliches Ereignis. Sie läßt sich erzielen, indem Sie mit Ihrem Partner gemeinsam viele verschiedene Erfahrungen machen. Sie sollten Ihre Liebe, Ihren Kummer, Ihren Zorn und Ihre Freude miteinander teilen, um das starke Band zwischen sich weiter zu festigen. Diese Bindung werden Sie schließlich als tiefe seelische Verbundenheit erleben. Sie werden erfahren, daß Sie beide gemeinsam mehr sind als die Summe Ihrer beiden Persönlichkeiten. Sie müssen Ihrer Partnerin gegenüber ganz offen sein und ihr deutlich zu verstehen geben, daß Sie die Beziehung vertiefen möchten. Sie müssen sich Ihr Fehlverhalten verzeihen und Ihre Scham überwinden. Dies alles läßt sich sicher nicht gleich zu Beginn einer Beziehung erreichen.

Manche Paare berichten, daß sie aufgrund ihrer vielen gemeinsamen Erfahrungen auch in alltäglichen Situationen eine tiefe Verbundenheit erleben. Peter und Marianne sind seit zwölf Jahren verheiratet und haben zwei Kinder, die zehnjährige Dana und den achtjährigen Joshua. Marianne beschreibt ein solches Erlebnis: «Wir gingen am Strand spazieren, während die Kinder im Wasser spielten. Es war später Nachmittag, aber immer noch warm. Ich erinnere mich noch, wie sich der Sand unter meinen Füßen anfühlte – irgendwie kühl und matschig – und wie die Wellen an den Strand klatschten und mir bewußtmachten, wie beständig das Leben eigentlich ist. Peter und ich unterhielten uns über dies und das. Wir sprachen darüber, daß uns die lange Zeit, die wir nun schon zusammen waren, viel kürzer vorkam. Wir lachten über einige lustige Begebenheiten, wie zum Beispiel, als ich ein Spielzeug von Dana reparieren wollte und mir dabei die Finger mit diesem Superkleber zusammenklebte. Die ganze Zeit über hielten wir uns an den Händen. Dann schwiegen wir eine Weile und liefen einfach zusammen den Strand entlang, beobachteten unsere Kinder, spürten unsere Nähe in der Gegenwart Gottes, und mir stiegen Tränen in die Augen. Es waren Tränen stiller Freude. Keiner von uns beiden brauchte etwas zu sagen, um zu begreifen, was in diesem Moment vor sich ging. Ich empfand eine tiefe Liebe und Dankbarkeit für mein Leben und dafür, daß ich es mit Peter teilte.»

An Mariannes Schilderung wird deutlich, wie sich die Nähe zu einem anderen Menschen im Laufe der Zeit intensivieren kann. Ich will die Erfahrung von Nähe nicht idealisieren, aber doch herausstellen, daß die innigen Momente, die Sie mit Ihrem Partner teilen, eine kumulative Wirkung haben. Die Häufung solcher Momente macht schließlich einen Spaziergang am Strand zu einem besonderen und bedeutsamen Ereignis.

Behalten Sie diese drei einfachen Tatsachen im Gedächtnis, wenn Sie einige der Mythen, denen Sie und viele andere Erwachsene Kinder anhängen, zu Leibe rücken. Ich möchte Ihnen nun einige praktische Wege aufzeigen, mit denen Sie in Ihrer Beziehung mehr Nähe erreichen können.

## Lösungen: Wie erreiche ich mehr Nähe?

Wie wir bereits festgestellt haben, müssen Sie sich zunächst einmal selber gut kennen, um in Ihrer Beziehung Nähe zulassen zu können.

Da Ihr lebenslanger, aktiver Genesungsprozeß eine wesentliche Grundlage dafür bildet, sollten Sie ihn unbedingt fortsetzen, wie immer und wann immer es Ihnen angemessen erscheint (Lesen, regelmäßiges Tagebuchführen, Therapie, das 12-Schritte-Programm). Sie sind es gewöhnt, vieles mit sich auszumachen, aber Ihre Genesung können Sie nicht allein erreichen. Sie müssen in Ihren Heilungsprozeß zumindest noch eine zweite Person mit einbeziehen, einen Menschen, dem Sie vertrauen können. Sie brauchen Bestätigung und Unterstützung durch andere. Sie wuchsen in einer dysfunktionalen Gemeinschaft auf, Ihrer Krisenfamilie, in der Ihr wahres Ich wenig oder gar nicht gewürdigt wurde. Als Erwachsener haben Sie nun die Möglichkeit, sich mit ausgeglichenen Menschen zu umgeben, und Ihr inneres Kind wird in einer funktionierenden Gemeinschaft ausreichende Bestätigung finden.

Wenn Sie an Ihrer Genesung arbeiten, dann arbeiten Sie automatisch auch an Ihren Beziehungen. Wenn Sie sich nun mit dem Problem der Nähe befassen, dann ist es hilfreich, sich Fähigkeiten anzueignen, die Sie in Ihrer Familie nicht erlernen konnten. Die folgenden Übungen sollen Ihnen helfen, Vertrauen, Verwundbarkeit, Einfühlungsvermögen, klare Grenzen und Wertschätzung zu entwickeln – die wesentlichen Voraussetzungen für Nähe.

Die meisten Übungen in diesem Abschnitt sollten Sie zu zweit, vorzugsweise mit Ihrem Partner, durchführen. Da die Fähigkeiten, die eingeübt werden sollen, für jede Beziehung wichtig sind, in der Sie sich Nähe wünschen, können Sie die Übungen natürlich auch mit einer anderen Person machen.

Die folgenden Übungen können Gefühle aus Ihrer Kindheit in Ihnen wachrufen, die Sie ängstigen. Seien Sie unbesorgt. Dies kann ein Anzeichen dafür sein, daß diese Gefühle jetzt in Bewegung geraten. Sie haben sich so lange darin geübt, Nähe zu vermeiden, daß Sie diesem besonders sensiblen Bereich nun viel Zeit und Aufmerksamkeit widmen sollten. Wenn Sie das Gefühl haben, daß Sie nicht mehr weiterkommen, zögern Sie nicht, die Hilfe eines Therapeuten in Anspruch zu nehmen.

## Grenzen lockern

Wenn Sie das Thema Nähe angehen, ist es wichtig, daß Sie konsequent daran arbeiten, Ihre Grenzen zu erkennen und zu ziehen, so wie ich es im vorangegangenen Kapitel aufgezeigt habe. Melody Beattie: «Grenzen ziehen heißt nicht, daß wir dicke Mauern um uns errichten. Grenzen helfen uns vielmehr, genug Sicherheit und Selbstgefühl zu entwickeln, um anderen nahekommen zu können, ohne Gefahr zu laufen, uns zu verlieren, andere zu erdrücken, zu überfordern oder selber vereinnahmt zu werden. Grenzen sind der Schlüssel zu einer erfüllenden Partnerschaft. Wenn wir über ein Selbstgefühl verfügen, dann können wir auch Vertrautheit und Nähe zulassen. Wir können spielerisch, kreativ und spontan sein. Wir können lieben und geliebt werden.»

Je sicherer Sie sich Ihrer Fähigkeit sind, Grenzen zu ziehen und aufrechtzuerhalten, desto eher können Sie den nächsten Schritt wagen: lernen, Ihre Grenzen zu lockern, vor allem, wenn Sie mit jemandem zusammen sind, dem Sie vertrauen können. Wenn Sie Zutrauen in Ihre Fähigkeit gewinnen, sich klar abzugrenzen, und sich sicher sind, daß Sie sich in Ihrer Beziehung nicht verlieren, wird es Ihnen auch leichter fallen, Ihre Grenzen abzubauen und Ihren Partner näher an sich heranzulassen.

Im folgenden stelle ich eine abgewandelte Übung von Stephen Gilligan vor, bei der Sie eine «Verschmelzung» Ihrer Grenzen – eine Grundvoraussetzung für Nähe – erfahren können. Diese Verschmelzung erfordert Vertrauen und Verletzbarkeit. Sie kann Ihnen helfen, sich in Ihren Partner besser einzufühlen. Die Übung ist ungewöhnlich und erscheint Ihnen vielleicht nicht sehr logisch. Sie zielt darauf ab, Sie und Ihren Partner von einer logischen, rationalen Ebene auf eine intuitive, kommunikative Ebene zu führen. Es kann also durchaus sein, daß die Übung Sie zunächst verwirrt. Bleiben Sie dabei, auch wenn sie Ihnen anfangs unsinnig erscheint.

Wenn Sie die Übung mit Ihrem Lebenspartner durchführen, dann können starke Emotionen oder vertraute Konfliktmuster ausgelöst werden. Wenn Konflikte auftreten, dann heißt das nicht, daß Sie etwas falsch gemacht haben. Es ist ratsam, den Konflikt zu klären, bevor Sie die Übung wiederholen. In jedem Fall kann Ihnen dieser Selbsterfahrungsprozeß die Notwendigkeit verdeutlichen, Ihre Grenzen klarer zu definieren. Er eröffnet Ihnen auch die Möglichkeit, auf ungefährliche Weise mit einer anderen Person zu verschmelzen.

Die Übung schärft unsere Wahrnehmung und unser Einfühlungsvermögen – zwei Eigenschaften, ohne die Nähe unmöglich ist. Wenn Sie einen festen Partner haben, dann einigen Sie sich mit ihm oder ihr auf einen Tag im Monat, an dem Sie die Übung regelmäßig wiederholen. Dies wird Ihre Sensibilität füreinander erhöhen und Ihnen helfen, Ihre Grenzen zu lockern.

Anfangs kann die Übung bei Ihnen vielleicht Empfindungen hervorrufen, die Sie nicht mit Nähe in Einklang bringen können. Machen Sie trotzdem weiter. Nur Mut! Es wird Ihnen Spaß machen, und Sie werden ohne Zweifel einiges über Nähe lernen.

**Übung:** Sensibilisierung

Wählen Sie eine ruhige Tageszeit, zu der Sie mindestens eine halbe Stunde lang ungestört sind. Setzen Sie sich bequem einander gegenüber, nicht mehr als einen Meter voneinander entfernt (Ihre Knie können sich ruhig berühren). Atmen Sie gemeinsam drei- oder viermal tief durch, und achten Sie darauf, daß Sie sehr langsam und bewußt ausatmen; versuchen Sie, sich dabei zu entspannen. Sehen Sie sich in die Augen. Wenn Sie beide anfangs kichern oder lachen müssen, akzeptieren Sie es als Ihre Art, mit Nervosität und Anspannung umzugehen, und setzen Sie die Übung fort.

Beide Partner sollten nun die unten aufgeführten unvollständigen Sätze gleichzeitig laut sprechen und individuell vollenden. Sie werden wahrscheinlich jeden Satz unterschiedlich vervollständigen, und das wird Sie zunächst ablenken. Machen Sie trotzdem weiter. Vollenden Sie jeden Satz so oft wie vorgegeben und möglichst spontan. Sehen Sie sich weiter in die Augen, und atmen Sie, wenn möglich, weiter tief durch. Wenn Sie den Faden verlieren, unterbrechen Sie einen Moment lang, und fangen Sie wieder dort an, wo Sie aufgehört haben. Führen Sie die Übung bis zum Ende durch. Ich bin sicher, daß sie Sie fesseln wird.

| | |
|---|---|
| «Im Moment sehe ich gerade...» | 5 × wiederholen |
| «Im Moment höre ich gerade...» | 5 × wiederholen |
| «Im Moment fühle ich gerade...» | 5 × wiederholen |
| «Im Moment sehe ich gerade...» | 4 × |
| «Im Moment höre ich gerade...» | 4 × |
| «Im Moment fühle ich gerade...» | 4 × |
| «Im Moment sehe ich gerade...» | 3 × |
| «Im Moment höre ich gerade...» | 3 × |
| «Im Moment fühle ich gerade...» | 3 × |
| «Im Moment sehe ich gerade...» | 2 × |
| «Im Moment höre ich gerade...» | 2 × |
| «Im Moment fühle ich gerade...» | 2 × |
| «Im Moment sehe ich gerade...» | 1 × |
| «Im Moment höre ich gerade...» | 1 × |
| «Im Moment fühle ich gerade...» | 1 × |

Wenn Sie die gesamte Sequenz durchgegangen sind, bleiben Sie eine Weile ruhig sitzen. Nehmen Sie sich dann einige Minuten Zeit, um Ihre Beobachtungen und Erfahrungen auszutauschen. Achten Sie besonders darauf, wie Sie die Verschmelzung Ihrer Grenzen erlebten oder etwaige Ängste davor.

Nachdem Ed und Marion diese Übung zum erstenmal durchgeführt hatten, erzählte Ed: «Ich kam nicht dahinter, was eigentlich dabei passieren sollte, und nach einer Weile gab ich es auf, darüber nachzugrübeln. Nachdem wir fertig waren, war ich total entspannt und fühlte mich Marion sehr, sehr nah. Tatsächlich habe ich mich ihr noch nie so nah gefühlt.»

Auch Marion war ganz begeistert: «Es war toll! Erst war es ein bißchen komisch, die Sätze zu Ende zu sprechen und gleichzeitig darauf zu hören, was Ed sagte, aber nach einer Weile achtete ich nicht mehr darauf. Bei den ersten Durchläufen machte ich mir ständig Gedanken darüber, ob Ed sich auch wohl fühlte, aber auch das ging vorüber. Die Momente, in denen wir beide genau dasselbe sagten, kamen völlig überraschend. Es war, als wären wir eine geistige Einheit. Nähe? Ja, ich fühle mich ihm ganz sicher näher, aber ich weiß nicht genau, warum.»

## Gefühle offenbaren: Wertschätzung

In Momenten der Nähe sind Sie dem anderen emotional, aber nicht geistig oder körperlich nah. Vielleicht folgt Ihr Körper oder Ihr Geist nach, aber die innigsten Momente erleben Sie, wenn Sie Ihrem Partner Ihr Innerstes offenbaren. Der Weg zu Vertrautheit und Nähe in einer Partnerschaft führt über den offenen Austausch von Gefühlen. Gefühle offenbaren ist nicht dasselbe wie *über* Gefühle reden. Wenn Sie Ihre Gefühle offenbaren, dann drücken Sie aus, was Sie gerade in diesem Moment empfinden. Wenn Sie in einem Gespräch mit Ihrem Partner feststellen, daß Sie eine Welle der Wärme und Zuneigung durchströmt, und Sie dies unmittelbar ausdrücken, dann offenbaren Sie, was Sie gerade empfinden. *Über* Gefühle reden heißt, von Empfindungen zu erzählen, die der Vergangenheit angehören, auch wenn sie erst zehn Minuten zurückliegen. Um Ihre Gefühle offenzulegen, müssen Sie sich auf den anderen einlassen und wahrnehmen, was in Ihrem Innern vor sich geht – mit anderen Worten, Sie müssen sich sehr gut kennen.

Paul berichtet, wie sich die Kommunikation mit seiner Frau Lois veränderte: «Ich begann, mich bei unseren Gesprächen genauer zu beobachten, und stellte fest, daß ich, wenn es um Gefühle ging, immer ins Schwafeln geriet. Gestern abend dann erlebte ich, wie es ist, seine Gefühle wirklich mitzuteilen. Lois hatte schon immer die bewundernswerte Gabe, mir jederzeit sagen zu können, wie sie sich gerade fühlte. Nun, gestern abend also versuchte ich es ein paarmal und stellte fest, daß ich tatsächlich wahrnahm, was gerade in mir vorging, und es Lois auch mitteilen konnte. Ich erzählte ihr, daß es mich verunsicherte, wenn sie sich mir sexuell näherte. Ich war so froh. Es war, als würde ich die Tür zu einer neuen Welt aufstoßen.»

Ich kann Pauls Begeisterung über diese neue Erfahrung gut nachvollziehen. Erst seit ein paar Jahren fällt es mir leichter, bestimmte Gefühle direkt zu äußern, anstatt nur von ihnen zu erzählen. Als Therapeut kannte ich natürlich schon lange die entsprechenden Worte, die richtigen Ausdrücke, aber etwas fehlte: ich selbst. Ich benutzte Worte wie «wütend», «traurig», «froh», «glücklich», aber da ich mich nie wirklich öffnete, klang es so, als würde ich Bericht erstatten und nicht eine unmittelbare Erfahrung mitteilen.

Wie bereits erwähnt, ist das Gefühl gegenseitiger Wertschätzung eine wichtige Voraussetzung, um Nähe zu entwickeln. In der folgenden einfachen Übung können Sie und Ihr Partner nicht nur lernen, Gefühle unmittelbarer zu äußern, sondern Sie können auch die Sensibilität für die liebenswerten Seiten des anderen verbessern. Vielleicht möchten Sie auch einige Übungen aus Kapitel 2 noch einmal mit Ihrem Partner wiederholen.

**Übung:** Wertschätzung ausdrücken

Schreiben Sie auf ein Blatt Papier den Satzanfang «Ich schätze an (Name des Partners)...» Schreiben Sie darunter die Zahlen 1 bis 20. Nehmen Sie sich nun einige Minuten Zeit, und überlegen Sie, was Sie an Ihrem Partner mögen. Seien Sie möglichst konkret. Denken Sie sowohl an Dinge, die Ihr Partner für Sie tut, als auch an Charaktereigenschaften, die Ihnen gefallen. Beenden Sie den Satz so oft wie möglich. Wenn Ihnen mehr als 20 Eigenschaften einfallen, schreiben Sie sie dazu.

Cyndi fielen unter anderem folgende Punkte ein:

Ich schätze an John...

1. seinen Sinn für Humor.
2. daß er mich nicht einengt.
3. daß er Sachen im Haus repariert.
4. seine Stärke.
5. daß er mir morgens Kaffee kocht.
6. daß er das Waschbecken nach dem Rasieren auswischt.
7. daß er seine Sachen nicht herumliegen läßt.
8. daß er so unbeschwert ist.

Nehmen Sie sich in der nächsten Woche die Liste immer wieder vor, um sich die Seiten zu vergegenwärtigen, die Sie an Ihrem Partner schätzen. Jedesmal, wenn Ihnen eine Eigenschaft von Ihrer Liste an Ihrem Partner auffällt, sagen Sie es ihm. Sagen Sie es ohne jeden Sarkasmus – seien Sie aufrichtig. Teilen Sie ihm mindestens dreimal täglich mit, welche Verhaltensweise oder Eigenschaft Sie gerade an ihm oder ihr schätzen. Es ist persönlicher, wenn Sie anstelle von einzelnen Handlungen Wesenszüge Ihres Partners ansprechen, und es wird zudem eine stärkere Wirkung haben.

Cyndi berichtet: «Es war schwieriger, als ich dachte. Entweder zog ich meine Aussage ins Lächerliche, oder ich lobte ihn für etwas und fügte gleich hinzu: ‹... aber du hast die Spülmaschine nicht eingeräumt› oder etwas Ähnliches. Ich finde das eigentlich nicht gut, denn ich habe herausgefunden, daß es eine Menge Dinge gibt, die ich an John mag und schätze, und ich möchte, daß er das weiß.»

Neben der Fähigkeit, die eigenen Gefühle zu artikulieren, ist es ebenso wichtig, genau hinzuhören, das heißt, auf die Gefühle des Partners zu achten, auch wenn sie oder er sie nicht direkt ausdrückt.

## Aktives Zuhören

Die meisten von uns verstehen unter Zuhören, daß man geduldig abwartet, bis der andere zu Ende gesprochen hat, um dann selbst reden zu können. Diese Art des Zuhörens fördert natürlich keine Nähe, sondern führt eher zu Selbstgerechtigkeit, Besserwisserei und Streitlust. Die beiden Gesprächspartner, die sich auf diese Weise «zuhören», führen eigentlich zwei parallel ablaufende Monologe, und es entgeht ihnen dabei, was der andere ihnen mitzuteilen hat.

Aktives Zuhören hingegen fördert eine intensive Kommunikation. Es schafft Vertrauen und verbessert Ihr Einfühlungsvermögen. Mit einiger Übung wird es Ihnen gelingen, die Gefühle Ihres Partners besser wahrzunehmen. Sie werden einen offeneren Dialog führen und die gegenseitige Verbundenheit vertiefen können. Anders als beim offenen Gefühlsaustausch nehmen Sie jetzt eine aufmerksame, reagierende Position ein und konzentrieren sich ganz auf das, was Ihr Partner Ihnen auf der Gefühlsebene vermittelt. Aktives Zuhören verlangt, daß Sie vorübergehend die eigenen Belange zurückstellen und genau auf das achten, was Ihr Partner sagt.

Vermeiden Sie es, Ratschläge zu erteilen, sich zu verteidigen, etwas zu berichtigen oder zu kritisieren, öffnen Sie statt dessen Augen und

Ohren für Ihren Partner. Man hat aktives Zuhören auch als «mit dem dritten Ohr hören» bezeichnet, da man dabei eben weniger auf den Inhalt des Gesagten achten soll als auf nonverbale Signale wie Mimik, Gestik und Tonfall des Partners. Ihr Partner wird seine Gefühle möglicherweise nicht klar artikulieren können, deshalb sind Sie gefordert, diese zu erkennen, zu erspüren, herauszuhören. Das Ziel des aktiven Zuhörens besteht darin, diese unartikulierten Gefühle für Sie beide zu verbalisieren.

Aktives Zuhören vollzieht sich in drei wesentlichen Schritten:

1. *Beobachten.* Wenn beispielsweise Ihre Partnerin den Eindruck erweckt, als ginge etwas Wichtiges in ihr vor oder als sei sie aufgewühlt, dann achten Sie auf ihre Körpersprache und ihren Tonfall und weniger auf den Inhalt des Gesagten. Wenn sie beispielsweise die Stirn runzelt, die Schultern hochzieht, die Zähne zusammenbeißt und mit scharfer oder stockender Stimme sagt: «Ich halte diese Arbeit nicht mehr aus!«, dann drückt sie ganz offensichtlich große Frustration aus. Greifen Sie nicht ein, indem Sie Ratschläge erteilen oder Kritik üben, sondern versuchen Sie, sich in sie einzufühlen.

2. *Paraphrasieren.* Als nächstes konzentrieren Sie sich auf Ihre Partnerin und schauen ihr fest in die Augen. Fassen Sie ihre Gefühle nach folgendem Muster in Worte: «Du bist traurig/ enttäuscht/ ängstlich/ mutlos...» Im obigen Fall würden Sie sagen: «Du bist wütend» oder «Du bist frustriert» (weitere beschreibende Adjektive finden Sie in Kapitel 2 über Gefühle).

3. *Zuhören.* Achten Sie nun auf die Reaktion Ihrer Partnerin. Wenn Sie mit Ihrer Einschätzung richtig oder beinahe richtig liegen, dann wird Ihre Partnerin Ihnen zustimmen und möglicherweise die Situation kurz erläutern: «Ja, ich bin frustriert! Ich komme mit meinem Chef einfach nicht klar. Er ist ein solcher Idiot!» Das Wunderbare am aktiven Zuhören ist, daß Sie mit Ihrer Einschätzung nicht unbedingt ins Schwarze treffen müssen, um Ihrem Gegenüber zu helfen; wenn Sie die Gefühle des anderen nicht richtig wiedergegeben haben, dann werden Sie wahrscheinlich korrigiert. Wenn Sie beispielsweise sagten:

«Du bist traurig wegen deinem Job», dann wird Ihre Partnerin vielleicht erwidern: «Nein, nicht traurig. Ich bin wütend.» Ob Sie richtig oder falsch liegen, in jedem Fall werden Sie Ihrem Partner helfen, Gefühle zu erkennen und ihnen auf den Grund zu gehen, und Sie werden sich einander näher fühlen.

Ein Freund von mir bestätigte kürzlich, wie wertvoll aktives Zuhören sein kann: «Neulich hatten Nora und ich eine Auseinandersetzung. Ich hörte irgendwann auf zu argumentieren und begann aktiv zuzuhören. Der Charakter unseres Gesprächs änderte sich schlagartig, und nach einer Weile begann sie, auf *meine* Gefühle zu achten. Schließlich erreichten wir es, daß wir beide die Gefühle des anderen verstanden und respektierten. Es ist im Grunde so einfach, aber man vergißt es so leicht.»

Diese Technik schafft Nähe in Ihrer Beziehung, da Sie zu Ihren eigenen Gefühlen und besonders denen Ihres Partners Zugang finden können. Wie die Erfahrung meines Freundes zeigt, kann sie sogar den Charakter eines Streitgesprächs verändern. Als Grundvoraussetzung sollten Sie offen für das sein, was Ihr Partner zu sagen hat, ohne es zu bewerten oder sich zu verteidigen, und Ihre eigenen Belange eine Zeitlang zurückstellen. Das heißt nicht, daß Sie Ihre eigenen Gefühle unterdrücken oder Ihre Bedürfnisse negieren sollen, aber Sie sollten sie nicht sofort ansprechen und zunächst nur für den Partner dasein.

Mit der folgenden Übung können Sie aktives Zuhören trainieren:

### **Übung:** Gefühle erkennen

Verständigen Sie sich mit Ihrem Partner darüber, daß Sie sich je zehn Minuten Zeit für die Übung nehmen und sich an den oben beschriebenen drei Schritten orientieren werden. Einigen Sie sich, wer die Rolle des Sprechers und wer die des Zuhörers einnimmt. Setzen Sie sich einander gegenüber. Der Sprecher erzählt nun von einem Erlebnis des vergangenen Tages, eine Episode der letzten Woche oder etwas, was mit der Beziehung in Zusammenhang steht. Der Zuhörer hat die Aufgabe, die Gefühle des Sprechers zusammenzufassen. Vermeiden Sie jede Wertung, Kritik, jeden Vorwurf oder Sarkasmus. Achten Sie besonders darauf, daß diese sich nicht in Ihren Tonfall einschleichen.

Tauschen Sie nach zehn Minuten die Rollen. Wiederholen Sie diese Übung drei Wochen lang täglich, und sie wird Ihnen bestimmt zu einer liebgewonnenen Gewohnheit werden.

Craig und Allison empfanden die Übung als hilfreich. Beiden gefiel die Idee, sich für eine gewisse Zeit am Tag voll aufeinander einzustellen, nicht nur um die Ereignisse des Tages auszutauschen, sondern um sich in einer Atmosphäre gegenseitiger Wertschätzung und Aufmerksamkeit einander mitzuteilen. Craig empfand die Übung als entspannend, während Allison sich durch sie mit Craig verbundener fühlte.

Nun werden wir von der Seele zum Körper übergehen und uns zwei Bereichen zuwenden, die beim Thema Nähe nicht fehlen dürfen und die sich überschneiden: körperliche Zuwendung und Sexualität.

## Zuneigung körperlich ausdrücken

Als Erwachsenes Kind haben Sie vermutlich unklare und ambivalente Gefühle, was körperliche Zuwendung angeht. Wenn Sie sexuell mißbraucht wurden, dann setzen Sie vermutlich körperliche Berührung mit Verrat und Verletzung von Grenzen gleich. Körperliche Zuwendung ist für Sie möglicherweise sexuell besetzt. Da Sie von einem Erwachsenen mißbraucht wurden, als Sie erwachsene Sexualität noch nicht begreifen konnten, vermischte sich für Sie Körperkontakt mit sexuellem Kontakt. Diese Grenzen sind für Sie vielleicht fließend oder gar nicht mehr vorhanden.

Wenn Sie körperlich mißhandelt wurden, dann sind körperliche Berührungen für Sie mit physischem und seelischem Schmerz verknüpft. Vielleicht lehnen Sie heute jeglichen Körperkontakt ab, oder Sie erleben ihn erneut als schmerzhafte Erfahrung – vielleicht werden Sie in Ihrer Beziehung ebenfalls mißhandelt. Kathy, die jahrelang von ihrem Mann geschlagen wurde, erkannte schließlich, daß die Bereitwilligkeit, mit der sie die Mißhandlung hinnahm, auf die Prügel und die seelische Mißhandlung durch ihren Vater zurückzuführen war. Einfach ausgedrückt, sie war nichts anderes gewöhnt. «Ich habe mir eigentlich nie besonders Gedanken darüber gemacht», erzählt sie. «Ich glaube, Ken ähnelte sehr meinem Vater – sie konnten beide ziemlich gemein sein.

Ken sprach manchmal lange Zeit kein Wort mit mir. Dann fragte ich mich beunruhigt, ob ich ihm überhaupt etwas bedeutete. Meistens gab es nach solchen Phasen des Schweigens einen Riesenkrach, und er schlug mich. Wenn ich dann drohte, ihn zu verlassen, gab er sich alle Mühe, um sein Verhalten wiedergutzumachen.» Ob Sie sich in einer ähnlichen Situation befinden oder nicht, in jedem Fall hat der Mißbrauch nachhaltige Auswirkungen auf die Art und Weise, wie Sie heute mit körperlicher Zuwendung umgehen.

Möglicherweise haben Sie in Ihrer Kindheit wenig oder gar keine körperliche Zuwendung erlebt und verfügen deshalb über keinerlei Erfahrungswerte, die Ihnen den Umgang mit Körperkontakten erleichtern könnten. Vielleicht gehören Sie zu den Erwachsenen, die körperlicher Zuwendung oder Nähe aus dem Wege gehen, einfach weil Sie auf keinerlei Erfahrungen zurückgreifen können. Vielleicht vermeiden Sie jede Art von Körperkontakt, oder Sie befriedigen dieses menschliche Grundbedürfnis durch Sex, dem jede emotionale oder geistige Basis fehlt.

Bis vor einigen Jahren war mir Körperkontakt immer unangenehm gewesen. In meiner Familie hatte ich nicht viel körperliche Zuwendung erlebt. Ich war in echter männlicher Tradition erzogen worden, wonach ein richtiger Mann seine Zuneigung Frauen gegenüber nur im Bett zum Ausdruck bringt und Berührungen und Umarmungen unter Männern tabu sind. Diese Verhaltensmaßregeln machten es schwer, irgendwelche Berührungen oder Umarmungen entspannt zu erleben, es sei denn, sie waren sexueller Natur. Unnötig zu erwähnen, daß meine Art, mit körperlicher Nähe umzugehen, sehr einseitig und unbefriedigend war. Ich hungerte weiter nach sexuellen Kontakten, um dieses Defizit auszugleichen.

Die Grenzen zwischen körperlicher Zuwendung und Sex können auf vielfältige Weise verschwimmen. Das Schwierige ist, zwischen liebevoller, schmerzhafter und sexueller Berührung unterscheiden zu lernen. Während sexuelle Berührungen selbstverständlich körperlichen Kontakt und manchmal auch Liebe und Zärtlichkeit einschließen, können körperliche Berührungen durchaus nichtsexueller Natur sein. Nichtsexuelle Berührungen sind körperliche Berührungen, die nicht auf sexuelle Stimulierung abzielen. Wenn diese Grenzen für Sie fließend sind, dann wird es einige Zeit und Energie erfordern, bis Sie klarer zwischen den verschiedenen Möglichkeiten unterscheiden können, mit denen zwei Liebende ihre Zuneigung ausdrücken.

Mit Hilfe der folgenden Übung können Sie lernen, körperliche Zuwendung zu geben und zu empfangen. Sie bietet beiden Partnern die Möglichkeit, ihr Vertrauen ineinander zu vertiefen und ihre Bereitschaft zu erkunden, sich verletzbar zu machen. Verständigen Sie sich vorher darüber, daß Sie sich abwechseln wollen und nach der Übung Ihre Erfahrungen austauschen werden.

**Übung:** Sinnliche Fußmassage

Bestimmen Sie, wer der Gebende und wer der Empfangende ist. Am besten wechseln Sie sich abendweise ab; am ersten Abend massiert der eine, am nächsten die andere. Auf diese Weise können Sie sich voll auf Ihre jeweilige Rolle konzentrieren, ohne sich von dem Gedanken ablenken zu lassen, daß Sie unmittelbar nach der Übung den Gegenpart übernehmen müssen. Für den Gebenden ist es am besten, wenn er sich voll und ganz auf seinen Partner einstellt, ohne eine Gegenleistung zu erwarten. Der Empfangende sollte ganz aufnahmebereit sein für das, was der Partner ihm gibt, und ein Feedback über angenehme und unangenehme Berührungen geben. Achten Sie beide genau darauf, wie Sie Ihre jeweilige Rolle erleben.
Stellen Sie eine kleine Schüssel mit warmem Wasser, einen Waschlappen, ein normales Handtuch, ein großes, weiches Badetuch und Massageöl bereit.

Ich empfehle Safloröl, Moschus- oder Mandelöl, weil es leicht von der Haut aufgenommen wird. Sie können aber auch Kokosnußöl, das allerdings nicht so schnell einzieht, verwenden. Sie können das Massageöl warm halten, indem Sie die Flasche in eine Schüssel mit warmem Wasser stellen.
Der Gebende sollte für eine möglichst angenehme Umgebung sorgen. Obwohl nicht unbedingt notwendig, können Hintergrundmusik und gedämpftes Licht zu einer entspannten Atmosphäre beitragen. Der Raum sollte angenehm warm sein. Ihr Partner setzt sich

Ihnen gegenüber und legt einen Fuß auf Ihren Schoß. Sie sollten etwas tiefer als er oder sie sitzen, damit sich die Beine in einer bequemen und entspannten Lage befinden.

Zunächst waschen Sie behutsam die Füße Ihres Partners – erst den einen, dann den anderen. Reiben Sie sie anschließend mit dem kleineren Handtuch mit sanften, aber schnellen Bewegungen trocken. Nehmen Sie dann einen Fuß und massieren ihn mit Ihren trockenen Händen. Achten Sie darauf, daß Sie ihn nicht kitzeln. Gehen Sie auf jeden Fingerzeig Ihres Partners ein, falls Ihre Berührungen zu leicht oder zu fest sind. An zufriedenen, genußvollen Lauten erkennen Sie, daß Ihr Partner eine bestimmte Berührung besonders genießt.

Nehmen Sie etwas von dem angewärmten Massageöl in die Hände und massieren Sie es rundherum in den Fuß ein. Achten Sie wieder darauf, wie Ihr Partner auf Ihre Berührungen reagiert. Sie können jederzeit nachfragen, wie es ihm gefällt, und für Ihren Partner ist es hilfreich, Ihnen zu sagen, was er besonders genießt. Beginnen Sie, indem Sie den ganzen Fuß mit beiden Händen mit großen, streichenden Bewegungen massieren. Massieren Sie dann sanft mit den Fingern jeden einzelnen Zeh, einen nach dem anderen, und vergessen Sie nicht die Zwischenräume.

Wenn es Ihrem Partner gefällt, dann massieren Sie auch eine Weile die Fußsohle. Dieser Bereich wird gewöhnlich vernachlässigt. Fahren Sie mit Daumen und Fingern die Konturen der Sohle nach, und streichen Sie mehrmals langsam über jede Wölbung. Wichtiger als eine spezielle Technik sind für Sie jedoch die Erfahrungen, die Sie beim Massieren selbst machen. Achten Sie auf die Empfindung in Ihren Fingern und Händen, während Sie massieren, und genießen Sie es. Lauschen Sie mit Ihren Händen und Ihrem Herzen, und probieren Sie ruhig verschiedene Massagetechniken aus.

Verfahren Sie mit dem anderen Fuß genauso. Widmen Sie sich jedem Fuß etwa 10–15 Minuten, oder was immer Ihnen oder Ihrem Partner angemessen erscheint. Nachdem Sie beide Füße massiert haben, nehmen Sie das große Badetuch, und reiben Sie die Füße sanft, aber fest ab. Geben Sie Ihrem Partner einige Minuten Zeit, um sich nach der Massage in Ruhe zu entspannen. Tauschen Sie dann Ihre Erfahrungen kurz aus. Wiederholen Sie den Vorgang am nächsten

Abend mit vertauschten Rollen. Nehmen Sie sich vor, diese Übung alle vier bis sechs Wochen zu wiederholen.

Joanna und Steve haben diese Übung mehrmals durchgeführt. «Wir warfen eine Münze», erzählt Joanna. «Ich gewann und entschied, daß ich Steve zuerst die Füße massieren würde. Er hatte natürlich nichts dagegen einzuwenden.»

«Es war toll!» wirft Steve ein.

«Ja, für mich auch», fährt Joanna fort. «Es war etwas ganz Besonderes für mich, Steve auf diese Weise zu verwöhnen. Manchmal schwiegen wir, manchmal kicherten und lachten wir, und ich entdeckte, daß Steve kitzlig ist.»

«Jetzt kennst du noch ein paar Geheimnisse mehr von mir», sagt Steve.

«Ich hoffe, ich lerne in diesem Leben noch viel mehr über dich», antwortet sie. «Am darauffolgenden Abend war ich an der Reihe. Ich war überrascht, wie nervös ich war. Mein ganzes co-abhängiges Verhalten kam wieder zum Vorschein. Ich sagte dauernd, daß es mir nichts ausmachen würde, wenn er keine Lust hätte. Aber er blieb dabei, und es dauerte eine Weile, bis ich mich richtig entspannen konnte. Ich machte mir Gedanken darüber, ob es ihm auch Spaß machte. Doch die ganze Zeit über fühlte ich mich von Steve sehr geliebt und angenommen.»

«Ich hab ihr gerne die Füße massiert», erzählt Steve. «Ich mußte ihr immer wieder versichern, daß es mir Spaß machte. Es war eine sehr sinnliche Erfahrung, manchmal nahe am Erotischen, aber nie wirklich sexuell. Es war für mich reines Geben und reines Vergnügen. Ich fände es schön, wenn wir die Massageübung regelmäßig machen würden.»

Wenn Sie mit Hilfe dieser Übung und anderer Erfahrungen Ihr Verhältnis zu körperlicher Zuwendung erforschen, ist es nur selbstverständlich, daß Sie auch die sexuellen Dimensionen der körperlichen Begegnung ergründen wollen. Im nächsten Abschnitt werden wir den Bereich der sexuellen Nähe erkunden und möglicherweise eine neue Einstellung zu unserer Sexualität finden.

## Sexuelles Zusammensein

Die vielleicht intensivste Begegnung, die wir mit einem Partner erleben können und bei der wir auch am verletzbarsten sind, ist die sexuelle Begegnung – nicht nur, wenn wir miteinander schlafen, sondern wenn wir uns mit unserer ganzen Sexualität einander öffnen. Es gibt eine Reihe von phantasievollen Möglichkeiten, mit Ihrem Partner sexuelle Erfahrungen zu machen, wobei der Geschlechtsverkehr nur eine Variante darstellt. Es ist eine bedauernswerte Tatsache, daß viele Paare sich auf den Geschlechtsverkehr als einzige sexuelle Ausdrucksform beschränken. Auch wenn Geschlechtsverkehr natürlich eine lustvolle Erfahrung sein kann, so bringt man sich mit der ausschließlichen Fixierung darauf um eine Menge anderer sexueller Erfahrungen.

Überlegen Sie einmal: Ihr ganzer Körper ist von einem Organ bedeckt, das für eine Vielzahl von Empfindungen ungeheuer empfänglich ist: die Haut. Jeder Mensch verfügt über eine natürliche Sinnlichkeit, die in Ihrem Fall jedoch aufgrund des Mißbrauchs durch Scham und Schuldgefühle verstümmelt ist. Der sexuelle Bereich ist der Bereich, in dem wir am phantasievollsten mit Nähe experimentieren können. Wenn Sie sich auf sexuellem Gebiet einander offenbaren, sind Sie am verwundbarsten.

Sich körperlich lieben heißt nicht, sich aufzuopfern, sich gegenseitig zu manipulieren, zu kontrollieren, zu benutzen oder zu Objekten zu degradieren. Es heißt nicht, zu fordern und zu nehmen, sondern in einem ausgewogenen Verhältnis zu geben und zu empfangen. Es heißt, sich auf geistiger und emotionaler Ebene zu achten und im anderen nicht nur einen Körper zu sehen, an dem man sich reiben kann.

Als guten Rat für jede sexuelle Beziehung schlage ich vor, mindestens eine halbe Stunde lang, angezogen oder nackt, miteinander zu reden und sich aufeinander einzustimmen, bevor Sie zum Sex übergehen. In einer innigen, reifen Beziehung können Sie Sexualität nicht vom Rest der Beziehung trennen. Wenn Sie es tun, dann machen Sie sich selbst und den anderen zum Objekt.

Wenn Sie als Frau mit Ihrem Partner schlafen, nur um ihm einen Gefallen zu tun, um ihn zu besänftigen oder um ihn loszuwerden, dann betrügen Sie sich selbst und laufen Gefahr, sich wieder in Ihre vertraute

Opferrolle zu begeben. Wenn Sie als Mann auf Sex drängen, obwohl Ihre Partnerin dazu keine Lust hat, dann benutzen Sie nicht nur Ihre Partnerin, sondern reduzieren sich selbst auf Ihren Penis und trennen sich von Ihren Gefühlen ab. In beiden Fällen verleugnen die Partner ihr wahres Ich. Wenn Sie Ihr eigentliches Ich negieren, wird es Ihnen nicht gelingen, echte Nähe und Intimität zu erleben.

Wenn Sie als Kind mißbraucht wurden, ist der gesamte Bereich Sexualität für Sie negativ besetzt. Entweder wurde Ihr Körper zur sexuellen Befriedigung eines Erwachsenen mißbraucht, oder Sie wurden auf andere Weise sexuell erniedrigt. In jedem Fall haben Sie große Angst davor, sich auf sexuellem Gebiet verwundbar zu machen. Darüber hinaus müssen Sie vielleicht erst einmal lernen, Ihren eigenen Körper zu lieben und wichtig zu nehmen. Wenn diese Übungen zu bedrohlich für Sie sind, lassen Sie sich von einem Therapeuten dabei helfen, Ihr sexuelles Ich wiederherzustellen.

Nach diesen grundlegenden Vorbemerkungen möchte ich Ihnen Gelegenheit geben, mit Hilfe der folgenden beiden Übungen Ihre sexuelle Beziehung zu Ihrem Partner zu bereichern. Falls Sie anfangs nervös, angespannt oder verlegen sind, lassen Sie sich dadurch nicht entmutigen.

Sollten die Übungen starke Gefühle in Ihnen hervorrufen, empfehle ich Ihnen, Sie mit Ihrem Partner, einem guten Freund, Ihrem Therapeuten oder einer anderen Person Ihres Vertrauens zu besprechen. Wenn Sie die Übungen hilfreich finden, wiederholen Sie sie in mehrwöchigen Abständen. Und vergessen Sie nicht, daß Sie dabei eine Menge über sich, Ihren Partner und über Nähe und Intimität lernen können.

### **Übung:** Über Sex reden

Diese Übung soll es Ihnen erleichtern, unverkrampft über Sex zu sprechen. Ein wichtiger Bestandteil sexueller Nähe ist die Fähigkeit, Ihre Gedanken, Gefühle, Vorlieben und Bedürfnisse Ihrem Partner mitzuteilen.

Zunächst einige Empfehlungen für die Übung:

– Setzen Sie sich bequem einander gegenüber.
– Vervollständigen Sie abwechselnd jeden Satz möglichst ehrlich.
– Wenn Ihr Partner spricht, hören Sie nur zu. Das gleiche gilt im umgekehrten Fall. Nachdem Sie die Übung beendet haben, können Sie Ihre Erfahrungen und Beobachtungen austauschen.
– Es steht Ihnen beiden frei, einen Satz nicht zu vollenden.
– Es steht Ihnen beiden frei, die Übung jederzeit zu beenden.

1. Mein Körper ist...
2. Der Körperteil, der mir am besten an mir gefällt, ist...
3. Die Einstellung meiner Mutter gegenüber Sex war...
4. Ich finde, Masturbation ist...
5. Wenn ich über Sex rede, dann...
6. Der Körperteil, den ich gerne verändern würde, ist...
7. Ich nenne meine Genitalien...
8. Die Einstellung meines Vaters zu Sex war...
9. Im Moment nehme ich an meinem Körper wahr...
10. Die erotischste Stelle meines Körpers ist...
11. Ich mag es, wenn du mich an... berührst.
12. Wenn wir miteinander schlafen, gefällt es mir am besten, wenn...
13. Wenn ich nicht zum Orgasmus komme, dann fühle ich mich...
14. Wenn du keinen Orgasmus bekommst, dann fühle ich mich...
15. Als ich das erste Mal mit jemandem schlief, fühlte ich mich...
16. Wenn wir miteinander geschlafen haben, dann habe ich es am liebsten, wenn...
17. Ich berühre dich am liebsten...
18. Etwas, was wir im Bett noch nie gemacht haben und was ich gerne ausprobieren würde, ist...
19. Ich werde verkrampft, wenn...
20. Ich finde es sehr erregend, wenn du...
21. Ich mag es nicht, wenn du...
22. Ich fühle mich dir am nächsten, wenn...
23. Ich fühle mich am meisten begehrt, wenn...
24. Ich habe am meisten Lust auf dich, wenn...
25. Was mir beim Sex wirklich Spaß macht, ist...
26. Ich fühle mich beim Sex am verwundbarsten, wenn...

27. Mir würde Sex mit dir noch mehr Spaß machen, wenn...
28. Meine liebste sexuelle Phantasie ist...
29. Worum ich dich noch nie gebeten habe, ist...
30. Im Moment empfinde ich dir gegenüber...

Nachdem Sie nun beide das Risiko eingegangen sind, sich einander vollkommen zu öffnen, nehmen Sie sich einige Minuten Zeit, um Ihre Erfahrungen auszutauschen. Es können sich bei jedem Durchgang neue Überraschungen ergeben, denn die Antworten können sich von Mal zu Mal verändern.

Bob und Vicki versuchten es mit dieser Übung. Vicki erzählt: «Es war beängstigend und spannend zugleich. Ich habe eine Menge Vorstellungen im Kopf, wie zum Beispiel, daß Sex etwas Schmutziges ist und daß man nicht darüber spricht. Ich habe sehr lange meine Geschlechtsteile mit ‹da unten› bezeichnet. Jedenfalls gingen Bob und ich ungefähr die Hälfte der Sätze durch und waren plötzlich in ein sehr offenes Gespräch über unser Sexualleben vertieft. Es scheint, daß vieles Routine geworden ist, und so regte uns die Übung dazu an, etwas zu verändern.»

«Es war mir irgendwie peinlich», gesteht Bob. «Ich habe mich nicht sonderlich wohl gefühlt, aber es kam viel Positives dabei heraus. Ich entdeckte, wie verklemmt ich eigentlich bin, obwohl ich mich in Sachen Sex immer für recht locker gehalten habe. Ich erfuhr auch eine Menge darüber, was Vicki gefällt. Am Abend nach unserem Gespräch haben wir uns im Bett nur im Arm gehalten und noch ein bißchen unterhalten. Es scheint wirklich, als wollte sie etwas Neues ausprobieren. An diesem Abend fühlte ich mich ihr sehr nahe. Es war toll.»

Als nächstes machen wir eine Übung, die zwar ein noch größeres Wagnis darstellt, die aber äußerst aufschlußreich und sogar genußvoll für Sie sein kann: Sensibilitätstraining.

**Übung:** Sensibilisierung der Sinne

Die Übung verfolgt zwei Ziele. Zum einen können Sie lernen, sich auf nicht fordernde Weise gegenseitig sinnlichen Genuß zu bereiten und sich von einem sexuellen Leistungszwang zu lösen. Dabei kommt es darauf an, sich auf den Prozeß selbst und nicht auf ein bestimmtes Ziel zu konzentrieren. Mit anderen Worten, Orgasmus ist tabu. Zum zweiten erhalten Sie beide Gelegenheit, Hemmungen aufzuspüren und vielleicht abzubauen, wenn es darum geht, sinnliches Vergnügen zu bereiten und zu genießen.

Sie müssen beide darin übereinstimmen, daß Sie auf Geschlechtsverkehr verzichten. Das ist enorm wichtig, da eine solche Übereinkunft eine entspannte und vertrauensvolle Atmosphäre zwischen Ihnen schafft. In den ersten Durchgängen klammern Sie bei Ihren Berührungen die Genitalien aus. Auf diese Weise können Sie sicherstellen, daß die Übung mit keinerlei Erwartungsdruck verbunden ist. Später können Sie Ihre Geschlechtsteile mit einschließen, wenn Sie es beide wünschen, aber halten Sie sich an Ihre Abmachung, auf Geschlechtsverkehr zu verzichten. Während der Übung werden bei Ihnen beiden Gedanken und Gefühle an die Oberfläche kommen. Achten Sie auf diese Reaktionen, und sprechen Sie anschließend darüber. Falls Sie die Übung als zu beängstigend empfinden, ziehen Sie einen Therapeuten zu Rate.

Bereiten Sie sich beide zum Schlafengehen vor. Ziehen Sie sich aus, duschen Sie, wenn Sie wollen, und entspannen Sie sich. Zuerst legen Sie sich als Frau auf den Bauch. Ihr Partner setzt oder kniet sich bequem neben Sie und streichelt sanft und langsam Ihren Rücken, wobei er aufmerksam Ihre Reaktionen verfolgen sollte. Streicheln Sie als Mann mit sehr langsamen Bewegungen ihren Nacken, ihre Ohren, Schulterbereich, Rücken, Lendenbereich, und bewegen Sie sich langsam auf den Po, die Beine und Füße zu. Konzentrieren Sie sich auf Ihre Empfindungen, während Sie ihren Körper, ihre Haut berühren, und machen Sie sich keine Gedanken darüber, wie sie Ihre Berührungen empfindet. Benutzen Sie Hände und/oder Lippen.

Als Frau sollten Sie sich ganz auf Ihre Empfindungen konzentrieren, wenn er Sie streichelt. Achten Sie auf etwaige Gefühle, die in Ihnen aufsteigen, aber richten Sie Ihre Aufmerksamkeit weiterhin auf Ihre sinnlichen Eindrücke. Versuchen Sie, sich nur darauf zu konzentrieren und nicht abzuschweifen. Machen Sie sich keine Gedanken darüber, ob Ihrem Partner die Übung Spaß macht, ob er müde wird oder sich langweilt. Bleiben Sie ganz bei Ihren Empfindungen, Ihrer Erfahrung. Versuchen Sie, soviel zu spüren wie möglich. Sagen Sie ihm, was sich gut anfühlt – er kann es nicht wissen, solange Sie es ihm nicht sagen. Sagen Sie ihm, wo und wie Sie berührt werden möchten und welche seiner Berührungen Sie besonders genießen. Machen Sie ihn darauf aufmerksam, wenn seine Berührungen zu leicht oder zu fest sind oder wenn er seine Hände zu schnell bewegt. Wenn Ihnen irgend etwas unangenehm ist, nehmen Sie es nicht einfach in Kauf – reden Sie darüber. Achten Sie darauf, welche Körperpartien besonders sensibel und empfänglich sind.

Nach einigen Minuten, oder wann immer Sie beide genug haben, drehen Sie sich auf den Rücken. Nun kann Ihr Partner Ihre Vorderseite streicheln. Lassen Sie als Mann die ersten Male die Sexualorgane – Brustwarzen, Klitoris, Vagina – aus. Beginnen Sie, indem Sie ihr Gesicht sanft und langsam streicheln, dann den Hals, und gehen Sie immer weiter nach unten, bis zu den Zehen. Die Empfangende konzentriert sich darauf, wie es sich anfühlt, gestreichelt zu werden. Der Gebende konzentriert sich darauf, wie es sich anfühlt, zu streicheln. Beenden Sie die Übung, bevor einer von Ihnen ermüdet oder die Übung anstrengend wird.

Nach einer kurzen Pause übernimmt der Mann die Rolle des Empfangenden, und die Frau ist die Gebende. Befolgen Sie wieder die Anweisungen. Wenn Sie beide Teile der Übung beendet haben, können Sie sich noch über Ihre Erfahrungen austauschen. Wiederholen Sie die Übung alle drei bis vier Wochen.

Da dies wahrscheinlich für Sie eine ganz neue Erfahrung mit sexueller Nähe ist, sollten Sie Geduld mit sich haben. Die Paare, die ich betreute, haben sehr unterschiedlich auf diese Übung reagiert. Viele haben es letztlich als sehr entspannend empfunden, sich körperlich nah zu sein und Zärtlichkeiten auszutauschen, ohne unter sexuellem Leistungsdruck zu stehen.

George und Sally nahmen sich nach einer Therapiesitzung vor, die Übung auszuprobieren. In den darauffolgenden beiden Sitzungen hatten sie jedesmal Ausreden parat, weshalb sie die Übung noch nicht in Angriff genommen hatten. Im Laufe des Gesprächs stellte sich dann heraus, daß beide Angst davor hatten. George befürchtete, daß er eine Erektion bekommen könnte und dann mit Sally würde schlafen wollen. Sally wiederum konnte sich schwer vorstellen, daß sie die Rolle der Empfangenden genießen könnte, da es ihr generell schwerfiel, etwas anzunehmen. Als sie die Übung schließlich doch durchführten, berichtete George später erleichtert, daß er zwar ein paarmal eine Erektion bekommen hatte, daß er sich jedoch immer wieder auf die Übung konzentrieren konnte und daß ihm sowohl Geben als auch Empfangen Spaß gemacht hatte. Sally genoß die gebende Rolle, hatte aber einige Probleme mit der empfangenden. «Ich war die meiste Zeit über angespannt. Ich dachte an tausend Dinge, die ich im Haushalt zu erledigen hatte, was natürlich nur meine innere Abwehr war. Irgendwann spürte ich, wie George' Penis meinen Fuß streifte, als er die Seite wechselte. Von da an war ich total verkrampft. Mir kamen wieder die Erinnerungen daran hoch, wie ausgeliefert ich mich gefühlt hatte, als ich mißbraucht wurde. Den Rest der Übung war ich dem Weinen nahe. Ich war traurig darüber, daß ich so verkrampft war, und gleichzeitig froh, daß überhaupt etwas in Bewegung kam.»

Erschrecken Sie nicht, wenn Sie ähnliche Reaktionen erleben. Sie sind ein Zeichen dafür, daß etwas in Bewegung gerät, daß sich bestimmte Gefühle in Ihnen regen. Und vergessen Sie nicht, Spaß dabei zu haben!

Nachdem Sie sich nun mit dem Thema Nähe befaßt haben, haben Sie sicher auch erkannt, daß eine Partnerschaft nicht immer aus Nähe und Harmonie besteht. Möglicherweise haben sogar einige der Übungen zu Unstimmigkeiten und Differenzen geführt. Als Erwachsenes Kind haben Sie weder gelernt, Nähe herzustellen, noch mit Konflikten konstruktiv umzugehen. Daher wenden wir uns nun dem Problembereich Konflikte zu.

# 6 Konflikte

Pat war hochrot im Gesicht, als sie auf Sean zukam. «Setz dich, Sean», forderte sie ihn auf. Er setzte sich hin. «Du wirst es sowieso erfahren, also sage ich es dir besser gleich. Ich gehe wieder zur Schule.»

«Was machst du?!»

«Ich gehe wieder zur Schule», wiederholte Pat. «Erinnerst du dich, ich habe so oft davon erzählt, daß ich gerne als Familientherapeutin arbeiten und anderen Menschen helfen würde. Nun, jetzt mache ich es einfach.»

«Na prima!» stöhnte Sean. «Ich nehme an, das bedeutet, daß du jeden Abend weg bist und mich alleine läßt. Und was ist mit deinem Job? Du kannst doch nicht einfach kündigen. Wir brauchen das Geld. Das hört sich nach einer deiner verrückten Ideen an.»

«Du bist ungerecht, Sean.» Pat erhob ihre Stimme. «Es ist mir wirklich wichtig. Du setzt mich immer gleich ins Unrecht. Du denkst immer nur an dich und unterstützt nie das, was ich gern tun würde.»

«Das würde ich, wenn es nicht immer so unausgegoren wäre», erwiderte Sean. «Wie ich dich kenne, gehst du ein Jahr lang in deinen Kurs und schmeißt dann alles hin. Du führst nie zu Ende, was du anfängst. Erst hast du das viele Geld in die Fotografiererei gesteckt, und jetzt steht das Zeug in der Ecke. Du hast dich im Fitneßcenter angemeldet und gehst nie hin. Und jetzt ist es wieder das gleiche. Ich habe das Gefühl...»

«Ich benutze die Kamera, und ich geh auch manchmal in meinen Kurs.» Pats Stimme zitterte. «Und drohe mir nicht! Zumindest sitze ich nicht jeden Abend stundenlang vorm Fernseher!»

«Verdammt noch mal! Wie redest du mit mir?» Sean stand auf und fuchtelte ihr mit dem Zeigefinger vor dem Gesicht herum. «Ich habe die Nase voll von deinem ewigen Gejammer und Genörgel. Wie willst du anderen Leuten Ratschläge geben, wenn noch nicht mal deine eigene Ehe funktioniert?»

«Da gehören zwei dazu, mein Lieber», schrie Pat, und die Tränen stiegen ihr in die Augen. «Vielleicht würde meine Ehe ja funktionieren, wenn ich mit dem richtigen Mann verheiratet wäre. Jemand, der etwas für mich empfindet und mich nicht die ganze Zeit niedermacht.»

«Na los, dann geh doch und such dir deinen Märchenprinzen! Worauf wartest du noch?» erwiderte Sean sarkastisch.

«Ich könnte es besser haben», sagte sie. «Jetzt bin ich mit Mr. Grobian, Mr. Faulpelz und Mr. Stubenhocker verheiratet.»

«Du kannst jederzeit gehen. Aber wenn du gehst, dann komm ja nicht wieder zurück. Ich komme sehr gut ohne dich zurecht.»

«Okay, wie du willst!» Pat stürmte aus dem Schlafzimmer, packte ihre Handtasche und die Schlüssel, knallte die Haustür hinter sich zu, während sich Sean wieder hinsetzte und ärgerlich eine Zeitschrift durchblätterte.

Und so endet die x-te Wiederholung ein und desselben Ehedramas; sowohl Pat als auch Sean sind wütend und verletzt und wissen nicht, was sie mit ihren Gefühlen anfangen sollen oder wie sie den Konflikt lösen können.

Corinne war wütend. Sie war gerade von einer einwöchigen Reise zurückgekehrt und hatte gehofft, mit ihrem Mann Larry einen schönen Abend zu verbringen. Statt dessen mähte er den Rasen, telefonierte ausgiebig und sah sich ein Basketballspiel im Fernsehen an. Sie kochte innerlich und hätte ihrem Ärger am liebsten Luft gemacht. Statt dessen sagte sie: «Larry, ich habe da ein Problem, über das ich gern mit dir gesprochen hätte. Paßt es dir im Augenblick?»

«Das Spiel ist in zehn Minuten vorbei. Wär's dir dann recht?»

Nachdem er es ihr hoch und heilig versprochen hatte, willigte Corinne ein und begann zehn Minuten später von neuem: «Larry, ich möchte, daß du dich um mich kümmerst. Immerhin bin ich eine Woche lang weg gewesen.»

«Du denkst, ich gehe dir aus dem Weg.»

«Ja, ich fühle mich vernachlässigt. Ich würde gern ein bißchen schmusen. Ich würde gern mit dir im Bett liegen und darüber reden, was wir so gemacht haben, und mich an dich kuscheln, so wie am Anfang. Hättest du nicht auch Lust dazu?» fragte Corinne.

«Klar. Wie könnte ich da widerstehen?» Larry zuckte mit den Schultern, nahm sie in die Arme und küßte sie leidenschaftlich. «Okay», sagte er mit einem Lächeln, «du fängst an.»

Wenn zwei eigenständige Individuen eine Ehe oder Partnerschaft eingehen, bringen sie ihre Bedürfnisse, Ansprüche und Wünsche in diese Beziehung mit ein. Manchmal stimmen diese überein und lassen sich vereinbaren und manchmal nicht. Wenn sie nicht harmonisieren, entstehen Konflikte. Einfach ausgedrückt: Ein Konflikt ist ein Streit, der aus gegensätzlichen Bedürfnissen, Ansprüchen oder Wünschen resultiert. Man unterscheidet zwischen leichten Konflikten, wenn beispielsweise Ihr Mann lieber chinesisch essen möchte und Sie italienisch vorziehen, und schweren, wenn Sie nach New York ziehen möchten, weil dort ein interessanter Job auf Sie wartet, und Ihre Frau in Indiana, in der Nähe ihrer Familie, bleiben will.

Konflikte gehören dazu – selbst in den besten Beziehungen. Der eine Partner will ein großes Haus kaufen, der andere ein kleines. Er hat Lust auf eine kostspielige Fernreise, sie möchte das Geld lieber sparen. Die Ehefrau will wieder die Schule besuchen, und der Ehemann will, daß sie weiterhin arbeiten geht. Konflikte können konstruktiv und kreativ sein oder destruktiv und demoralisierend, es hängt ganz davon ab, wie man mit ihnen umgeht.

Sean und Pat demonstrieren sehr anschaulich, wie man *nicht* mit Konflikten umgehen sollte. Beide verhalten sich abwehrend und anklagend, sie konzentrieren sich weder auf das Thema, noch versuchen sie, das Problem zu lösen, sondern greifen einander persönlich an. Sie zeigen keinerlei Verständnis für die Gefühle des anderen, und keiner von beiden hört dem anderen wirklich zu. Themen, die im Zusammenhang mit ihrem Problem völlig irrelevant sind, werden in die Diskussion eingebracht und dazu benutzt, den anderen fertigzumachen. Der Konflikt eskaliert, Drohungen werden ausgestoßen, und am Ende sind sie wieder soweit, ihre Beziehung zum x-tenmal beenden zu wollen.

Wenn andererseits ein Konflikt in einer Beziehung auf konstruktive

Weise ausgetragen wird, kann allein schon die Auseinandersetzung zu mehr Nähe, Anerkennung und Verständnis führen. Corinne und Larry sind ebenfalls in einer Situation, in der sich ihre Wünsche und Erwartungen voneinander unterscheiden. Dennoch sind beide in der Lage, ihre Bedürfnisse zum Ausdruck zu bringen und gemeinsam eine Lösung zu erarbeiten. Corinne ist ärgerlich, aber sie läßt ihre Emotionen nicht die Überhand gewinnen. Statt dessen konzentriert sie sich auf das gewünschte Ergebnis.

Eine gesunde Art der Konfliktbewältigung bedeutet, wenn beide Beteiligten ihre Gedanken und Gefühle ausdrücken und konstruktive Schritte unternehmen, um ihre Differenzen beizulegen. Sie mögen sich während des Konflikts nicht unbedingt wohl fühlen – gewöhnlich kommt es dabei zu Spannungen –, aber sie bewältigen diese schwierige Zeit und gelangen zu einer für beide Teile befriedigenden Lösung.

Die Erfahrungen, die Sie in Ihrer Familie, dem Übungsfeld zur Konfliktbewältigung, sammelten, sahen anders aus.

## Zurück zur Familie

Die Beziehung zu Ihren Eltern und die Beziehung zwischen Ihren Eltern dienten Ihnen als erste Modelle, die Sie für die Bewältigung von Konflikten kennenlernten. Ihre Eltern fochten ihre Streitigkeiten aus wie Kinder, nur mit weit zerstörerischen Auswirkungen für alle Beteiligten. In Ihrem Elternhaus wurden Konflikte auf extreme Weise ausgetragen. Man reagierte auf einen Konflikt möglicherweise mit langem, qualvollem Schweigen. Sie konnten die Spannung spüren, aber Sie mußten so tun, als existierte sie nicht. Diese Phasen eisigen Schweigens mögen in Ihrer Familie die Norm gewesen sein oder aber durch ein heftiges Wortgefecht oder eine tätliche Auseinandersetzung ausgelöst worden sein.

Amy beschreibt, wie es in ihrer Familie aussah: «Nach einem dieser zermürbenden, aufreibenden Streits zwischen meiner Mutter und meinem Vater ignorierte meine Mutter meinen Vater immer, tat einfach so, als wäre er nicht da. Sie kam ins Zimmer, ohne hallo zu sagen, und den restlichen Abend über redeten sie kein Wort mehr miteinander.

Die Sache hatte ein Gutes: Wenn sie nicht miteinander redeten, konnten sie sich auch nicht streiten.»

In Ihrer Familie wurden Konflikte verbal oder auch handgreiflich ausgetragen. In beiden Fällen lernten Sie, Wut mit Gewalt gleichzusetzen; und immer kam dabei jemand zu Schaden. Vielleicht konnten Sie den Streit vorhersehen, oder aber er traf Sie völlig unvorbereitet. In Margarets Familie war letzteres üblich: «Manchmal hatte ich den Kopf voll von anderen Dingen und vergaß, das Licht in meinem Zimmer auszumachen. Mein Vater kam auf mich zu und gab mir eine Ohrfeige, einfach so. Er fing an, herumzubrüllen, daß ich absichtlich sein Geld zum Fenster hinauswarf, nur um ihn zu ärgern, und schlug noch ein paarmal zu und schrie: ‹Ich bring dich um!›»

Das Totschweigen von Konflikten ist das andere Extrem. Sie hörten niemals ein böses oder lautes Wort – aber auch nichts Liebes oder Zärtliches. Ihre Eltern schienen sich in ihrer eigenen Welt zu befinden und Sie der Ihren zu überlassen. Nicht daß Sie schlechte Vorbilder zur Konfliktbewältigung gehabt hätten – Sie hatten überhaupt keine. Sie hatten keinerlei Vorgaben, wie man konstruktiv mit Konflikten umging. Sie lernten, Konflikten aus dem Weg zu gehen. Ihre Eltern leugneten und unterdrückten ihre Gefühle so sehr, daß sie für Sie in emotionaler Hinsicht einfach nicht da waren.

Hazel erzählt: «Ich dachte, ich käme aus einer Idealfamilie, weil es bei uns nie Streit gab. Ich gab immer damit an. Nach Gesprächen mit meiner Mutter weiß ich jetzt, wie unglücklich sie war. Sie erzählte mir kürzlich, daß sie ernsthaft in Erwägung gezogen hatte, meinen Vater zu verlassen, als ich zehn Jahre alt war, aber damals wäre mir das nie in den Sinn gekommen. Ich sah sie immer als eine Art Heilige – vielleicht war das ja ein Teil des Problems.»

Aus dem Verhalten Ihrer Familie zogen Sie bestimmte Schlüsse über den Umgang mit Konflikten, manche zutreffend, andere falsch. Viele dieser dysfunktionalen Verhaltensmuster übernehmen Sie automatisch in Ihren Beziehungen als Erwachsener, da Sie niemals konstruktive Wege zur Beilegung von Differenzen kennengelernt haben und deshalb bislang keine Möglichkeit sahen, sich anders zu verhalten.

## Strategien der Konfliktbewältigung Erwachsener Kinder

Als Erwachsener wissen Sie immer noch nicht, wie Sie sich bei einem Konflikt mit Ihrem Partner verhalten sollen. Die Wut Ihres Partners wie auch Ihre eigene versetzt Ihr inneres Kind in Panik. Es hat Angst, daß Sie oder Ihr Partner die Kontrolle verlieren könnten und es zum Eklat kommt. Es ängstigt sich zu Tode bei der Vorstellung, daß ein Konflikt oder eine Meinungsverschiedenheit dazu führen könnte, daß es im Stich gelassen wird, und so verfahren Sie mit Ihrer Wut und Ihrem Schmerz weiterhin auf die in Ihrer Kindheit antrainierte Weise.

### Der stillschweigende Umgang

Eine Art, mit Konflikten in einer Partnerschaft umzugehen, ist Schweigen. Sie mögen beide vor Wut schäumen, aber Sie tun so, als sei der andere Luft. Mit Ihrem Schweigen beabsichtigen Sie, den anderen zu bestrafen; Sie wählen diese Methode, weil jeder direktere und offenere Ausdruck Ihres Ärgers zu bedrohlich wäre. Sie erwarten stillschweigend, daß Ihr Partner die Botschaft versteht und sich schlecht genug fühlt, um sein bzw. ihr Verhalten aufzugeben.

«Tag für Tag», sagt Lucy, «machte mein Mann sich morgens sein Frühstück, zog sich an und ging aus dem Haus. Wenn ich mit ihm darüber reden wollte, was ich seinem Chef erzählt hatte, antwortete er einsilbig. Ich dachte, daß nach ein paar Tagen das Faß doch überlaufen müßte, aber es ging wochenlang so weiter!»

### Sich fügen

Vielleicht entschließen Sie sich, einen anderen passiven Weg einzuschlagen, nämlich sich zu fügen. Auch hier empfinden Sie Wut und Konfrontation einfach als zu furchteinflößend, und so schweigen Sie. Aber Sie gehen noch weiter. Sie tun alles, um Ihren Partner versöhnlich zu stimmen und in Frieden zu leben. Dies mag eine Weile lang funktionieren, weil nach außen hin alles friedlich erscheint, aber innerlich kochen Sie vor Wut. Ihrem Partner und Ihren Freunden gegenüber präsentieren Sie das Bild einer liebevollen, funktionierenden Beziehung und eines durch und durch glücklichen und liebenswürdigen Partners, aber diese Strategie hat mit Sicherheit Folgen.

Die häufigste Konsequenz ist, daß Sie nach einer Weile Ihre Gefühle nicht mehr einordnen können. Indem Sie Ihre Wut und andere sogenannte negative Gefühle leugnen, laufen Sie Gefahr, überhaupt keine Gefühle mehr wahrzunehmen. Wenn Sie Ihre Wut, Ihre Sorgen und Ihren Schmerz unterdrücken, unterdrücken Sie letztendlich auch Ihre Freude, Ihr Glück und Ihre Liebe. Schon bald verschließen Sie sich Ihrem Partner gegenüber. Mit einem Leben ohne Emotionen, wie Sie es in Ihrer Kindheit erfahren haben, sollten Sie sich jedoch nicht zufriedengeben.

Vielleicht bringen Sie Ihre negativen Gefühle ja zum Ausdruck, aber nur indirekt. Dies nennt man passiv-aggressives Verhalten. Es ist Ihre Absicht, Ihrem Partner irgendwie eins auszuwischen, ihn oder sie wütend zu machen oder ihm ein schlechtes Gewissen einzureden, während Sie Ihre Hände in Unschuld waschen. Sie verbrennen beispielsweise den Toast Ihres Partners oder verspäten sich, oder es rutscht Ihnen eine sarkastische Bemerkung heraus. Eines meiner beliebtesten Beispiele stammt von einer Seminarteilnehmerin. Sie hatte eine Zeitlang die Rolle der «perfekten Ehefrau» gespielt. Eines Tages «passierte» ein Malheur: Sie kippte dem Chef ihres Mannes die Vorspeise in den Schoß. Sie entschuldigte sich, beteuerte, es nicht mit Absicht getan zu haben; später machte ihr Mann ihr dann Vorhaltungen.

Eine andere Konsequenz der Stillhaltetaktik ist, daß sich Wut und Frustration aufstauen und Sie dann irgendwann nicht mehr in der Lage sind, sie unter Kontrolle zu halten, und alles aus Ihnen herausbricht. In einer bestimmten Situation ärgern Sie sich beispielsweise darüber, daß Ihr Mann Sie nicht rechtzeitig abholt, aber Sie geben vor, überhaupt nicht ärgerlich zu sein und fressen alles in sich hinein. Wenn Sie dann zu Hause sind, schreien Sie ihn an, weil er das Geschirr nicht in die Spülmaschine geräumt hat, oder lassen Ihre Wut an den Kindern oder einem Haustier aus. Dies nennt man Gefühle verlagern oder auch sich an Dritten abzureagieren.

Das Problematische an unterwürfigem Verhalten ist darüber hinaus, daß Sie nie Ihr eigenes Leben leben. Sie laden Ihrem Partner die ganze

Verantwortung auf und fühlen sich selbst ohnmächtig und ausgenutzt. Zunächst mag es ganz angenehm sein, einen anderen Menschen Entscheidungen treffen zu lassen, weil er dann für den Ausgang der Dinge verantwortlich ist. Aber Sie werden schnell feststellen, daß diese Passivität nur Ihre Ohnmachtsgefühle wiederaufleben läßt, die Sie aus Ihrer Kindheit kennen.

Wenn Sie sich Ihrem Partner unterwerfen, alles aufgeben, um geliebt zu werden, dann kann gerade dies seine Liebe zerstören. Ihr Partner hat in Ihnen keine gleichwertige Partnerin und verliert die Achtung vor Ihnen. Schlimmer noch, Sie verlieren allmählich die Achtung vor sich selbst und verurteilen sich für Ihre Art zu leben.

## Den Konflikt ausfechten

Die dritte Möglichkeit, mit einem Konflikt umzugehen, ist, ihn einfach auszufechten, wobei einer oder beide herumbrüllen, fluchen und sich eine Menge Anschuldigungen an den Kopf werfen. Dies ist die «Virginia-Woolf-Schule» der Konfliktlösung (so genannt nach Edward Albees Theaterstück *Wer hat Angst vor Virginia Woolf?*), wonach ein Konflikt nie wirklich beigelegt wird, sondern wo im Gegenteil ohne Rücksicht auf Verluste ausgeteilt wird.

«Ich wollte es eigentlich nicht», sagte Robert, «aber wenn wir uns stritten, kramte ich in meinem Gedächtnis nach allen möglichen Gemeinheiten, nur um es ihr heimzuzahlen. Ich wollte sie richtig verletzen. Ich warf ihr wieder vor, wieviel Zeit und Geld sie damals verschwendet hatte, als sich ihre Firmengründung als Flop erwies. Oder ich sagte ihr, sie sei genauso verrückt wie Samantha, ihre gestörte Schwester – alles nur, um sie fertigzumachen und ihr weh zu tun.»

Unglücklicherweise kann dieser Ansatz der Konfliktlösung leicht zu körperlicher Gewalt führen. In Beziehungen, wo es zu Gewalt kommt, sind in der Regel beide Partner in ihrer Kindheit auf irgendeine Weise mißhandelt worden. Sosehr Sie auch den Mißbrauch, den Sie erlitten haben, ablehnen, so laufen Sie doch Gefahr, in Ihrer gegenwärtigen Beziehung ähnliche Zustände zu wiederholen, wenn Sie nicht anfangen, sich mit konstruktiven Methoden der Konfliktbewältigung auseinanderzusetzen.

## Warum ist es nur so? Die Ursachen für Konflikte

Welche Methode der Konfliktbewältigung Sie als Erwachsener auch anwenden – schweigen, sich fügen oder den Konflikt ausfechten –, all diese Arten des destruktiven Umgangs mit Konflikten lassen sich auf fünf Hauptursachen zurückführen.

### «Es muß nach meinem Kopf gehen!»

Einer der Hauptgründe für einen Streit ist, wenn zwei Partner versuchen, sich gegenseitig zu bevormunden. Die Ursache dieses Konflikts ist die Vorstellung, daß Ihr Partner so handeln, sich verhalten oder sein soll, wie Sie es erwarten. Ihre ganze Frustration und Rage basieren auf dieser unrealistischen, fordernden Annahme. Ihr Verhalten zielt darauf ab, Ihren Partner zu beherrschen, ihm Ihren Willen aufzudrängen. Der Kern dieses Bestrebens ist Ihre Angst vor dem Verlassenwerden.

Indem Sie sich in Schweigen hüllen, bringen Sie Ihren Partner dazu, daß er sich schuldig fühlt. Wenn er sich schuldig fühlt, dann glauben Sie, alles unter Kontrolle zu haben. Wenn Sie stillhalten, sich passiv und unterwürfig verhalten und sämtliche Konflikte vermeiden, ist dies ein Versuch, den Partner zu beeinflussen und an sich zu binden. Einen Konflikt auszutragen ist ein direkterer und aggressiver Versuch, die Kontrolle zu behalten, indem Sie Ihren Partner einschüchtern und er Ihnen nachgibt. All diese Versuche der Kontrolle sind zum Scheitern verurteilt, da Sie letztendlich einen anderen Menschen nicht beherrschen können.

«Ich erzählte einer Freundin, daß Frank die ganze Zeit Tennis spielt», berichtet Marge, «und sie verblüffte mich, indem sie sagte: ‹Warum läßt du ihn nicht so viel spielen, wie er will?› Darauf wußte ich keine Antwort. Sie sagte dann recht unverblümt, daß sie der Meinung sei, ich wollte mit meiner ewigen Herumnörgelei nur bezwecken, daß er nach meiner Pfeife tanzt. Zuerst wollte ich nichts davon hören, aber ich weiß, daß sie recht hat.»

## «Ich habe Angst, wütend zu werden»

Sie haben Angst vor Ihrer Wut, und je mehr Sie versuchen, sie zu unterdrücken, desto größer wird sie. Vielleicht greifen Sie auf Alkohol, Drogen oder irgendein anderes Suchtmittel zurück, um sie unter Kontrolle zu halten oder das Ausmaß Ihrer Wut zu verbergen und das emotionale Faß vor dem Überlaufen zu bewahren, aber irgendwann werden all diese Mechanismen versagen. Es gibt keine *nicht* ausgedrückte Wut, irgendwo findet sie immer ein Ventil.

Es gibt für Ihr inneres Kind nichts Furchterregenderes als Wut – die eigene oder die anderer Menschen –, und deshalb investieren Sie eine Menge Energie, um diese Wut zu unterdrücken. Sie sind wie ein Wasserkessel: Wenn der Druck einen bestimmten Punkt erreicht hat, müssen Sie einen Weg finden, um «Dampf abzulassen». Sie können Ihren Ärger weiter in sich hineinfressen, was zu körperlichen Beschwerden führen kann, oder Sie können ihn herauslassen. Ihr Zorn kann sich in einer der beschriebenen Formen äußern, wie durch Verlagerung, passiv-aggressives Verhalten oder durch verbale und/oder körperliche Auseinandersetzungen.

Sandras Beispiel zeigt anschaulich, wie ihre Versuche, Ärger zu unterdrücken, scheiterten: «Ich blieb immer freundlich, auch wenn mein Mann ständig seine Socken und Unterwäsche herumliegen ließ. Oder wenn er mich eine halbe Stunde warten ließ. Ich war so unglaublich freundlich und ruhig. Und dann ging er eines Tages einkaufen und kam ohne die Gewürze zurück, die ich fürs Essen brauchte – und peng! explodierte ich. Schrie und brüllte herum – ich war völlig außer mir. Der arme Kerl, er hatte überhaupt keine Chance.»

Wie Sandra unterdrücken vielleicht auch Sie Ihren Ärger, bis Sie ihn nicht länger zurückhalten können und explodieren. Bei diesem Streit geht es dann nicht um den eigentlichen Grund Ihres Unmuts, auffällig oft sind es Kleinigkeiten, die Sie die Nerven verlieren lassen. Ihre Mitmenschen sind dann häufig über Ihre heftige Reaktion überrascht und reagieren ärgerlich und verletzt. Sie Ihrerseits werden von Gewissensbissen geplagt und kehren zu Ihrem passiven, «netten» Ich zurück, bis sich die Spannung wieder aufbaut und Sie Ihrem Ärger erneut Luft machen.

## «Was kann ich anders machen?»

Das ist eine gute Frage in Anbetracht der Tatsache, daß Sie schlechte Vorbilder für die Lösung von Konflikten hatten. Sie erlebten mit, wie Ihre Eltern ihre Differenzen austrugen: Entweder sie stritten erbittert, oder sie schwiegen sich aus. Bis ins Erwachsenenalter hinein hatten Sie keine oder nur wenig Gelegenheit, gesunde Arten der Konfliktbewältigung kennenzulernen.

«Neulich», sagt Cindy, «erkundigte sich mein Mann nach einem Objekt, über das ich gerade verhandelte, und ich fuhr aus der Haut. Ich tobte und schrie, daß er überhaupt keine Ahnung von Immobilien hätte, daß ich mich seit sieben Jahren damit beschäftigte und daß, wenn es nach ihm ginge, unser Geld in einer Kiste im Garten vergraben wäre. Dann wurde mir bewußt, daß dies genau die Art war, wie meine Mutter reagiert hätte. Immer wenn mein Vater sie etwas fragte, fing sie an, ihn anzuschreien und niederzumachen. Damals dachte ich: ‹Mein Vater hat ein Recht darauf zu fragen.› Und nun verhielt ich mich zwanzig Jahre später genauso!»

## «Komm mir nicht zu nahe!»

Ein weiterer Grund für häufige und harte Auseinandersetzungen ist die Angst vor Nähe. Wie bereits in Kapitel 5 eingehend beschrieben, haben wir Erwachsenen Kinder uns alle möglichen Abwehrmechanismen zugelegt, um etwas, das wir nicht so genau kennen und von daher fürchten, zu vermeiden: Nähe und Vertrauen zu einem anderen Menschen. Sie wünschen sich von ganzem Herzen, Ihrem Partner nahe zu sein, aber Sie empfinden Nähe als unangenehm. Sie erinnert Sie an den Schmerz, den Sie durch die Hände derer, die Ihnen am nächsten standen, Ihre Eltern, erlitten haben. Nähe zuzulassen bedeutet, Gefahr zu laufen, erneut verletzt oder verlassen zu werden.

Deshalb haben Sie eine Annäherungs-Abwehrhaltung im Umgang mit Ihrem Partner entwickelt. Sie wünschen sich Nähe und Zärtlichkeit, aber wenn die Nähe zu groß wird, setzen Ihre Abwehrmechanismen ein, und Sie brechen einen Streit vom Zaun, um Distanz zu wahren.

Dies war für mich eine wohlbekannte Reaktion. Ich erinnere mich noch gut an einen gemeinsamen Abend mit meiner damaligen Frau Susan, an dem ich mich ihr besonders nahe fühlte. Es war wunderschön. Am nächsten Tag begann ich, mir eine Strategie zurechtzulegen. Mein Kampfstil war eher passiv-aggressiv, also sagte ich ihr nicht direkt ins Gesicht, was mir nicht paßte, sondern stellte statt dessen in Gedanken eine Liste mit all ihren negativen Eigenschaften zusammen – sie ging mit unserem Töchterchen nicht so um, wie ich es gern gesehen hätte, sie war mir gegenüber nicht liebevoll genug, sie vernachlässigte den Haushalt –, so daß ich einen Vorwand hatte, um meine innere Distanz vor mir selbst zu rechtfertigen. Als sie auf meine Distanziertheit ärgerlich reagierte, konnte ich ihr die Schuld in die Schuhe schieben. Es war für mich einfach zu beängstigend, diese Nähe zuzulassen.

## «Es läuft alles viel zu glatt»

Weil Konflikte und Spannungen Ihnen so vertraut sind, kann es sein, daß Sie auf Krisen angewiesen sind. Ihr Körper hat sich an diesen regelmäßigen Adrenalinausstoß gewöhnt, und so suchen Sie nach einer Möglichkeit, sich diese Aufregung anderweitig zu verschaffen. Obwohl Sie die Spannungen und den Schmerz, den ein Streit hervorruft, nicht gerade genießen, so sind die Gefühle, die Sie verspüren, wenn eine aufgeladene Atmosphäre herrscht, diesen sehr ähnlich und durch ihre Vertrautheit irgendwie wohltuend. Das Adrenalin, das Sie durchströmt, ist wie eine Droge, von der Sie abhängig werden. Wenn alles ruhig und friedlich ist, nehmen Sie automatisch an, daß etwas passieren wird, daß irgendeine Krise bevorsteht. Wie oft haben Sie sich schon gesagt: «Es ist alles einfach zu friedlich hier. Irgend etwas muß bald schiefgehen.» Dies ist die Aussage eines Krisenabhängigen. Wenn das Leben relativ problemlos verläuft, dann fangen Sie an, in den Krümeln zu suchen, um irgend etwas zu finden, worüber Sie sich aufregen können. Wenn alles in Ordnung ist, dann brechen Sie vielleicht einen Streit vom Zaun.

Als Erwachsenes Kind mag dies für Sie der einzige Moment sein, in dem Sie intensiv empfinden, da die restliche Zeit über Ihre Gefühle eher auf Sparflamme brennen und sich nicht so leicht entzünden. Ihre

Gefühlsregungen scheinen nur durch eine Art Schock ausgelöst zu werden, und ein Konflikt ruft mit Sicherheit intensive Gefühle hervor. Für Sie ist Schmerz möglicherweise gleichbedeutend mit Liebe, da Sie in Ihrer Familie immer Liebe mit Streit gekoppelt erlebten.

Wie es Carol ausdrückt: «Ich weiß nicht, warum es so ist, aber mein Mann und ich sind uns gewöhnlich nach einer besonders heftigen Auseinandersetzung am nächsten. Unser Leben verläuft in eingefahrenen Bahnen, und wir haben uns schon lange nicht mehr viel zu sagen, aber dann klickt es plötzlich, und wir streiten uns. Das Streiten gefällt mir zwar nicht, aber dafür genieße ich die Zeit danach um so mehr!»

Nun, da Sie eine gewisse Vorstellung von Ihrem Umgang mit Konflikten haben und auch einige Ursachen dafür kennen, lassen Sie uns zu Fähigkeiten übergehen, die Ihnen Ihre Eltern nie beigebracht haben – Fähigkeiten, die Ihnen und Ihrem Partner helfen können, Konflikte als kreatives Mittel zur Bereicherung Ihrer Beziehung einzusetzen.

## Lösungen: Wir können es schaffen

Da Sie schlechte Vorbilder hatten und einen Konflikt nur selten oder überhaupt nicht als konstruktive Problemlösung erlebten, wird das folgende Kapitel Ihnen und Ihrem Partner ein paar Denkanstöße geben und Techniken vermitteln, die Sie in einer Konfliktsituation anwenden können. Die Übungen, die ich Ihnen vorstellen werde, sollten Sie am besten gemeinsam mit Ihrem Partner durchführen – und vergessen Sie nicht: Übung macht den Meister! Zu einem Streit gehören zwei, und zwei gehören auch dazu, um ihn zu lösen. Wenn Konflikte einen großen Raum in Ihrer Beziehung einnehmen, dann möchte ich Ihnen dringend empfehlen, einen Eheberater zu Rate zu ziehen.

Diese Techniken und Anregungen werden Ihnen helfen, Konflikte mit ganz anderen Augen zu sehen, und kreative Problemlösungen aufzeigen.

Zunächst untersuchen wir bestimmte Verhaltensweisen, die einen Konflikt schüren, und neue Denkweisen, die Spannungen abbauen helfen.

### Ändern Sie Ihre Selbstgespräche

Wir alle führen Selbstgespräche. Manchmal sprechen wir etwas laut aus, aber meistens kommunizieren wir mit uns selbst in Form von Gedanken. Wenn in Ihrer Partnerschaft eine Konfliktsituation entsteht, lauschen Sie auf das, was Sie zu sich selbst sagen. Vielleicht sagen Sie: «Hoffentlich explodiert er nicht» oder «O nein, wo doch alles so gut lief!» oder «Jetzt habe ich aber die Nase voll!» Dieses Selbstgespräch drückt aus, wie Sie an Probleme herangehen und wie Sie diese Probleme empfinden. Diese inneren Monologe sind auf kindliche Erfahrungen zurückzuführen. Für Kinder beruhen Schlüsse und Entscheidungen über sich und das Leben noch auf einem Schwarzweißdenken; sie denken noch in absoluten Extremen.

Wenn Sie bereit sind, aufmerksamer auf das zu hören, was Sie zu sich selbst sagen, und vor allem ein paar Ihrer überholten Vorstellungen über Konflikte hinterfragen, wird Ihre Einstellung zu Konflikten positiver und pragmatischer werden.

Im folgenden finden Sie einige Mythen über Konflikte aufgelistet, an die viele Erwachsene Kinder glauben. Wenn Sie die Art Ihres Selbstgesprächs ändern und anfangen, sich konsequent die Wahrheit zu sagen, dann werden Sie sich weniger aufregen. Sie werden leichter mit Konflikten umgehen können, und diese werden nicht so schnell eskalieren und somit weniger Schaden und Schmerzen verursachen.

*Mythos: Konflikte und Wut bedeuten Gewalt.*
*Wahrheit: Wenn Konflikte und Wut auch Spannungen und Unbehagen hervorrufen, so sind sie doch vorübergehender Natur und müssen nicht notwendigerweise zu Gewalt führen.*
In Ihrer Kindheit mag dieser Mythos leider nur allzu zutreffend gewesen sein. Die Auseinandersetzungen zwischen Ihren Eltern haben in Gewalttätigkeiten geendet, oder Sie selbst waren das Opfer von Gewalt. Dies hat dazu geführt, daß Sie auf Wut und Konflikte besonders empfindlich reagieren und alles versuchen, um derartige Situationen zu vermeiden.

Aber Wut und Konflikte müssen in einer Partnerschaft nicht zwangsläufig zu Gewalt führen. Als Erwachsener sind Sie nicht länger

Ihren Eltern ausgeliefert, und Sie können gesunde Verhaltensweisen erlernen, um die Konflikte in Ihrer Beziehung zu bewältigen. Streitigkeiten sind immer mit Spannungen verbunden, und Sie werden sich mit Sicherheit nicht wohl in Ihrer Haut fühlen. Sie sollten sich jedoch in Erinnerung rufen, daß dieses Unbehagen nur vorübergehend ist. Sie können sich zusätzlich schützen, indem Sie lernen, persönliche Grenzen zu ziehen und diese zu verteidigen (vergleiche Kapitel 4).

*Mythos: In einer guten Beziehung gibt es keine Konflikte.*
*Wahrheit: Konflikte gehören dazu; es kommt nur darauf an, wie man damit umgeht.*

Konflikte lassen sich in keiner noch so guten Beziehung vermeiden. Es gab noch nie eine Partnerschaft ohne Konflikte, und es wird sie auch nie geben. Wenn zwei Menschen eine Verbindung eingehen, kommen unterschiedliche Bedürfnisse ins Spiel: Der eine geht mit Geld lockerer um, die andere will für die Zukunft vorsorgen; die eine liebt das Landleben, der andere bevorzugt die Stadt; die eine sieht gern «Dallas», der andere zieht einen alten Spielfilm vor.

Dieser Mythos läßt sich darauf zurückführen, daß Sie Ihre Familie stets mit einer Idealfamilie vergleichen. Ein Familienidyll wie in Heimatfilmen ist ein reines Phantasieprodukt, wenn Sie sich aber an einem solchen Vorbild orientieren, können Sie in einer Partnerschaft Ihren Ansprüchen nie genügen. Konflikte zu vermeiden oder zu umgehen schafft lediglich zusätzliche Spannungen oder Distanz.

Konflikte sind nicht nur unvermeidbar, sie können sogar fruchtbar sein. Wenn Sie offen Gefühle zeigen und daran arbeiten, Ihre unterschiedlichen Bedürfnisse, Interessen und Wünsche in Einklang zu bringen – was für jede Beziehung überaus wichtig ist –, so können Sie zu echtem Verständnis und praktikablen Problemlösungen finden.

*Mythos: Bei einem Konflikt kann nur einer von beiden recht haben.*
*Wahrheit: Es gibt kein Rechthaben oder Unrechthaben, lediglich unterschiedliche Standpunkte.*

Dieses polarisierte, dualistische Denken von richtig und falsch ist schlichtweg unsinnig. Es herrscht die weitverbreitete Meinung, daß immer einer im Recht sein muß. Demzufolge ist der andere im Unrecht. Die meisten Meinungsverschiedenheiten und Streitigkeiten gehen auf diese Art von Einstellung zurück. Dieser Mythos schürt nicht nur in Beziehungen Streit.

Denken Sie vielmehr daran, daß das meiste, wovon Sie überzeugt sind, eine Frage des Standpunkts ist. Wenn Sie der Ansicht sind, daß der Film gut war, und Ihr Partner ihn schlecht findet, dann bedeutet das nicht, daß einer von Ihnen recht und der andere unrecht hat, sondern lediglich, daß Sie unterschiedlicher Meinung sind. Warum wollen Sie um des Rechthabens willen Ihrem Partner unbedingt Ihre Meinung aufzwingen?

Versuchen Sie es einmal mit folgender Übung. Vielleicht verdeutlicht sie Ihnen Ihren Hang zur Rechthaberei im Umgang mit Ihrem Partner.

**Übung:** Armdrücken

Stellen Sie sich Ihrem Partner gegenüber, und geben Sie sich die rechte Hand. Drücken Sie dann die Hand Ihres Partners nach unten, und sagen Sie laut: «Ich habe recht!», während Ihr Partner Ihrem Druck widersteht. Als nächstes versucht Ihr Partner, Ihre Hand niederzudrücken, und sagt ebenfalls: «Ich habe recht!», während Sie ihm standhalten. Wechseln Sie mehrmals die Rollen, und achten Sie darauf, daß keiner zu stark drückt und dem anderen weh tut. Legen Sie eine Pause ein, und tauschen Sie Ihre Erfahrungen aus. Dann wiederholen Sie die Übung, sagen aber diesmal: «Meine Sichtweise.» Sprechen Sie anschließend wieder mit Ihrem Partner über Ihre Gefühle.

Doug probierte diese Übung mit seiner Frau aus und stellte fest: «Ich war emotional viel engagierter, wenn ich ‹Ich habe recht!› sagte. ‹Meine Sichtweise› dagegen machte deutlich, daß meine nur eine von vielen war und vielleicht nicht mal die beste.»

Eine weitere Variante dieses Mythos ist die Vorstellung, daß «irgend jemand schuld haben muß». In Wahrheit gehören zwei dazu, um sich zu streiten, und je mehr Verantwortung Sie für Ihren Anteil übernehmen – statt daran festzuhalten, daß Sie im Recht sind, und nur dem Partner die Schuld zuweisen –, desto leichter wird es Ihnen fallen, den Konflikt friedlich beizulegen.

*Mythos: Es gibt für jedes Problem eine sofortige und ideale Lösung.*
*Wahrheit: Die Beilegung von Konflikten kostet Zeit, und oft gibt es keine «richtigen» Lösungen – lediglich praktikable.*
Wenn Sie von der Richtigkeit dieses Mythos überzeugt sind, dann setzen Sie sich einer Menge Frustration und Qualen aus. Als Erwachsenes Kind stellen Sie fest, daß Sie mit einem Alles-oder-nichts-Denken an Konflikte herangehen. Ihre Suche nach der perfekten Lösung hat keinerlei Aussicht auf Erfolg, da es auf der Welt nichts Perfektes gibt. Gleichzeitig bringen Sie die Zeit und Energie, die Sie auf Ihr Streben verwenden, um die Möglichkeit, andere potentielle Lösungen aufzuspüren. Konfliktlösungen nehmen Zeit in Anspruch. Oft ruft der Versuch, mit einer Sofortlösung aufzuwarten, nur Bitterkeit und Ablehnung hervor.

Außer in einem Notfall, wenn eine sofortige Lösung gefragt ist, können Sie sich Zeit nehmen und mit Ihrem Partner in Ruhe über mögliche Lösungen nachdenken. Wenn Sie sich Zeit lassen und für praktikable Lösungsvorschläge offen sind, statt nur auf die «richtige» zu warten, dann sind Sie nicht so schnell entmutigt.

## Problemlösung

Der Pädagoge John Dewey beschrieb eine Vorgehensweise, die Ihnen und Ihrem Partner bei der Lösung Ihrer Probleme dienlich sein könnte. Thomas Gordon, der Gründer des Eltern-Effektivitätstrainings, formulierte die von Dewey beschriebenen Schritte folgendermaßen:

1. Formulieren Sie Ihr Problem als Bedürfnis.
2. Welche Lösungen fallen Ihnen spontan ein?
3. Wählen Sie die beste bzw. die besten Lösungen aus.
4. Überlegen Sie, wie Sie Ihren Plan umsetzen könnten.
5. Führen Sie Ihren Plan aus.
6. Beurteilen Sie von Zeit zu Zeit Ihre Fortschritte.

*1. Formulieren Sie Ihr Problem als Bedürfnis.*
Bedürfnisse sind der Ausgangspunkt einer jeden Situation. Lösungen sind bestimmte Mittel, mit deren Hilfe Sie und andere diese Bedürfnisse zu befriedigen suchen.

Nehmen Sie zum Beispiel an, daß Sie mit Ihrem Partner Freitag abends ins Kino gehen wollen. Sie wollen sich gerne «Rainman» ansehen, während Ihr Partner «Teenage Mutant Killer Turtles» vorzieht. Jedem von Ihnen mißfällt die Wahl des anderen, und zunächst scheint es, als könnte nur einer von Ihnen seinen Willen durchsetzen; Entscheidungen nach dem Entweder-oder-Prinzip sind typisch, wenn Sie eine Lösung für Ihr Problem suchen, ohne Ihre Bedürfnisse zu analysieren. Wenn Sie sich hingegen Ihrer Bedürfnisse bewußt sind, wird es offensichtlich, daß Ihr Partner und Sie im Grunde an Unterhaltung interessiert sind und nicht unbedingt diese beiden Filme sehen müssen. In diesem Grundanliegen stimmen Sie überein, obwohl Sie in der Umsetzung unterschiedlicher Meinung sind.

Wenn Sie das Problem unter diesem Aspekt betrachten, eröffnet sich eine Unmenge von Möglichkeiten, auf die Sie sich einigen könnten: andere Filme, Theaterstücke, Fernsehshows und Videos. Oder vielleicht hätten Sie beide Lust, eine Spazierfahrt zu unternehmen, Freunde oder Verwandte zu besuchen oder sich einen Vortrag anzuhören.

Tatsächlich stehen Ihnen Hunderte von Möglichkeiten offen, um Ihr Bedürfnis nach Unterhaltung zu befriedigen, wenn Sie Ihr Problem als Bedürfnis formulieren.

Peg berichtet über ihre Erfahrungen: «Glenn und ich hatten endlose Auseinandersetzungen – es schien, als würden wir uns immer nur streiten. Es war kein Ende in Sicht. Wir fanden heraus, daß fast alle unsere Streits nach dem Entweder-oder-Schema abliefen: Einer von uns äußerte seine Meinung (‹Wir verkaufen endlich den alten Wagen und kaufen uns einen neuen.›). Und sofort vertrat der andere einen entgegengesetzten Standpunkt (‹Nein, das können wir uns nicht leisten›). Und dann ergab ein Wort das andere. Es war ein erbittertes Tauziehen. Als wir dann über unsere Bedürfnisse redeten (‹Ich brauche einen Wagen, der anspringt, wenn ich den Schlüssel herumdrehe›), hatten wir phantastische Diskussionen darüber, wie man diese Bedürfnisse befriedigen konnte, anstatt nervige Kämpfe darüber auszutragen, wer seinen Kopf durchsetzt.»

Pegs und Glenns Situation ist kein Einzelfall. Viele Paare stellen fest, daß die meisten ihrer Streits einem Denken entspringen, das auf Lösungen statt auf Bedürfnisse ausgerichtet ist.

**Übung:**

Formulieren Sie Ihr Problem als Bedürfnis. Nehmen Sie ein Problem, das Sie im Moment beschäftigt. Schreiben Sie die Lösung bzw. die Lösungen auf, an die Sie gedacht haben. Dann fragen Sie sich: «Welches Bedürfnis bzw. welche Bedürfnisse würden durch diese Lösung befriedigt?» Mit den Antworten, die Sie notieren, können Sie Ihr Problem als Bedürfnis definieren.

Randi probierte diese Übung aus: «Elliot und ich waren auf der Suche nach einem Haus, und jeder verliebte sich in ein anderes. Seins war doppelt so groß wie meins und erinnerte ihn an das große alte Haus, in dem er aufgewachsen war. Als wir dann über unsere Bedürfnisse nachdachten, lag die Lösung auf der Hand. Ja, wir brauchten eine Unterkunft, aber wir hatten auch andere Bedürfnisse – wir mußten schließlich essen und wollten hin und wieder in Urlaub fahren –, die auf der Strecke blieben, wenn wir all unser Geld für die Finanzierung des Hauses ausgaben, das er wollte.»

Judys Erfahrung war besonders interessant: «Meine Situation war etwas seltsam. Ich hatte beschlossen, mich von meinem Mann scheiden zu lassen. Das war meine Lösung. Aber als ich meine Bedürfnisse hinterfragte, kam heraus, daß ich gern öfters weggehen und mich amüsieren wollte, und er aber immer arbeitete. Wir gingen zu einer Eheberaterin, und sie half uns, Termine festzulegen – genauso wie es mein Mann mit seinen geschäftlichen Terminen macht. Und jetzt, da meine Bedürfnisse befriedigt sind, merke ich, daß sich meine negativen Gefühle für ihn und mein Wunsch, ihn zu verlassen und es mit einem anderen zu versuchen, in Luft aufgelöst haben. Ich bin jetzt wirklich glücklich.»

**Übung:**

Üben Sie, die Probleme anderer als Bedürfnisse zu erkennen. Wenn Ihnen das nächste Mal jemand mitteilt, daß er in einem Lebensbereich etwas verändern will, der Sie betrifft, dann fragen Sie ihn: «Warum willst du das tun? Welche deiner Bedürfnisse willst du dadurch befriedigen?» Auf diese Weise bekommen Sie Übung im Umgang mit Problemlösungen, die sowohl Ihren als auch den Bedürfnissen des anderen gerecht werden. Als nächstes wenden Sie – wie im folgenden Beispiel – die Methode des aktiven Zuhörens an, um mehr über die Absichten Ihres Gegenübers zu erfahren.

*Greg:* Du sagst, daß du aufs Land ziehen willst. Warum willst du das?
*Patty:* Ich glaube, daß es auf dem Land für uns leichter ist, Leute kennenzulernen.
*Greg:* Es ist dir also ein Bedürfnis, einen Freundeskreis zu haben.
*Patty:* Ja, ich bin auf dem Land aufgewachsen, und da hatte ich eine Menge Freundinnen, und ich möchte gern, daß wir auch viele Leute kennen.
*Greg:* Du willst, daß wir hier dieselbe Art von sozialem Umfeld haben wie in deiner Kindheit.

Durch seine Fragen entdeckte Greg hinter Pattys Problem den Wunsch nach Freundschaften, nicht nach einem Umzug aufs Land. Dies eröffnete eine Vielzahl von Möglichkeiten, die unbeachtet geblieben wären, wenn beide lediglich die Lösung des Problems, den Umzug aufs Land, im Auge gehabt hätten.

Wenn Pat und Sean, mit deren Geschichte wir dieses Kapitel begonnen haben, ihre Probleme als Bedürfnisse statt als fertige Lösungen formuliert hätten, dann wären sie eher in der Lage gewesen, einen für beide befriedigenden Kompromiß zu finden. Pat hätte vielleicht entdeckt, daß ihr eigentliches Bedürfnis nicht darin bestand, wieder auf die Schule zu gehen, und auch nicht, Familientherapeutin zu werden, sondern mit Menschen zu arbeiten und ihnen zu helfen. Sean hätte möglicherweise entdeckt, daß sein Bedürfnis nicht darin bestand, Pat zur Weiterarbeit anzuhalten, sondern daß sie ihren gegenwärtigen Lebensstandard bewahren und die Raten bezahlen konnten. Dieser Übungsschritt hätte ihnen neue Möglichkeiten eröffnet, ihre unterschiedlichen Bedürfnisse und Wünsche zufriedenzustellen. Wir werden diese Möglichkeiten anhand der restlichen fünf Schritte untersuchen.

*2. Welche Lösungen fallen Ihnen spontan ein?*
Wenn Sie Ihr Problem als Bedürfnis formuliert haben, ist es an der Zeit, nach möglichen Lösungen zu suchen. Spontane Lösungsfindung bedeutet, daß Sie sich so viele Lösungen wie möglich ausdenken. Damit dies funktioniert, sollten Sie Ihre Einfälle sofort äußern, wenn sie Ihnen durch den Kopf schießen, ohne länger darüber nachzudenken, und jeden einzelnen aufschreiben, ohne sich beeinflussen zu lassen. Scheuen Sie sich nicht, mit verrückten Ideen aufzuwarten, je verrückter, desto besser, und lassen Sie sich gegenseitig von Ihren Ideen inspirieren.

Greg und Patty, die wir aus dem obigen Beispiel kennen, waren erst kürzlich von Abilene, Texas, in die Stadt gezogen. Nach sechs Monaten hatten sie immer noch keinen Bekanntenkreis, mit dem sie etwas unternehmen konnten. «Wir waren zwar von Leuten umgeben», sagte Patty, «aber wir waren so isoliert, als lebten wir auf einer Insel.» Ihr Bedürfnis bestand also darin, Anschluß zu finden. In einer Sitzung versuchten wir es zu dritt mit der spontanen Lösungsfindung – und das kam dabei heraus:

- Ein Grillfest veranstalten und Einladungen an alle Nachbarn verteilen.
- Mehrere Grillfeste veranstalten und Nachbarn in kleineren Gruppen einladen.
- Die Ransons zum Essen einladen.
- Dem Verein Christlicher Paare beitreten.
- Eine Anzeige in die Zeitung setzen und die Bekanntschaft eines gleichgesinnten Paares suchen.
- Einen Club für Paare gründen.

- Zu einem Treffen der Interessengemeinschaft Eltern-Lehrer gehen und nach interessanten Paaren Ausschau halten.
- Eine Tanzveranstaltung besuchen.
- Jeden Tag einen Spaziergang durchs Viertel unternehmen und sich mit anderen Paaren unterhalten.
- Sich Zeit nehmen, die Eltern der Freunde ihrer Kinder kennenzulernen.
- Einem Filmclub beitreten.
- Statt nach der Kirche auf den Parkplatz zu stürmen, einen Moment davor stehenbleiben und mit den Leuten reden.
- Smily-Buttons tragen.
- Mehr lächeln und sich im Alltag mehr Zeit nehmen, um Leute kennenzulernen.
- Mehr Zeit mit den nächsten Nachbarn verbringen.
- Durch die Stadt fahren und Leute fragen: «Wollen wir Freunde werden?»
- Einsamkeit als unvermeidliche Begleiterscheinung einer modernen Gesellschaft akzeptieren.
- Jemandem Geld geben, damit er mit einem Freundschaft schließt.
- Einem Naturschutz- oder Radfahrerverein beitreten.

Als Greg und Patty sich für die spontane Lösungsfindung zu erwärmen begannen, stellten sie fest, daß sie unzählige Alternativen hatten. Viele waren eher scherzhaft gemeint, aber fast alle waren dem Nichtstun und der Resignation vorzuziehen.

**Übung:**

Rufen Sie sich eine kürzliche Auseinandersetzung mit Ihrem Partner in Erinnerung. Vielleicht ging es um die Farbe, in der die Küche gestrichen werden sollte, oder um die Vorschule, in die Sie den Dreijährigen schicken wollten, oder um die Frage nach einem Wohnortwechsel. Als nächstes nehmen Sie ein Blatt Papier, und beschreiben Sie den Konfliktpunkt so klar und deutlich wie möglich.
Alex schrieb beispielsweise: «Madeline und ich sind uns uneinig, wo wir unseren Urlaub verbringen sollen. Sie will ihre Eltern in Min-

neapolis besuchen, und ich möchte nach Maui.» Madelines Version lautete: «Ich möchte nach Hause fahren und etwas Zeit mit meinen Eltern verbringen, und Alex will sich auf Maui erholen. Das würde ich eigentlich auch gern.»

Vergleichen Sie, was Sie aufgeschrieben haben, um herauszufinden, in welchen Punkten Ihre Bedürfnisse und die Ihres Partners übereinstimmen. In Alex' und Madelines Fall waren sich beide darin einig, daß sie ihrem Alltagsstreß entfliehen und sich entspannen wollten.

Als nächstes denken Sie sich spontan fünf bis zehn Lösungen aus, die Ihre beider Bedürfnisse befriedigen würden. Alex und Madeline notierten:

- Nach Maui fliegen.
- Nach Minneapolis fahren.
- Drei Tage auf Maui und vier in Minneapolis verbringen.
- In diesem Urlaub nach Minneapolis fahren und den nächsten auf Maui verbringen.
- Dieses Jahr nach Maui fliegen und nächstes nach Minneapolis.
- Madelines Eltern über Weihnachten einladen.
- Irgendein näheres Ziel aussuchen, um Geld zu sparen.
- Eine Kreuzfahrt machen.
- Zu Hause bleiben und kleinere Ausflüge unternehmen.
- Für eine Woche ein Zimmer am Meer mieten.

Seien Sie offen für alle Arten von Lösungsvorschlägen, auch für witzige, ungewöhnliche Einfälle. Je größer Ihre Auswahl an umsetzbaren Möglichkeiten ist, desto größer ist die Wahrscheinlichkeit, daß eine davon für Sie beide akzeptabel ist.

*3. Wählen Sie die beste Lösung bzw. die besten Lösungen aus.*
Im nächsten Schritt sollten Sie sich beide unabhängig voneinander die Liste ansehen und diejenige Lösung bzw. Lösungen auswählen, die für Sie beide am angenehmsten wären. Wägen Sie auch die verrückteren Ideen in aller Ruhe ab. Vergleichen Sie dann Ihre Wahl, beachten Sie vor allem die Vorschläge, die auf beiden Listen auftauchen. Entscheiden Sie sich gemeinsam für einen Vorschlag oder auch mehrere.

Sobald Sie Ihre Wahl getroffen haben, verwenden Sie all Ihre Energie auf die Umsetzung des Vorschlags. Sorgen Sie sich nicht darum, ob Sie sich vielleicht falsch entschieden haben – wenn Ihre Lösung nicht durchführbar ist, können Sie sie jederzeit wieder fallenlassen und es mit einem neuen Vorschlag versuchen.

Patty und Greg waren begeistert darüber, daß die meisten ihrer Ideen praktikabel erschienen. Um von der Fülle nicht erschlagen zu werden, entschieden sie sich für folgende Lösungen: die Ransons zum Essen einladen; dem Verein Christlicher Paare beitreten; jeden Tag einen Spaziergang durchs Viertel unternehmen und Leute ansprechen; in den Naturschutzverein eintreten und dort mit Gleichgesinnten zusammentreffen.

**Übung:**

Sehen Sie sich noch einmal Ihre Liste von Möglichkeiten aus der vorigen Übung an. Einigen Sie sich mit Ihrem Partner auf ein oder zwei Lösungen.

Alex und Madeline einigten sich darauf, nach Maui zu fliegen und Madelines Eltern irgendwann im Winter einzuladen. Madeline entdeckte, daß ihr Wunsch, nach Minneapolis zu fahren, hauptsächlich ihrem Pflicht- und Verantwortungsgefühl entsprang und sie in erster Linie mit Alex zusammen an einem ruhigen Ort Urlaub machen wollte.

*4. Überlegen Sie, wie Sie Ihren Plan am besten umsetzen könnten.* Zu einer gemeinsamen Entscheidung zu gelangen ist ein Ziel, an dem viele von uns scheitern. Wie bei so vielen Vorsätzen reicht auch hier nicht allein der gute Wille, um eine Veränderung herbeizuführen. Sie und Ihr Partner müssen sich einen Plan zurechtlegen, nach dem Sie vorgehen wollen. Sie sollten sich entscheiden, wer für was verantwortlich ist und bis wann diese Sache erledigt sein muß. Wenn Sie einen festen Plan haben, an den Sie sich halten können, können Sie Punkt für Punkt abhaken. Sie erkennen, wenn Sie sich Ihrem Ziel nähern, wenn Sie mehr Zeit benötigen oder wenn Sie sich mehr anstrengen müssen.

Sie können auch verschiedene Pläne für die Umsetzung Ihres Lösungsvorschlags entwickeln. Einer kann darin bestehen, sich ein Ziel zu setzen und einen Zeitpunkt festzulegen, bis wann es erreicht sein sollte. Patty und Greg beschlossen, daß sie bis 9 Uhr abends die Ransons für Sonntag zum Essen eingeladen haben mußten. Gesetzt den Fall, sie lassen den Zeitpunkt verstreichen, dann haben sie die Möglichkeit, entweder sofort zum Hörer zu greifen oder sich ein neues Ziel zu stecken. In beiden Fällen setzten sie sich ein festes Ziel, an dem sie sich orientieren konnten und anhand dessen sie ihre Fortschritte beobachten konnten. Vergleichen Sie diese Vorgehensweise mit dem vagen Vorhaben, sich «irgendwann bald einmal» mit den Ransons zu treffen.

Eine andere Möglichkeit, sich ein Ziel zu setzen – hilfreich vor allem bei langfristigen Zielen –, ist es, schrittweise vorzugehen. Wenn beispielsweise Ihr Ziel darin besteht, sich in zwanzig Jahren zur Ruhe zu setzen und dann von Ihren Ersparnissen zu leben, dann könnten Sie sich bestimmte Ziele stecken, sich beispielsweise über Kapitalanlagen und Sparmöglichkeiten informieren.

Eine dritte Möglichkeit der Zielsetzung sind regelmäßige Vorhaben. Patty und Greg beschlossen, jede Woche zum Verein Christlicher Paare zu gehen. Jeden zweiten Tag, so einigten sie sich, würden sie einen Spaziergang durchs Viertel unternehmen und sich mit den Leuten, denen sie begegneten, unterhalten. Und sie würden an jeder Veranstaltung teilnehmen, die der Naturschutzverein organisierte.

Ganz gleich, wie die Umsetzung Ihres Plans auch aussehen mag, legen Sie einen oder mehrere Termine fest, an denen Sie über Ihre Fortschritte Bilanz ziehen und überlegen, wie Sie in Zukunft verfahren wollen.

**Übung:**

Im nächsten Schritt sollten Sie entscheiden, wie Sie Ihren Plan in die Tat umsetzen wollen. Legen Sie einen möglichst genauen Zeitpunkt fest, an dem Sie Ihr Ziel erreicht haben wollen.

Alex und Madeline einigten sich darauf, am folgenden Abend bis spätestens 9 Uhr Madelines Eltern anzurufen und sie einzuladen.

Alex beschloß, am Freitag mit dem Reisebüro zu telefonieren und sich über Pauschalreisen nach Maui zu informieren. Madeline sagte zu, bis Freitag mit einem Freund zu reden, der auf Maui aufgewachsen war, und ihn zu fragen, ob er ihnen ein paar Tips geben konnte. Darüber hinaus verabredeten sie, Sonntag abend essen zu gehen und ihre Informationen auszutauschen. Sie legten nicht nur einen Plan fest, sondern sie kamen dadurch auch noch in den Genuß eines Restaurantbesuchs!

*5. Führen Sie Ihren Plan aus.*
Wenn Sie alle Punkte dieses Programms soweit befolgt haben und diesen auslassen, dann war Ihre ganze Mühe umsonst. Dieser Schritt ist der entscheidende. Nur durch Taten können Sie auf dieser Welt etwas bewegen. Viele Menschen formulieren ihr Problem, überlegen sich Lösungen, wählen die beste aus, denken darüber nach, wie sie ihren Plan verwirklichen könnten – und dabei bleibt's. Gehen Sie einen Schritt weiter! Wenn es Ihnen wirklich ernst ist, dann müssen Sie diesen Schritt tun. Falls Sie nicht den erwünschten Erfolg erzielen, dann läßt es sich nicht ändern. Versuchen Sie es erneut. Aber es ist wichtig, daß Sie von sich aus etwas unternehmen, um Ihr Leben und Ihre Beziehung zu verbessern.

*6. Beurteilen Sie von Zeit zu Zeit Ihre Fortschritte.*
Zu dem Zeitpunkt, den Sie unter Punkt 4 festgelegt haben, und in regelmäßigen Abständen danach sollten Sie innehalten, um Ihre Fortschritte auf Ihr gesetztes Ziel hin zu bewerten. Wenn Ihr Ziel erreicht ist, nehmen Sie sich Zeit, beglückwünschen Sie sich gegenseitig zu Ihrem Erfolg, und überlegen Sie, ob es noch mehr zu tun gibt. Wenn Sie Ihr gestecktes Ziel nicht erreichen, dann denken Sie darüber nach, warum es Ihnen nicht möglich war und was Sie anders machen könnten.

Einen Monat nach unserer ersten Sitzung zogen Patty und Greg Bilanz und besprachen ihre Fortschritte. Sie hatten unter den christlichen Paaren drei kennengelernt, mit denen sie sich gut verstanden, und ein Paar beim Naturschutzverein. Bei einem ihrer Spaziergänge hatten sie ein Pärchen näher kennengelernt, das sie früher schon einmal flüchtig getroffen hatten. Sie hatten alle einmal zu sich eingeladen, und ein Paar hatte sie zweimal besucht. Im Gegenzug hatten zwei Pärchen sie eingeladen, und beide Besuche hatten ihnen Spaß gemacht. Patty und Greg waren von den in nur einem Monat erzielten Fortschritten begeistert, aber Greg wandte ein, daß diese gesellschaftlichen Verpflichtungen mehr Zeit in Anspruch nahmen, als er bereit war, dafür zu investieren. «Mal ehrlich», sagte Greg, «ich freu mich über unsere neuen Freunde, aber inzwischen ist es fast zur Pflicht geworden.» Sie beschlossen, im folgenden Monat nur noch an Wochenenden Einladungen auszusprechen oder anzunehmen. Einen Monat nach diesem Treffen wollten sie sich wieder zusammensetzen, um ihre Erfolge zu diskutieren.

## Das konstruktive Konfliktgespräch

In einer perfekten Welt würden Sie sich jedesmal, wenn ein Problem auftauchte, mit Ihrem Partner hinsetzen und Deweys Sechs-Schritte-Programm zur Problemlösung durchgehen. Im wirklichen Leben hingegen werden Sie und Ihr Partner Ihre Probleme wohl eher auf weniger formale Weise durchsprechen. Damit während dieses Gesprächs keine dysfunktionale Verhaltensmuster zutage treten, sollten Sie sich an eine gewisse Struktur halten. Folgende Schritte könnten bei der Besprechung von Problemen hilfreich sein:

1. Bitten Sie um Zeit.
2. Stellen Sie Ihr Problem dar.
3. Vergewissern Sie sich, daß Ihr Partner Sie versteht.
4. Geben Sie ein Feedback.
5. Hören Sie zu.
6. Wiederholen Sie die Schritte 2 bis 5, solange es Ihnen sinnvoll erscheint.

*1. Bitten Sie um Zeit.*
Sagen Sie zu Ihrem Partner: «Ich habe ein Problem, das ich gern besprechen würde», und fragen Sie ihn, ob der Moment günstig ist. Das ist wichtig, denn Ihr Gegenüber ist vielleicht zu müde, um über etwas zu diskutieren, oder gerade mit anderen Dingen beschäftigt.

Gene beschreibt, wie es ihm erging: «Ich hatte gerade ‹Amerikas lustigste Heimvideos› angeschaltet, als Alison hereinkam und herausplatzte: ‹Wir müssen miteinander reden›. ‹Später›, erwiderte ich und scheuchte sie ungehalten beiseite, weil ich mir ansehen wollte, wie dieses Baby gerade seine Geburtstagskerzen wieder ausspuckte. Alison stolzierte zum Fernseher und schaltete ihn aus. ‹Ich muß mit dir reden!› sagte sie. Ich fing an zu schreien.»

Beverly Hershfield zufolge, einer anerkannten Therapeutin aus San Diego, die sich auf Partnerschaftsprobleme spezialisiert hat, ist Genes Situation nichts Ungewöhnliches. «Ich höre oft von Männern und Frauen, daß sie abends, wenn sie von der Arbeit nach Hause kommen, nichts anderes wollen, als die Schuhe ausziehen, die Post durchsehen und die Zeitung lesen – während ihre Partner darauf bestehen, ein Problem hier und jetzt auszudiskutieren. Wenn sie nur zehn Minuten oder eine halbe Stunde warten würden, könnten sie sich wahrscheinlich die Hälfte aller Streitigkeiten ersparen. Und sie würden außerdem noch feststellen, daß ihr Partner durchaus bereit ist, zu reden.»

Also fragen Sie Ihr Gegenüber, ob ihm oder ihr der Zeitpunkt recht ist. Wenn ja, dann schießen Sie los. Wenn nicht, dann fragen Sie: «Wann würde es dir passen?», und legen Sie einen bestimmten Zeitpunkt fest, um über das Problem zu reden.

*2. Stellen Sie Ihr Problem dar.*

Vergessen Sie nicht zu erwähnen, warum es ein Problem für Sie ist und wie Sie sich dabei fühlen. Verwenden Sie «Ich»- statt «Du»-Aussagen. Zum Beispiel sagen Sie statt: «Du lädst mich nie zum Essen ein» «Ich würde gern einmal mit dir essen gehen.» Sätze, die mit «Du» beginnen, klingen oft vorwurfsvoll.

*3. Vergewissern Sie sich, daß Ihr Partner Sie versteht.*

Bitten Sie Ihren Partner, aktives Zuhören anzuwenden (vergleiche Nähe, Kapitel 5), damit Sie wissen, ob Ihre Mitteilung auch ankommt. Wenn Ihr Gegenüber diese Technik nicht kennt, dann sagen Sie: «Würdest du mir bitte sagen, was du glaubst, was ich dir damit sagen will?»

*4. Geben Sie ein Feedback.*
Lassen Sie die andere Person wissen, ob ihre Botschaft auch richtig angekommen ist. Wenn dies nicht der Fall war, dann klären Sie das Mißverständnis auf, und wiederholen Sie die Schritte 3 und 4, bis Sie sicher sind, daß der andere Sie richtig verstanden hat.

*5. Hören Sie zu.*
Nun ist Ihr Gegenüber an der Reihe, etwas zu sagen, seine Gedanken und Gefühle auszudrücken, während Sie aufmerksam zuhören, bis er sich sicher ist, daß Sie seine Botschaft erhalten haben.

*6. Wiederholen Sie die Schritte 2 bis 5, sooft es Ihnen sinnvoll erscheint.*
Ein Gespräch zwischen zwei Menschen, die die oben skizzierten Schritte befolgen, könnte wie folgt ablaufen:

Al kam nach Hause. Maggie wollte sofort mit ihm reden, aber sie wartete damit bis eine halbe Stunde nach dem Essen. «Ich habe ein Problem, das ich mit dir besprechen möchte», sagte sie.

«Okay, heraus damit», erwiderte Al.

«Und damit wir auch sicher sind, daß wir uns verstehen, sollten wir aktives Zuhören anwenden.»

«Ist mir recht.»

«Al, wir haben darüber gesprochen, im Sommer nach Bali zu fliegen, und du wolltest dich darum kümmern. Und jetzt ist es Mitte April, und ich bin schon ganz nervös, weil ich noch gar nichts gehört habe.»

«Du denkst also, ich hoffe, daß du es vergißt.»

«Nein, das nicht», sagte Maggie, «ich mache mir Gedanken, weil du so beschäftigt bist und mit dem Buchen vielleicht bis zur letzten Minute wartest. Ich freue mich riesig auf Bali und wäre ziemlich sauer, wenn es nicht klappen würde. Kannst du mir jetzt sagen, was du denkst, was ich gesagt habe?»

«Du freust dich auf Bali, aber du machst dir Sorgen, daß ich alles vermassele, weil ich zu lange warte und wir dann nicht fliegen können oder kein Zimmer mehr bekommen.»

«Richtig. Jetzt sag mir, was in dir vorgeht, und ich erzähle dir dann, wie ich dich verstanden habe.»

«Ich bin so mit Arbeit eingedeckt», sagte Al, «daß ich noch nicht mal Zeit hatte, überhaupt an Bali zu denken. Aber ich habe mir in meinem Terminkalender notiert, daß ich diese Woche noch etwas buchen will.»

«Du warst die ganze Zeit so mit Arbeit eingedeckt, daß du keine Zeit hattest», wiederholte Maggie. «Aber diese Woche wirst du dir Zeit dafür nehmen.»

«Richtig», sagte Al. «Und weißt du was, ich habe meinen Chef heute gefragt, ob ich nicht zehn Tage statt einer Woche freinehmen könnte – und er hat ja gesagt!»

«Juhu, wir bekommen drei zusätzliche Tage für unseren Urlaub!» freute sich Maggie.

«Ja», antwortete Al. «Ist das nicht toll!»

Sandy probierte diese Technik mit ihrem Ehemann aus. «Zuerst kommt es einem ganz komisch vor – aber es funktioniert wirklich! Mein Mann wollte irgend jemandem zehntausend Dollar leihen, und ich wurde bald wahnsinnig. Aber als wir uns hinsetzten und diese Methode anwandten, haben wir uns weder angebrüllt, noch herumgestritten, sondern nur daran gearbeitet, wie wir eine Einigung erzielen könnten. Es stellte sich heraus, daß mein Mann über diesen Mann Erkundigungen eingeholt hatte und auch Sicherheiten für sein Darlehen bekommen hatte. Nachdem wir darüber geredet hatten, fühlte ich mich viel wohler, nicht nur, was das Darlehen anging, sondern auch in der Beziehung zu meinem Mann.»

Wenn Sie sich streiten – zehn Regeln für einen fairen Streit. Von Zeit zu Zeit wird es zwischen Ihnen und Ihrem Partner zum Streit kommen. Sie haben dann weder Lust zur Problemlösung, noch wollen Sie das Problem ausdiskutieren – Sie wollen einfach nur austeilen! Derartige Auseinandersetzungen voller Vorwürfe und Flüche und Bosheiten, die hin und her fliegen, können Ihrer Beziehung großen Schaden zufügen. Arnie, einer meiner Klienten, erinnert sich: «Während eines Streits mit meiner Exfrau warf sie mir vor, lächerlich auszusehen, daß mein kleiner, dünner Körper sie abstieß und meine kleine Glatze ein Witz sei. Selbst als wir uns wieder zusammengerauft hatten, war immer noch etwas Trennendes zwischen uns, was schließlich auch dazu führte, daß ich die Beziehung irgendwann beendete.»

Andrea, eine Klientin, beschrieb, wie sehr sie die nächtliche Tirade ihres betrunkenen Mannes verletzt hatte: «Er sagte, ich sei dick und dumm. Er warf mir vor, daß es seit Jahren mit mir bergab ginge, daß ich mich gehenließe. Und er sagte, daß er mich noch nie für besonders helle gehalten hätte, und zählte eine ganze Latte von Sachen auf, die ich alle falsch gemacht hätte. Das habe ich ihm nie verziehen.»

Worte können tief verletzen. Bemerkungen, die in der Hitze des Gefechts fallen, fügen einer Beziehung oft ernstlichen und dauerhaften Schaden zu. Deshalb ist es wichtig, daß Sie sich beide auf ein paar Grundregeln des Streitens einigen, auf Grenzen, die Sie während eines Konflikts schützen werden. *Stellen Sie sie beizeiten auf, und schreiben Sie sie nieder.* Verwenden Sie die zehn unten aufgeführten Regeln, oder stellen Sie Ihre eigenen auf, aber tun Sie es gleich, und notieren Sie sie. Auf diese Weise werden Ihnen die Regeln als Richtlinien zur Verfügung stehen, wenn Sie sie benötigen. Die folgenden Regeln sind lediglich ein Vorschlag. Zögern Sie nicht, sie abzuwandeln oder etwas hinzuzufügen, damit sie Ihren Bedürfnissen entsprechen.

Regel Nr. 1: Beenden Sie den Streit, bevor er Ihnen entgleitet.
Regel Nr. 2: Kein Schlagen, Schreien oder Fluchen.
Regel Nr. 3: Unterstellen Sie nichts.
Regel Nr. 4: Drohen Sie nicht damit, den anderen zu verlassen.
Regel Nr. 5: Kein «Schützenfeuer» (siehe Erklärung unten).
Regel Nr. 6: Spezifizieren Sie Ihr Problem.
Regel Nr. 7: Drücken Sie Ihre Gefühle aus.
Regel Nr. 8: Hören Sie zu.
Regel Nr. 9: Seien Sie kompromißbereit, wann immer es geht.
Regel Nr. 10: Rühren Sie sich, wenn eine der obengenannten Regeln mißachtet wird.

*Regel Nr. 1: Beenden Sie den Streit, bevor er Ihnen entgleitet.* Unterbrechen Sie, wenn sich die Gemüter zu sehr erhitzen und der Konflikt Ihnen zu entgleiten droht. Unterbrechen Sie mit einem zuvor festgelegten Signal für mindestens 20 bis 30 Minuten, und ziehen Sie sich jeder in «Ihre Ecke» zurück – ganz gleich, ob Sie sich in verschiedene Räume begeben oder einer von Ihnen einen Spaziergang macht. Wichtig ist, daß Sie sich für eine Weile physisch trennen. Jeder von Ihnen kann eine Unterbrechung anmelden. Derjenige, der die Unterbrechung wünschte, ist anschließend gefragt, die Diskussion nach dem Dewey-Schema wiederaufzunehmen. Seien Sie auch bereit, die Unterbrechung, falls nötig, über Nacht andauern zu lassen, aber fahren Sie mit der Diskussion auf jeden Fall innerhalb von 24 bis 48 Stunden fort.

Eine andere Möglichkeit ist, den Streit, bevor er zu eskalieren droht, abzubrechen und das Dewey-Schema anzuwenden. Andrea beispielsweise war von sich selbst überrascht, daß sie eine Auseinandersetzung einfach abbrach: «Josh und ich fingen eine ‹Diskussion› an, von der ich wußte, daß sie in einem Riesenstreit darüber enden würde, ob wir unser Kind auf eine Privatschule schicken sollen oder nicht. Die Atmosphäre wurde immer gespannter, und ich war kurz davor zu explodieren. Ich wollte ihm vorhalten, daß er ein richtiger Pfennigfuchser wäre, und ihm jede Menge anderer Beispiele an den Kopf werfen, wo er sich wie ein Geizkragen aufgeführt hatte. Und er hätte zweifellos damit gekontert, daß ich das Geld zum Fenster hinauswarf und ihn noch ins Armenhaus bringen würde – einer seiner Lieblingsausdrücke. Nun, ich beschloß, etwas anderes zu probieren. Ich holte tief Luft und sagte: ‹Josh, statt uns herumzustreiten, laß es uns doch mal mit diesem Dewey-Schema versuchen.› Und das taten wir. Es war toll; anstatt wütend herumzutoben und uns anzuschreien, beruhigten wir uns und redeten in aller Ruhe miteinander und kamen zu einem Ergebnis, mit dem wir beide leben können.»

*Regel Nr. 2: Kein Schlagen, Schreien oder Fluchen.*
Dies ist mit Sicherheit eine Regel, die schwer zu befolgen ist, bedenkt man Ihre Kindheit und Sozialisation in einer Problemfamilie. Gail berichtet: «Ich heiratete, damit ich endlich von diesen ewigen Streitereien wegkam. Aber so, wie wir miteinander umgingen, war die Stimmung genauso geladen wie bei uns zu Hause, als ich klein war. Als man uns in der Eheberatung nahelegte, daß wir uns nicht mehr schlagen, kratzen und anschreien sollten, war es für uns zuerst sehr schwierig,

überhaupt miteinander zu reden. Wir schwiegen uns an. Es war richtig unheimlich. Aber dann fingen wir an, über unsere Gefühle und Enttäuschungen zu reden, und von da an begannen wir, an unserer Ehe zu arbeiten.»

*Regel Nr. 3: Unterstellen Sie nichts.*
Menschen reagieren oft ärgerlich, wenn Sie ihnen nicht nur sagen, was Ihnen an ihrem Verhalten mißfällt («Du hast den ganzen Abend über nicht mit meinem Bruder geredet»), sondern ihnen auch noch ihre Beweggründe nennen («Du hast meinen Bruder mit Absicht ignoriert»).

Allan hatte seiner Frau versprochen, sie vom Kurbad abzuholen, und verspätete sich. «Sobald sie im Wagen saß, fing sie an, mir Vorwürfe zu machen. ‹Du kommst absichtlich zu spät›, sagte sie. ‹Es stört dich, daß ich arbeiten gehe, weil es von deiner Zeit abgeht.› In Wahrheit kam ich zu spät, weil ich im Büro aufgehalten worden war. Aber das löste einen dummen, unnötigen Streit aus.»

*Regel Nr. 4: Drohen Sie nicht damit, den anderen zu verlassen.*
In der Hitze des Gefechts kann es leicht passieren, daß einer von Ihnen mit Scheidung oder Trennung droht, aber dieser Kontrollmechanismus wirkt sich auf eine Beziehung äußerst zerstörerisch aus. Er rührt an Ihrem wunden Punkt – und dem Ihres Partners –, Ihrer Urangst vor dem Verlassenwerden.

Don erinnert sich daran, daß er «am Boden zerstört war», als ihm seine Frau das erste Mal androhte, sie würde ihn verlassen, wenn er sich weiterhin so verhielt. «Es ist genauso, wie wenn man sich über irgendwas in die Haare gerät und einer dann plötzlich eine echte Handgranate hervorzieht. Es war mir nie in den Sinn gekommen, sie zu verlassen. Ich hatte sie geheiratet und versprochen, immer für sie dazusein, und das war auch meine Absicht. Aber als sie dieses Thema anschnitt, dachte ich zum erstenmal darüber nach, wie mein Leben ohne sie aussehen würde. Und dann drohte sie immer wieder damit, und ich glaube, daß das auch der Grund war, warum wir uns schließlich trennten.»

*Regel Nr. 5: Kein «Schützenfeuer».*

Unter «Schützenfeuer» versteht man, wenn Sie zwei, fünf oder gar zehn Vorwürfe zugleich «abfeuern». Ihr Partner kommt spät nach Hause, aber Sie sagen nichts; Sie merken es sich nur. Er beleidigt Ihre Mutter, und Sie registrieren es. Er vergißt, Milch mitzubringen, und Sie speichern es in Ihrem Gedächtnis. Dann vergißt er, den Wagen aufzutanken, und Sie eröffnen das Feuer.

Wenn es Vorwürfe hagelt, dann ist dies für eine Beziehung äußerst schädlich. Ein Partner, der unter Beschuß gerät, wird kaum auf Ihre Vorwürfe eingehen, sondern vielmehr zum Gegenangriff übergehen oder Ihnen aus dem Weg gehen.

Statt alles in sich hineinzufressen, bringen Sie Ihre Probleme dann auf den Tisch, wenn sie auftreten, eins nach dem anderen. Ralph erzählt von seiner Erfahrung mit seiner Lebensgefährtin: «Wenn wir uns stritten, kramte Jean alles nur Erdenkliche hervor. Das eigentliche Thema war beispielsweise, daß ich sie warten ließ, und sie fing an, mir vorzuwerfen, daß ich ein Auto gekauft hatte, das ständig stehenblieb, daß ich meinen Job verloren hatte, daß ich zu spät zur Arbeit kam, daß ich den Mädchen auf der Straße nachsah. Wie konnte ich bei diesen ganzen Vorwürfen auf sie eingehen? ‹Erschieß mich doch!› rief ich so laut, daß es jeder hören konnte. ‹Bring mich um! Ich verdiene es, zu sterben!› Heute können wir darüber lachen. Wir haben uns darauf geeinigt, ein Problem nach dem anderen anzugehen. Das funktioniert weit besser, und es geht jetzt mit Sicherheit ruhiger bei uns zu.»

*Regel Nr. 6: Spezifizieren Sie Ihr Problem.*

Allgemeine Anschuldigungen wie: «Du liebst mich nicht mehr» oder «Du bist gar nicht mehr lieb zu mir» werden Ihnen kaum den erwünschten Erfolg bringen. Konkretisieren Sie statt dessen, was genau geschehen ist oder was unterlassen wurde: «Du hast mir schon seit fünf Monaten keine Blumen mehr mitgebracht.» «Du hast mir seit meinem Geburtstag nicht mehr gesagt, daß du mich liebst.» Einmal warf Matts Frau Myra ihm vor, daß er sich rücksichtslos verhalten habe. «Ich hatte keine Ahnung, was ich getan haben sollte, und sie wollte es mir auch nicht sagen. Erst nachdem ich nicht lockerließ, teilte sie mir mit, daß ich sie zu lange warten ließ, als ich telefonierte.»

*Regel Nr. 7: Drücken Sie Ihre Gefühle aus.*
Es ist wichtig, daß Sie Ihren Partner nicht nur wissen lassen, was Sie *denken*, sondern auch, was Sie *fühlen*. Charlotte berichtet, wie es ihr ergangen ist: «Ich war wütend, daß Dan nichts für unser Wochenende geplant hatte. Er hatte nichts reservieren lassen. Ich stellte fest, daß ich, bevor wir zum Lösungsteil, dem ‹Was-tun-wir-jetzt-Teil›, kamen, meinem Ärger Luft machen mußte und daß ich ihm zumindest mitteilen mußte, wie wütend ich war.»

Ein Rat hierzu: Achten Sie darauf, daß Sie Ihre Gefühle nicht als Machtmittel benutzen. Wie wir in Kapitel 3 über Kontrolle festgestellt haben, haben Erwachsene Kinder gelernt, ihre Hilflosigkeit und Wut einzusetzen, um andere zu manipulieren. Obwohl dies zwar kurzfristig funktionieren mag, führt es letztendlich nur dazu, daß andere ärgerlich und abweisend auf Sie reagieren. Es ist besser, Gefühle offen zu zeigen und andere ehrlich um das zu bitten, was Sie sich wünschen, als zu versuchen, sie mit Gefühlen unter Druck zu setzen.

*Regel Nr. 8: Hören Sie zu.*
Geben Sie Ihrem Partner Gelegenheit, sich ausführlich zu äußern. Benutzen Sie so oft wie möglich aktives Zuhören, um ihn bzw. sie zum Reden zu ermuntern. Marsha erzählt: «Sam unterbrach mich immer und hoffte wohl, damit als Sieger aus unseren Streitereien hervorzugehen. Aber dadurch wurde ich nur noch wütender und entschlossener, meinen Willen durchzusetzen. Jetzt, wo wir den anderen ausreden lassen, geht es mir besser, und ich würde sagen, daß ich jetzt weniger Wert darauf lege, recht zu haben, sondern eher einer Sache auf den Grund gehen will.»

*Regel Nr. 9: Seien Sie kompromißbereit, wann immer es geht.*
Auch hier geht es wieder darum, sich auf Bedürfnisse statt auf Lösungen zu konzentrieren. Donna erzählt: «Einmal war unser Wagen in der Werkstatt, und wir stritten uns darüber, wer den anderen benutzen dürfte. Als wir darüber nachdachten, wurde uns klar, daß es uns um ein Transportmittel ging und nicht um den Wagen selbst. Also arbeiteten wir einen Plan aus, wer wen wohin fahren würde und so weiter, und es klappte ganz prima.»

*Regel Nr. 10: Rühren Sie sich, wenn eine dieser Regeln mißachtet wird.*
Wenn Sie bei Verstößen nicht den Mund aufmachen, sind diese Regeln schnell vergessen. Jeder von Ihnen sollte eine Kopie der Liste besitzen, und zusätzlich sollte noch ein Exemplar irgendwo sichtbar aufgehängt werden. Sandy und Kevin beispielsweise fanden es nützlich, ihre Regeln an der Schlafzimmertür anzubringen: «Wir nahmen die Regeln und einige der Problemlösungsvorschläge, änderten sie nach unseren Wünschen ab und hängten sie auf. Auf diese Weise können wir jedesmal, wenn ein Problem auftaucht, nachlesen, worauf wir uns geeinigt haben. Und wenn einer gegen eine Regel verstößt, können wir ihn schnell darauf hinweisen. Bei uns hat das gut funktioniert.»

**Übung:**

Denken Sie an eine Auseinandersetzung oder eine Meinungsverschiedenheit, die Sie kürzlich mit Ihrem Partner hatten. Sehen Sie sich die Liste mit den zehn Punkten für einen fairen Streit an, und überlegen Sie, welchen Sie oder Ihr Partner mißachtet haben. Wenn sich eine passende Gelegenheit ergibt, reden Sie mit Ihrem Partner über den Konflikt, und diskutieren Sie darüber, wie Sie heute damit umgehen würden. Warten Sie aber damit, bis sich die Atmosphäre etwas entspannt hat.

Tim und Mindy führten diese Übung durch. Tim berichtet: «Fünf von zehn ist gar nicht mal so schlecht, denke ich. Wir sprachen über Mindys Vorwurf, daß ich zuviel Geld ausgeben würde. Wir stellten fest, daß sie mich mit Vorwürfen bombardierte, daß sie vage Anschuldigungen vorbrachte und herumbrüllte. Ich für meinen Teil wollte keine Unterbrechung, bis ich völlig außer mir war, und unterstellte ihr eine Menge, erklärte ihr, warum sie wütend war usw. Ach ja, da war noch ein sechster Punkt – keiner von uns hörte zu. Es ist nicht gerade einfach, sich an diese Regeln zu halten, aber es ist mit Sicherheit eine gute Sache. Früher kannte ich so was nicht. Ich glaube, daß wir's hinkriegen.»

Sie verfügen jetzt über ein paar Grundregeln zum Streiten und ein paar Vorschläge zur Konfliktbewältigung. Mein Rat an dieser Stelle lautet: Haben Sie Geduld mit sich und Ihrem Partner. Ebenso wie Tim hatten auch Sie nie Regeln, an die Sie sich halten konnten. Es ist ein hohes Maß an Einfühlungsvermögen, ein starker Wille und viel Liebe erforderlich, um mit diesen Richtlinien zu arbeiten und sie zu einem festen Bestandteil von Partnerschaften zu machen. Aber es ist möglich, und im Laufe der Zeit werden Sie erkennen, daß sich ein Konflikt durchaus fruchtbar und konstruktiv auf Sie, Ihren Partner und Ihre Beziehung auswirken kann.

Im nächsten Kapitel werden wir uns mit dem Thema «Verpflichtungen eingehen» befassen, eine Vorstellung, bei der vielen Männern und Frauen angst und bange wird – oder die zumindest vorsichtig und nachdenklich macht. Alles, was wir bisher untersucht haben – Gefühle, Kontrolle, Grenzen, Nähe und Konflikte –, wird uns zustatten kommen, wenn wir uns mit der Frage beschäftigen, inwieweit die Bereitschaft, eine Verpflichtung einzugehen, Ihre Beziehung stärken und bereichern kann.

# 7 Eine Verpflichtung eingehen

Patrick lernte Karen über eine Partnervermittlung kennen. Sie schienen wie füreinander geschaffen. Sie liebten beide lange Spaziergänge bei Sonnenuntergang, Folk und Soft Rock, geruhsame Abende zu Hause und Reisen. Sie waren beide Nichtraucher, verabscheuten jede Art von Gewalt und betrachteten sich als religiöse Menschen. Sie liebten ihre Arbeit und räumten ihr eine hohe Priorität ein. Beide hätte man als «gute Partie» bezeichnen können.

Nach etwa sechs Monaten bemerkte Karen eine Veränderung: «Zuerst war Patrick sehr um mich bemüht. Er rief mindestens dreimal die Woche an, hörte mir immer aufmerksam zu, schenkte mir Blumen und war ein vollendeter Gentleman. Nach einiger Zeit verbrachten wir fast jedes Wochenende zusammen. Dann begann sich sein Verhalten zu verändern. Er wurde distanzierter, in sich gekehrter. Erst dachte ich, es wäre nur so eine Stimmung – eine neue Seite an ihm oder so. Aber es ging so weiter. Als ich ihn fragte, ob irgendwas nicht in Ordnung sei, bestritt er, daß sich überhaupt etwas geändert hatte. Er hielt nicht mehr meine Hand, wenn wir weggingen, sagte mir nicht mehr, daß er mich liebte, und wenn wir uns unterhielten, schien es, als sei er die meiste Zeit mit seinen Gedanken ganz woanders. Als er mir schließlich am Telefon eröffnete, daß er sich von mir trennen wollte, war ich nicht mal überrascht. Aber ich war ziemlich verzweifelt, denn die Beziehung hatte so vielversprechend begonnen. Ich frage mich immer noch, ob ich irgend etwas Falsches gesagt oder getan habe – vielleicht habe ich ihn zu früh gedrängt, sich festzulegen, ich weiß es nicht –, aber er verhielt sich so, als wollte er eine feste Beziehung.»

Aus Patricks Sicht stellt sich die Situation folgendermaßen dar: «Sie war keine Idealfrau oder so, aber ich mochte sie sehr. Ich weiß nicht, was es ist oder was es war. Je mehr ich mich einließ, desto unwohler fühlte ich mich. Mir fielen plötzlich Dinge an ihr auf, die mir nicht gefielen. Sie hatte zu breite Hüften, sie lächelte zuviel, sie war im Bett nicht aggressiv genug. Das alles kommt mir sehr bekannt vor. Mein Therapeut meinte, ich könnte es einfach nicht ertragen, wenn jemand gut zu mir ist. Ich glaube, er hat recht. Ich denke, daß ich irgendwann anfing, die Beziehung zu sabotieren, ohne etwas dagegen tun zu können. Jetzt wünschte ich, wir wären wieder zusammen, aber ich fürchte, ich hab die Sache mal wieder gründlich vermasselt!»

Jan packte Proviant ein, während Nick und Michelle ihre Räder holten und Tony seinem Sohn Robin beim Aufpumpen half. «Ich glaube, du bist bald alt genug für ein neues Rad, was Robin?» sagte Tony lächelnd und hielt das Rad fest. Tony beobachtete, wie sein achtjähriger Sohn mit beachtlichem Geschick die Pumpe auf das Ventil aufsetzte und dann die Handpumpe bediente. Tony dachte an Robins Geburt zurück. Jan hatte eine schwere Schwangerschaft durchgemacht. In den letzten zwei Monaten hatte sie die meiste Zeit im Bett liegen müssen. Als es dann soweit war, schafften sie es kaum noch zum Krankenhaus. Doch die Geburt verlief ohne Komplikationen, und obwohl er auch die Geburten seiner ersten beiden Kinder miterlebt hatte, erinnerte sich Tony noch genau, welch ein ehrfürchtiges Gefühl ihn ergriffen hatte, als er sein drittes Kind zur Welt kommen sah.

Tony ließ die 15 gemeinsamen Jahre mit Jan, von denen sie 13 verheiratet waren, in Gedanken an sich vorüberziehen. «Sie ist eine energische Frau», dachte er. «Ich mußte schwer um sie kämpfen.» Kurz bevor sie heirateten, gab es eine Phase, in der Jan abspringen wollte. Seiner Meinung nach hatte sie sich zu sehr von einer Freundin beeinflussen lassen. Er wußte, daß sie damals einfach nur Angst hatte. Deshalb tauchte er mit einer Gitarre unterm Arm vor ihrer Haustür auf und sang ihr seine Version von «Love me tender» und «All you need is love». Er mußte innerlich lächeln, als er sich daran zurückerinnerte, wie sie zuerst geweint, dann gelacht und ihn schließlich zum Tee eingeladen hatte. Die Hochzeit fand wie geplant statt.

Seine Gedanken wanderten zu der Zeit zurück, als er vom Computergeschäft genug gehabt und aus einem Impuls heraus gekündigt hatte.

Meine Güte, war sie da böse gewesen! Ihre Beziehung wäre beinah daran zerbrochen. Er war fast ein ganzes Jahr arbeitslos, und sie brauchten beinah all ihre Ersparnisse auf. Jan ging wieder arbeiten, und Tony blieb zu Hause bei den Kindern. Es hätte nicht viel gefehlt, und sie hätten auch noch ihr Haus verloren, aber irgendwie kamen sie wieder auf die Beine. Obgleich diese Zeit zu den schwierigsten ihres gemeinsamen Lebens gehörte, erlebten sie damals auch einige sehr glückliche Momente.

«Papi, Papi!» Tony wachte aus seinen Träumereien auf. «Ich hab den Reifen ganz allein aufgepumpt!»

«Tatsächlich. Gut gemacht, Robin!» Tony legte ihm die Hand auf die Schulter.

Jan kam mit dem Rucksack voller Proviant heraus. «Wo sind Nick und Michelle? Sind sie schon fertig?»

«Sie holen die Räder. Sie müssen gleich hier sein.»

«Na endlich, wir sollten schon seit einer halben Stunde unterwegs sein.» Jan gab Tony den Rucksack. «Ist mein Fahrrad in der Garage?»

«Ja. Ich hol's dir», sagte Tony. «Aber erst...» Er stellte den Rucksack ab und nahm Jan bei der Hand. «Komm her. Ich möchte dich drükken.» Tony umarmte Jan liebevoll. Jan entspannte sich und legte ihre Arme um ihn. «Ich möchte dir nur sagen, daß ich dich sehr schätze und sehr liebe.»

«O Tony», flüsterte Jan. «Ich liebe dich auch.»

Die Arbeit an diesem Kapitel fiel mir am schwersten von allen. Ich habe schließlich zwei gescheiterte Ehen und mehrere längere Beziehungen hinter mir, die ich meist aus unbewußter Angst vor Nähe und Verantwortung abbrach. Meine letzte intensive Partnerschaft ging vor drei Jahren auf schmerzliche Weise zu Ende, und im nachhinein erkenne ich, wie extrem co-abhängig ich war, ohne es mir selbst einzugestehen. Ich klammerte, während sie sich entzog – eine Umkehrung der sonstigen Rollenverteilung, da ich sonst derjenige war, der den abwehrenden Part spielte. In den letzten drei Jahren habe ich es tunlichst vermieden, mich auf eine festere Beziehung einzulassen. Wie kann ich da eigentlich über Verbindlichkeit schreiben?

Offen gesagt, glaube ich nicht, daß es überhaupt irgendwelche Experten zu diesem Thema gibt, und ich glaube auch nicht, daß irgend jemand die «richtige» Antwort auf diese Frage kennt, mich selbst eingeschlossen. Ich glaube gleichwohl, daß ich als persönlich Betroffener und als Eheberater, der Hunderte von Paaren betreut hat, mir mittlerweile ein recht gutes Bild davon machen kann, was Verbindlichkeit und Verantwortung in einer Beziehung bedeuten. Ich habe erfahren, daß ich, wie viele andere Erwachsene Kinder auch, dazu neige, zu flüchten, sobald es schwierig wird. Ich sehe jetzt auch, daß mir meine Verpflichtungen nie richtig bewußt waren und daß ich mich, sobald mir die Zweisamkeit zu anstrengend wurde, immer wieder zurückzog, auch wenn das innere Leere und Einsamkeit bedeutete.

Was am wichtigsten ist, ich beginne zu verstehen, daß es darum geht, eine *Ausgewogenheit* herzustellen und Verpflichtungen in meinem Leben nicht mit einer Alles-oder-nichts-Haltung anzugehen. Besonders im Hinblick auf Beziehungen gibt es einen Mittelweg zwischen sich blindlings in eine Bindung hineinzustürzen oder blindlings vor einer Bindung davonzulaufen oder an einer für beide Partner schädlichen Beziehung festzuhalten. Je bewußter ich eine Bindung und damit auch eine Verpflichtung eingehe und zu ihr stehe, desto eher wird es mir gelingen, eine Ausgewogenheit in meinem Leben zu erzielen.

Eine Verpflichtung einzugehen bedeutet, sich zu entscheiden, sich – vielmehr die eigene Zeit, Energie und Aufmerksamkeit – einer Sache zu widmen, die es wert ist. Eine Verpflichtung ist etwas, zu dem wir uns bekennen. Sie ist untrennbar mit unserem Denken, Handeln und Fühlen verknüpft. Unsere Verpflichtungen stehen ganz oben auf unserer Prioritätenliste. Dazu können unser Beruf, unsere Gesundheit, unsere Genesung, unser Glauben oder unsere Partnerschaft zählen. Besonders wenn Sie Angst haben, eine Bindung einzugehen bzw. aufrechtzuerhalten, dann kann Ihre Verpflichtung eine Basis schaffen, die Ihren Befürchtungen und Ängsten standhält.

In Patricks und Karens eingangs beschriebenem Fall bekam Patrick in dem Moment Angst, als die Partnerschaft sich vertiefte und er sich hätte wirklich einlassen müssen. Im Anfangsstadium der Beziehung verhielt er sich so, als sei er an einer festen Bindung interessiert. Dann trat eine Veränderung ein, und wie er selbst zugab, ging er dazu über, die Beziehung zu «sabotieren». Vielleicht hat er eine tiefsitzende Angst vor Vertrautheit und Nähe, vielleicht davor, erdrückt oder vereinnahmt zu werden. Robert Bly bezeichnet Männer, die ständig ihre Freundinnen wechseln, die nie lang genug bleiben, um eine echte Bindung einzugehen, als «flying boys». Wie sagte einer meiner Freunde einmal: «Wenn's brenzlig wird, sieht man Erwachsene Kinder nur noch von hinten.» Wie immer Patricks unterschwelligen Ängste auch zu erklären sind, es wird ganz deutlich, daß er Probleme damit hat, eine Bindung einzugehen.

Tony und Jan dagegen haben in ihrer Partnerschaft offensichtlich eine Menge gemeinsam durchgestanden. Warum haben sie trotz aller Höhen und Tiefen zusammengehalten? Das läßt sich sicher nicht nur mit Liebe erklären, sondern hängt mit der Verbindlichkeit ihrer Partnerschaft und der Verpflichtung ihren Kindern gegenüber zusammen. Es ist nicht immer leicht für sie gewesen, und sie haben einige schwere Krisen gemeistert. In ihren fünfzehn gemeinsamen Jahren haben beide ihre Verpflichtung mehrmals ernsthaft hinterfragt, haben sich aber jedesmal wieder, trotz aller Widrigkeiten, für die Beziehung entschieden. Die Bereitschaft, zu ihrer Verpflichtung zu stehen, hat für ihre Partnerschaft eine Basis geschaffen, auf der sich im Laufe der Jahre ihre Liebe und gegenseitige Achtung entfalten konnten.

Neben ihrer Verpflichtung haben auch andere wichtige Elemente ihre Beziehung gefördert: gegenseitige Liebe und Achtung, Respekt für die Grenzen des anderen, die Bereitschaft, sich einander zu öffnen, und die Liebe zu den gemeinsamen Kindern, nur um einige Aspekte zu nennen. Wenn diese Faktoren allerdings hin und wieder in den Hintergrund treten, wie es zwangsläufig in jeder Beziehung vorkommt, so hält letztendlich die beidseitige Verpflichtung ihre Ehe zusammen. Mit anderen Worten, ihre Verpflichtung ist konstruktiv und lebendig und beruht auf einer bewußten Entscheidung.

## Bis daß der Tod uns scheide: Familiäre Bindungen

Aufgrund Ihrer Kindheitserfahrungen sind Sie der Meinung, daß eine Verpflichtung einzugehen etwas Einengendes und Schädliches ist, etwas, das man fürchten und vermeiden muß, oder etwas, das Sie zumindest sehr verwirrt. Die Ehe Ihrer Eltern war möglicherweise ein Musterbeispiel für eine tote und abgestumpfte Bindung – tot, weil es kaum noch Dynamik gab; abgestumpft, weil sie eher aus Gewohnheit oder Routine als aus einer bewußten Entscheidung heraus aufrechterhalten wurde. Aufgrund ihrer Co-Abhängigkeit waren Ihre Eltern aufeinander angewiesen, um sich als vollständige Persönlichkeiten zu fühlen. Einer von beiden oder beide waren von Tabletten, Alkohol, anderen Suchtstoffen oder auch einer Aktivität abhängig. Und doch hatten sie sich für diese Ehe entschieden und hielten an ihrer Verpflichtung fest. Aber hatte dies etwas mit Gefühlen zu tun? Wahrscheinlich nicht. Vermutlich blieben sie einfach deswegen zusammen, weil man dies nun einmal von Ehepaaren erwartet.

«Ich weiß, daß sie überhaupt nicht glücklich miteinander waren», erzählt Frank. «Sie redeten kaum miteinander, und ich erlebte es nie, daß sie sich umarmten oder küßten. Ich glaube, daß mein Vater während der ganzen Ehe Affären hatte, obwohl ich mir nicht sicher bin. Meine Mutter schien sich mit Essen zu trösten, denn sie war ziemlich dick. Ich erinnere mich nicht daran, daß sie je gelächelt hätte – sie wirkte immer bedrückt. Sie benahmen sich die meiste Zeit wie Zombies. Klar, sie blieben zusammen, aber es gab wirklich wenig Fröhlichkeit in meinem Elternhaus.»

Die Generation Ihrer Eltern betrachtete Scheidung als Sünde, die um jeden Preis vermieden werden mußte. Eine unangefochtene moralische und gesellschaftliche Autorität postulierte, daß die Ehe ein Leben lang anzudauern hatte. Auch wenn eine Partnerschaft abgestumpft oder chaotisch und gewalttätig war, blieben Ehepaare wegen gesellschaftlicher oder religiöser Zwänge zusammen. Sie taten es also nicht aus einer bewußt eingegangenen Verpflichtung heraus, einem Versprechen, das sie sich selbst einmal gegeben hatten, sondern aus Pflichtgefühl, aus blindem Gehorsam gegenüber einer übergeordneten äußeren Instanz, sei es die Kirche oder die Gesellschaft.

Die strikte Einhaltung des Ehegelöbnisses «bis daß der Tod uns scheide» schien alles, was zwischen Eheleuten passierte, zu sanktionieren – Mord ausgenommen. Diese Einstellung war sehr weit verbreitet. Das seit Jahrhunderten herrschende Patriarchat betrachtete Frau und

Kinder nach wie vor als Eigentum des Ehemannes und räumte ihm ein beinah uneingeschränktes Verfügungsrecht über sie ein. Häufig blieb eine Frau aus ökonomischen Gründen oder der Kinder wegen bei ihrem gewalttätigen Mann.

Rachel erlebte einmal, wie ihr angetrunkener Vater ihre Mutter verprügelte. «Ich nahm meinen kleinen Bruder Jonny an der Hand und wollte aus dem Zimmer gehen, als mich mein Vater anbrüllte: ‹Bleib sitzen und guck dir an, was deinem Miststück von Mutter passiert!›, und er schlug weiter mit den Fäusten auf sie ein. Wir saßen zitternd in der Ecke und hatten schreckliche Angst, daß er sie umbringen würde und danach auch uns, statt dessen ging er dann einfach weg – wahrscheinlich, um sich noch weiter zu betrinken. Nachdem er fort war, schrie ich meine Mutter fast an: ‹Warum verläßt du ihn denn nicht einfach?› Und wissen Sie, was sie antwortete? Sie sagte, daß sie wegen uns bei ihm bliebe. Wegen uns! Glauben Sie mir, es hätte nicht schlimmer kommen können, wenn sie ihn verlassen hätte.»

Ihre Eltern dienten Ihnen wahrscheinlich als schlechte Vorbilder für eine funktionierende, lebendige Verbindung. Vielleicht führten sie, wie die Eltern von Frank, eine eingefahrene, lieblose Ehe, oder einer von beiden (oder beide) hatten Affären. Vielleicht wurden Sie in eine Scheidung verwickelt, die von vielen Sorgen und Ängsten begleitet war. Oder Sie beobachteten in der elterlichen Beziehung ständig Spannungen, Streit und Verunsicherung.

Meine Eltern sind heute noch zusammen. Meine Mutter war schon einmal verheiratet gewesen und brachte drei Kinder mit in die Ehe. Kurz darauf kam ich zur Welt. Obwohl ich mich auch an angenehme Zeiten erinnern kann, so überwiegen in meiner Erinnerung doch häusliches Chaos und Unsicherheit. Nachdem ich den Alkoholmißbrauch, die Streits, die Drohungen und das Durcheinander miterlebt hatte, lag für mich der Schluß nahe, daß die Ehe eine jammervolle Angelegenheit war. Ich schwankte zwischen dem Vorsatz, nie zu heiraten, und der Überzeugung, daß *meine* Ehe viel besser funktionieren würde. Nach zwei gescheiterten Ehen mußte ich feststellen, daß ich meine unklaren Vorstellungen, was persönliche Bindungen und Verpflichtungen anging, auf meine Partnerschaften übertragen hatte.

## Unsicher aufwachsen: Als Erwachsener eine Verpflichtung eingehen

Auch als Erwachsener habe ich sehr lange nicht begriffen, was es heißt, eine Verpflichtung einzugehen und dazu zu stehen. Obgleich sich ein Teil von mir vor der Ehe fürchtete, ließ ich mich gleich zweimal darauf ein. Mein Bedürfnis nach Geborgenheit erwies sich als stärker als meine Ängste und Vorbehalte gegenüber einer verbindlichen Beziehung. Es fiel mir nicht schwer, zu heiraten und einen Treueeid abzulegen, aber womit ich nicht gerechnet hatte, war, daß die Ehe all meine Ängste zutage fördern würde. Aufgrund dieser Ängste suchte und fand ich stets Wege, vor meiner Verpflichtung, der Erfüllung meines Ehegelöbnisses, davonzulaufen.

Als ich meiner ersten Frau Beth, die Nähe und Vertrautheit auch nur schwer zulassen konnte, eine «offene» Ehe vorschlug, um unserer Unzufriedenheit abzuhelfen, war sie gleich einverstanden. Da wir die Ehe unserer Eltern als erdrückende Verpflichtung erlebt hatten, wundert es nicht, daß wir beide nach einem Hintertürchen suchten. Die offene Ehe war ein interessantes Experiment, brachte uns aber einander kein bißchen näher. Sie half uns auch nicht, uns mit den grundlegenden Problemen, die wir beide mit in diese Ehe gebracht hatten, auseinanderzusetzen. Wir liefen beide vor Nähe und Verbindlichkeit davon. Ich habe bereits erwähnt, wie schnell und leicht wir uns auf eine Scheidung einigten. Wir machten uns keinerlei Gedanken über die Möglichkeit, unsere Beziehung zu retten – wir flüchteten einfach.

In meiner zweiten Ehe mit Susan hatte ich immer noch keine richtige Vorstellung davon, was es heißt, eine Verpflichtung einzugehen. Ich war zwar bereit, «zu lieben, zu achten und zu ehren», aber ich verstand nicht, was diese Worte eigentlich bedeuteten. Um die Verpflichtung, die eine Ehe darstellt, erfüllen zu können, hätte ich offen und ehrlich sein müssen, aber ich hatte zu große Angst davor, mich Susan so zu zeigen, wie ich wirklich war. Ich fürchtete, daß sie mein wahres Ich genausowenig mögen würde wie ich selbst und mich verlassen könnte. Deshalb präsentierte ich ihr mein Ideal-Ich, die Persönlichkeit, von der ich annahm, daß sie sie lieben und akzeptieren würde, und verbarg all meine Makel. Da auch sie ein Erwachsenes Kind war, vermute ich, daß sie in mir tatsächlich den idealen Partner sehen wollte. Ich glaube außerdem, daß sich hinter ihrem liebevollen Lächeln unverarbeiteter und uneingestandener Ärger verbarg.

Je mehr wir uns voreinander versteckten, desto mehr entfernten wir uns voneinander. Ich suchte bei anderen Frauen die Art von Geborgenheit, die ich in meiner Ehe vermißte, und meine Schuldgefühle verstärkten die Barrieren zwischen uns nur noch. In einem Sommer entluden sich unsere in vier Jahren aufgestauten Aggressionen in einer Reihe von heftigen Auseinandersetzungen. Es herrschte eine äußerst angespannte Atmosphäre zwischen uns. Wir unternahmen den halbherzigen Versuch, einen Eheberater zu konsultieren, drangen aber nicht zum Kern unseres Problems vor. Als sich die Spannungen zwischen uns weiter verstärkten, kam eines Abends das Gespräch auf «Scheidung», und wir waren beide sofort einverstanden – einfach so. Wir wohnten noch zwei Monate zusammen, zogen dann aus dem gemeinsamen Haus aus und brachten die Scheidung hinter uns. Für mich war es eine der schmerzhaftesten, quälendsten Erfahrungen meines Lebens, weil neben dem Trennungsschmerz nun auch Gefühle an die Oberfläche traten, die seit meiner Kindheit in mir geschlummert hatten. Wieder hatte ich den einzigen Ausweg gewählt, den ich als Erwachsenes Kind kannte – wenn die Beziehung nicht funktioniert, dann heißt es, Reißaus nehmen.

Sicher sind auch Sie in Ihrer Familie mit vielen Unsicherheiten konfrontiert worden: Sie waren sich Ihrer selbst und anderer Menschen nicht sicher. Sie waren sich nicht sicher, wie das Leben funktionierte, was «normal» eigentlich bedeutete, und vor allem waren Sie sich darüber im unklaren, was es hieß, Verantwortung in einer Partnerschaft zu übernehmen. Für die meisten Erwachsenen Kinder ist das eine verwirrende Frage.

Viele Erwachsene Kinder gehen Beziehungen ein, die auf Sucht und Co-Abhängigkeit beruhen. Wenn Sie in einer Familie aufwuchsen, in der Alkoholismus oder eine andere Art von Sucht herrschten, dann wurde Ihnen frühzeitig ein co-abhängiges Verhaltensmuster antrainiert. Die ausgeprägteste Form von Co-Abhängigkeit ist die Beziehungssucht. Sie entscheiden sich nicht bewußt für eine Partnerschaft, sondern verharren in einem co-abhängigen Muster aus emotionaler

Abhängigkeit und Selbstverleugnung – eine schädliche Bindung an eine schädliche Beziehung.

Sharon erlebte dieses Verhaltensmuster an sich. «Ich bin seit 22 Jahren mit Merv verheiratet und erkenne jetzt erst, wie sehr er meinem Vater ähnelt. Auf meinem ersten Al-Anon-Treffen erzählte eine Frau von ihrer Ehe mit einem Alkoholiker. Sie schilderte, wie sie ein Leben lang ihre eigenen Bedürfnisse zurückgestellt hatte und wie der Alkoholismus sie beide beherrschte. 'Sie sprach mir aus der Seele! Ich sehe meinen Mann jetzt in einem völlig anderen Licht. Ich weiß noch nicht, was ich tun werde, aber ich bin mir sicher, daß sich durch dieses Treffen einiges ändern wird.»

## Verbindlichkeit als eine Entweder-oder-Entscheidung

Wie auch immer Ihre spezielle Familiensituation ausgesehen haben mag, als Erwachsenes Kind neigen Sie dazu, Bindungen als eine Frage von Entweder-Oder zu betrachten. Sie nehmen entweder eine sehr strikte Haltung ein, das heißt, Sie bleiben bei Ihrer Verpflichtung, komme was da wolle, oder Sie fürchten sich so sehr vor einer Bindung, daß Sie ihr grundsätzlich aus dem Wege gehen oder sie sabotieren, sollten Sie eine eingehen. Beide Verhaltensweisen können in eine Sackgasse führen.

Wenn Sie starr an Ihrer Verpflichtung festhalten, dann besteht die Gefahr, daß Sie länger daran festhalten, als Ihnen guttut. Wenn Ihr Partner beispielsweise regelmäßig seine Versprechen bricht und gegen Abmachungen verstößt oder wenn Sie immer wieder mißhandelt werden und jeder Versuch, dagegen anzugehen, scheitert, dann sollten Sie sich ernsthaft überlegen, ob Sie die Beziehung weiterführen wollen. Eine solche «Durchhaltementalität» ist in unserer Kultur tief verankert. Wie fatal! Ich bin der Meinung, daß es Situationen in einer Beziehung gibt, in denen man unbedingt seine Verpflichtung hinterfragen und eine Trennung ins Auge fassen sollte.

Georgia war zwei Jahre mit Desmond zusammen, als sie sich entschloß, sich von ihm zu trennen. «Ich habe lange und gründlich über diesen Schritt nachgedacht. Er sagte mir immer wieder, daß er an gemeinsamer Freizeit und Sex, aber an keiner engeren Bindung interessiert sei, und ich ließ mich darauf ein, weil ich an diesem Mann wirklich hing. Außerdem hatte ich gelernt, daß man Männer nicht zu einer Bindung drängen darf. Er war nicht etwa gefühlskalt oder so; er war einfach nicht dazu bereit, mir das zu geben, was ich von ihm wollte. Ich kann ihm deswegen keine Vorwürfe machen oder ihn verurteilen, aber ich möchte nun mal, daß sich jemand ganz auf mich einläßt. Ich sagte ihm schließlich, daß es einfach nicht so weitergehen könnte und daß wir uns trennen müßten. Er rief mich oft an, und irgendwann schliefen wir auch miteinander, aber es funktionierte nicht. Ich muß einfach bei meiner Entscheidung bleiben.»

Die Angst, eine Verpflichtung einzugehen, kann ebenfalls in eine Sackgasse führen. Ihre Angst lähmt Sie. Solange Sie sich von ihr beherrschen lassen, haben Sie keinerlei Entscheidungsfreiheit. Sie reagieren noch immer auf Ihre Kindheitserlebnisse. Selbst Ihr Körper verrät, wie ungeheuer bedroht Sie sich fühlen, wenn Sie mit der Möglichkeit konfrontiert werden, sich auf eine verbindliche Beziehung einzulassen.

«Nachdem Trina und ich ein paar Monate zusammen waren, wurde die Sache ernster», erzählt Walt. «Als wir einmal abends im Restaurant saßen, kam das Gespräch auf Ehe und Kinder. Trina meinte schließlich, daß wir beide bestimmt eine tolle Ehe führen würden. Ich wußte nicht, was ich dazu sagen sollte. Mir brach tatsächlich der Schweiß aus! Dazu fällt mir eine Szene aus einem Film mit Steve Martin ein, in der seine Freundin zu ihm sagt, er könnte das Wort mit dem Anfangsbuchstaben H wahrscheinlich nicht mal aussprechen. Er nimmt die Herausforderung an und macht einen heldenhaften Versuch, aber alles, was er herausbringt, ist ‹H-H-Hei-Hei›. Auf alle Fälle sind Trina und ich zwar noch zusammen, aber ich weiß einfach nicht, wie weit ich mich noch einlassen will.»

An diesem Punkt kommt Walt nicht weiter, bleibt unsicher und ambivalent. Er ist sich seiner Angst wohl bewußt, bleibt jedoch in ihr gefangen. Ich werde nun ausführlicher auf die Ängste eingehen, die diese übervorsichtige Haltung hervorrufen.

## Was ist an Verbindlichkeit so schrecklich?

Hinter den schweißnassen Händen und dem schweren Atem verbergen sich ganz spezielle Ängste, die Sie als Erwachsenes Kind verfolgen. Im folgenden stelle ich die häufigsten vor:

*Angst vor Nähe*

Wir haben bereits gesehen, wie beängstigend es für die meisten Erwachsenen Kinder ist, einem anderen Menschen nahezukommen. Nähe schließt Verletzlichkeit, Aufrichtigkeit und Offenheit ein und birgt das Risiko, abgelehnt und/oder verlassen zu werden. Damit sich eine Bindung entwickeln kann, müssen wir ein solches Risiko eingehen können, auch wenn uns unsere Kindheitserfahrungen lehrten, uns um jeden Preis zu schützen. Wir können uns nur schwer vorstellen, daß es möglich sein könnte, unsere Ängste zu überwinden und eine verbindliche Beziehung zu haben.

Walt berichtet weiter: «Mir ist bewußt geworden, daß es mir eine Höllenangst macht, zu Trina – oder eigentlich zu jedem Menschen – Nähe aufzubauen. Ich mag sie wirklich sehr. Sie tut mir gut, und ich weiß, daß es nicht an ihr liegt. Gestern abend im Restaurant machte sie mich darauf aufmerksam, daß ich ihr nicht mehr so oft in die Augen sehe wie früher. Als wir neulich abends zusammen im Bett lagen, wurde ich richtig nervös bei dem Gedanken, die Nacht bei ihr zu verbringen. Ich mußte dauernd an die Sachen denken, die ich am nächsten Morgen zu erledigen hatte. Aber ich sagte nichts und verbrachte statt dessen eine furchtbar unruhige Nacht. Es kommt mir so vor, als würde ich mich immer unwohler fühlen, je mehr Zeit wir miteinander verbringen. Da sind mir irgendwelche Bettgeschichten fast lieber – aber die sind eigentlich auch nichts mehr für mich.»

*Angst vor Vereinnahmung*

Vielleicht empfinden Sie die Aussicht auf eine echte Bindung als enorme Belastung und als eine Verpflichtung, von der Sie sich nie mehr befreien können. Da Sie kein Gespür für Ihre eigenen Grenzen haben, fürchten Sie vielleicht, daß Sie sich in einer Beziehung verlieren könnten. Vielleicht haben Sie diese Erfahrung ja bereits gemacht und hüten sich nun davor, sie zu wiederholen. Wenn dies Ihre größte Angst ist, dann greifen Sie möglicherweise zu den verschiedensten Abwehrmechanismen: Sie gehen Beziehungen generell aus dem Weg, Sie springen im letzten Moment ab, oder Sie lassen sich nur auf Menschen ein, die passiv und unterwürfig sind und die Sie verlassen können, ohne daß sie Ihnen bedrohlich werden können.

Joan, eine attraktive Frau in den Dreißigern, die nie verheiratet war, beschreibt, wie sich diese Angst in ihrem Leben auswirkte: «Ich bin nie lange mit einem Mann zusammengewesen. Mit Ausnahme einer Beziehung, die drei Jahre dauerte, haben die meisten nie länger als drei oder vier Monate gehalten. Ich gerate anscheinend immer an Männer, die mich entweder anbinden wollen oder die bemuttert werden möchten. In jedem Fall ziehe ich den kürzeren. Lieber bleibe ich mein Leben lang allein, als in einer solchen Beziehung eingesperrt zu sein.»

*Angst, die Kontrolle zu verlieren*

Wenn Sie längere Zeit mit einem Partner zusammenleben, dann müssen Sie zwangsläufig Kompromisse eingehen. Sie können nicht immer Ihren Willen durchsetzen oder das tun oder lassen, was Sie gerade wollen. In einer verbindlichen Partnerschaft werden Sie in der Regel auch die Wünsche und Bedürfnisse des anderen berücksichtigen, bevor Sie eine Entscheidung treffen. Als Erwachsenes Kind ist es Ihnen äußerst wichtig, die Kontrolle zu behalten, und deshalb schreckt Sie vermutlich der Gedanke ab, Kompromisse zu schließen. Vielleicht haben Sie in einer früheren Beziehung die Kontrolle an Ihren Partner abgegeben und klammern Sie sich nun daran wie ein Ertrinkender an einen Rettungsring. Natürlich geben Sie sich Zeit, bevor Sie eine neue Verpflichtung eingehen.

«Ich habe 17 Jahre in einer Ehe verbracht, die ein reines Gefängnis war», erzählt Dorothy, «er war mein Herr und Gebieter und ich seine Dienerin. Ich hatte einen ganz guten Job, aber keinen Einfluß darauf, was mit meinem – und seinem – Geld passierte. In allem war ich auf seine Anerkennung und Zustimmung angewiesen. Er entschied, was ich anzog, wo wir hingingen – einfach alles. Ich blieb der Kinder wegen bei ihm. Die ganze Situation erinnerte mich immer mehr an meine Eltern. Mein Vater hatte das Leben meiner Mutter geregelt, wie es mein Mann für mich tat. Ich bin jetzt seit sieben Jahren geschieden und habe einen wundervollen Mann kennengelernt, der mich heiraten möchte, aber ich habe einfach Angst, daß sich das alles wiederholt.»

*Angst vor Verletzung*

Sie fürchten, auf vielerlei Weise verletzt zu werden, wenn Sie eine enge Bindung eingehen. Hinter diesen Befürchtungen steht die Urangst, mißhandelt oder verlassen zu werden. Sie sollten sich noch einmal vergegenwärtigen, daß für Sie Bindung und Nähe einst mit Mißhandlung und/oder Verlassenwerden verknüpft waren. Sie können nicht wirklich daran glauben, daß ein Partner es gut mit Ihnen meint. Ihr inneres Kind erwartet, daß es auf irgendeine Art mißhandelt wird, und deshalb zielen Ihre Abwehrmechanismen darauf ab, jede Art von Mißhandlung zu vermeiden. Mit der Angst vor seelischer oder körperlicher Verletzung geht die unausgesprochene Befürchtung einher, daß Sie, wenn Sie sich auf eine verbindliche Beziehung einlassen, von Ihrem Partner allein gelassen werden könnten, so wie Sie es als Kind erlebten.

«Immer wenn mir an einer Frau etwas liegt», vertraute mir Charles an, «fange ich anscheinend an, nach Fehlern zu suchen. Ich habe vor kurzem eine Frau kennengelernt, die ich wirklich mag, und sie mich offenbar auch. Ich glaube, in dieser Beziehung liegt eine große Chance, obwohl es eigentlich noch zu früh ist, um das zu beurteilen. Aber in meinem Kopf fange ich schon an, das Haar in der Suppe zu suchen – sie ist zu jung, sie ist wahrscheinlich sehr aufbrausend, sie war nie verheiratet. Irgend etwas muß doch an ihr nicht stimmen – besonders, wenn sie mich mag. Ich glaube, ich habe im Grunde Angst davor, daß sie mich verlassen könnte, wenn ich mich erst richtig eingelassen habe. Der kleine Junge in mir hat eine Heidenangst, wieder einmal im Stich gelassen zu werden.»

Vielleicht können Sie sich mit allen diesen Ängsten oder auch nur mit einigen identifizieren. Diese Ängste stehen einer Bindung im Wege. Neben den Problemen, eine Verpflichtung einzugehen, gibt es allerdings auch noch die Schwierigkeit, sie aufrechtzuerhalten. Vor allem dieser Aspekt hängt eng mit der soziokulturellen Überbewertung von unmittelbarer Bedürfnisbefriedigung zusammen. Dieser gesellschaftliche Trend fördert den Hang Erwachsener Kinder, immer dann wegzulaufen, wenn sie frustriert oder desillusioniert sind.

## Wegwerfbeziehungen

Es ist leicht, die «Gesellschaft» anzuprangern und für unsere persönlichen Probleme verantwortlich zu machen. Es geht mir jedoch nicht um Schuldzuweisungen, sondern um die schlichte Feststellung, daß zwischen bestimmten gesellschaftlichen Entwicklungen und den Schwierigkeiten vieler Menschen – vor allem Erwachsener Kinder –, eine verbindliche Beziehung einzugehen, ein Zusammenhang besteht.

Unsere auf spontane Bedürfnisbefriedigung ausgerichtete «Mach-mich-glücklich»-Gesellschaft fördert sogenannte «Wegwerfbeziehungen». Alles ist auf schnellen Konsum abgestellt. Nach Gebrauch bitte wegwerfen! Einwegflaschen, Einweggeschirr, Einwegprodukte nehmen überhand, und jedes Jahr kommen neue Produkte auf den Markt, wie beispielsweise Rasierapparate oder gar Kameras, die dafür vorgesehen sind, sie nach einmaliger Benutzung auf den wachsenden Berg unseres Konsummülls zu werfen. Es läßt sich nicht mehr länger leugnen, daß dieser Müllberg kritische Ausmaße angenommen hat, und wir versinken langsam darin. Mutter Natur schreit auf und beschwört uns, ihr mehr Liebe und Achtung entgegenzubringen.

Unsere Gesellschaft ist auf die unmittelbare Erfüllung unserer Wünsche ausgerichtet. «Ich will, was ich will, und das sofort» ist das Motto, dem die US-amerikanische Industrie folgt, wenn sie die niedrige Frustrationstoleranz der Konsumenten befriedigt. Daher gibt es bei uns Schnellrestaurants, Drive-in-Banken, Einkaufszentren – und die Kreditkarte als Schlüssel zum Paradies. Wenn Sie jemals Rechnungen auf Ihrer Kreditkarte auflaufen ließen, oder, wie ein Freund von mir, mit der einen Kreditkarte Geld abhoben, um die andere Karte zu decken, dann hatten Sie bereits einen Vorgeschmack darauf, was es heißt, nach der unmittelbaren Befriedigung jeder Laune und jeden Wunsches süchtig zu sein.

Ausufernder Konsumwahn und die Fixierung auf unmittelbare Bedürfnisbefriedigung nähren darüber hinaus die Illusion, daß es möglich sei, immer glücklich zu sein, und daß die Verantwortung für individuelles Glück außerhalb des Individuums liegt. Wir neigen dazu, außerhalb unserer selbst nach etwas zu suchen, das uns glücklich machen soll, und gelegentlich finden wir auch Dinge, Aktivitäten oder Menschen, die uns dieses Glück verheißen. Doch schon nach kurzer Zeit begeben wir uns erneut auf die Suche nach etwas, das die große Leere in uns ausfüllen soll. Das Problem dabei ist, daß wir diese innere Leere niemals von außen füllen können. Jemand sagte einmal sehr treffend, daß Zufriedenheit «eine innere Angelegenheit» sei.

Dieser gesellschaftliche Trend verstärkt die ohnehin schon stark ausgeprägte Neigung Erwachsener Kinder, vor einer Verpflichtung davonzulaufen, sobald Probleme auftreten. Wenn eine Beziehung scheitert, dann glauben Sie, daß es mit der nächsten vielleicht besser klappt. Diese Haltung, gekoppelt mit einem Alles-oder-nichts-Denken, führt dazu, daß Sie stets nur zwei Alternativen sehen: durchhalten, «bis daß der Tod uns scheide», oder abspringen, wenn es schwierig wird.

## Lösungen: Verpflichtungen eingehen, die man halten kann

Trotz Ihrer eingefahrenen Einstellungen gegenüber Verantwortung und Verbindlichkeit können Sie Verpflichtungen eingehen, die Sie halten können. Im Laufe der Zeit wird es Ihnen immer besser gelingen, Ihre Verpflichtungen gewissenhaft zu erfüllen, ohne starr darauf fixiert zu sein. Dieser Abschnitt enthält im Unterschied zu den Lösungsteilen der anderen Kapitel nur wenige Partnerübungen. Was Verpflichtungen angeht, so ist Ihre Beziehung das beste Übungsfeld. Alle Problembereiche, die Sie bis jetzt durchgearbeitet haben, werden hier noch einmal aufgegriffen. Ich werde einige Themen ansprechen, die den Dialog zwischen Ihnen und Ihrem Partner oder Ihrer Partnerin anregen können. Ich empfehle Ihnen, alle Fragen, die der folgende Abschnitt aufwirft, mit Ihrem Partner zu besprechen.

Je bewußter Sie eine Verpflichtung eingehen und je bewußter Sie sie aufrechterhalten, vorausgesetzt, sie ist es noch wert, desto besser wird Ihre Partnerschaft funktionieren. An Ihrer ständigen Bereitschaft, an der Beziehung zu arbeiten und bei Ihren Versprechen zu bleiben, zeigt sich Ihr Verantwortungsgefühl für Ihre Partnerschaft.

### Verpflichtung bedeutet Freiheit

Eine Verpflichtung einzugehen und aufrechtzuerhalten kann eine befreiende und keineswegs einengende Erfahrung sein. Ohne die Bereitschaft, Verpflichtungen einzugehen, laufen Sie Gefahr, sich ohne klare Richtung in Ihrem Leben zu bewegen. Ziellosigkeit wird leicht mit persönlicher Freiheit verwechselt.

Verpflichtungen helfen Ihnen, Ihre Energien zu bündeln und auf ein Ziel auszurichten, so daß Sie Ihre berufliche Leistungsfähigkeit steigern oder im privaten Bereich Nähe und Vertrauen aufbauen können. Kenneth, ein guter Freund von mir, hatte sich in seinem Liebesleben und bis zu einem gewissen Grad auch in seinem Berufsleben mehr oder weniger treiben lassen. Er besaß eine Menge Talente, konnte sie aber nicht gezielt einsetzen. Er hatte die für Erwachsene Kinder typischen Ängste vor Nähe und Verbindlichkeit und wechselte ständig die Freundin, ohne sich je ernsthaft einzulassen. Mit 35 war er das Junggesellendasein allmählich leid und lernte eine wundervolle, sensible Frau kennen, die außerdem sehr geschäftstüchtig war. Er mochte sie sehr, war sich jedoch eine Zeitlang unschlüssig, ob er sich weiter einlassen sollte. Schließlich beschloß er, eine feste Beziehung zu ihr einzugehen. Er erzählte mir: «Vielleicht könnte es mit einer anderen Frau anders, aber bestimmt nicht schöner sein.» Sie sind mittlerweile drei Jahre zusammen, seit zwei Jahren verheiratet, und Kenneth hat sich seither viel stärker auf seinen Beruf konzentriert und finanziell erheblich verbessert. Er scheint nicht nur seiner Frau und seinem kleinen Sohn, sondern auch seinen Freunden gegenüber liebevoller und aufmerksamer zu sein. Seine rauhen Seiten haben sich erheblich abgeschliffen. Hin und wieder beklagt er sich bei mir über Konflikte oder Meinungsverschiedenheiten, aber dabei vergißt er nie, seine Bereitschaft zu betonen, sie trotz aller Schwierigkeiten zu lieben. Kenneth' Entschluß, eine Verpflichtung einzugehen, hat wesentlich dazu beigetragen, daß er offener mit Gefühlen umgehen kann und seinen Beruf zielbewußter angeht.

## Was ist Ihnen wichtig?

Eine Verpflichtung ist das Versprechen, sich für etwas einzusetzen, das einem wichtig ist, und deshalb sollten Sie herausfinden, worauf Sie Wert legen und welchen Werten Sie sich verpflichtet fühlen. Dies ist vor allem dann wichtig, wenn Sie Ihrem Partner gegenüber eine Verpflichtung eingehen. Sich bestimmten Werten zu verpflichten ist der erste Schritt; dieser Verpflichtung gemäß zu handeln stellt eine immerwährende Herausforderung in einer Partnerschaft dar.

Hier sind einige Werte, die viele Paare in einer Partnerschaft für wichtig halten: Liebe, Ehrlichkeit, Vertrauen, sein Wort halten, Treue, Zärtlichkeit, Spielen, Kooperation, Religiosität, Kommunikation, sexuelle Intimität, persönliche Weiterentwicklung, Zeit für sich selbst, Kinder großziehen.

Diese Liste ist natürlich nicht vollständig, aber sie kann als Anregung für folgende Übung dienen:

### Übung:

Gehen Sie mit Ihrem Partner gemeinsam die Aufzählung durch, und überlegen Sie, ob es zusätzliche Werte gibt, die in Ihrer Partnerschaft eine Rolle spielen oder die Sie gerne einbringen würden. Wenn Sie eine vollständige Liste zusammengestellt haben, kopieren Sie sie, damit Sie beide eine vorliegen haben. Ordnen Sie nun jeder für sich die Werte nach ihrer Priorität. Es geht nicht darum, wer mit seiner Einstufung «recht» hat, sondern darum, was Ihnen beiden jeweils wichtig ist und welchen Werten Sie sich in der Partnerschaft verpflichtet fühlen. Vergleichen Sie Ihre Listen, und nehmen Sie sie als Grundlage für ein Gespräch über Ihre Verpflichtung.

Gehen Sie jeden einzelnen Punkt nacheinander durch, und überlegen Sie gemeinsam, wie Sie den jeweiligen Aspekt in Ihrer Beziehung stärker zum Ausdruck bringen können. Wenn Sie beispielsweise der Meinung sind, daß Ihnen Kommunikation wichtig ist, denken Sie darüber nach, wie Sie sie in Ihrer Partnerschaft verbessern können. Vielleicht könnten Sie sich vornehmen, sich täglich zwanzig Minuten Zeit für ein Gespräch zu nehmen. Wenn Religiösität eine wichtige Rolle spielt, dann könnten Sie beschließen, einmal in der Woche in die Kirche zu gehen oder sich dreimal wöchentlich gegenseitig aus der Bibel vorzulesen.

Nachdem Dean und Stephanie die Übung ausprobiert hatten, berichtete Dean über ihre Ergebnisse: «Die Übung lieferte wirklich eine Menge Gesprächsstoff – wir reden immer noch darüber, obwohl wir sie vor zwei Wochen gemacht haben. Ich war überrascht, daß wir beide «Spielen» ziemlich weit oben auf unsere Liste gesetzt hatten, denn wir haben es in letzter Zeit kaum noch getan – waren beide zu beschäftigt, in unsere Arbeit eingebunden und so weiter. Also einigten wir uns darauf, mindestens zweimal die Woche, davon einmal am Wochenende, etwas zu spielen. Letztes Wochenende haben wir uns Rollschuhe ausgeliehen und hatten einen Riesenspaß zusammen!»

## Verpflichtung als Basis

Die beidseitige Verpflichtung bildet die Basis einer Partnerschaft. Sie legt die Grenzen einer Beziehung fest und schafft einen Rahmen für alle weiteren Veränderungen und Prozesse innerhalb der Beziehung. So wie ein Haus auf einem Fundament steht, so baut die Verpflichtung auf den Werten auf, die Sie vereinbart haben, und den Versprechen, die auf diesen Werten basieren.

Innerhalb dieser Verpflichtung bleibt genug Raum, um sich mit Ihren jeweiligen Wünschen, Bedürfnissen und Gefühlen auseinanderzusetzen. Die Verpflichtung schließt die Bedürfnisse, Wünsche und Gefühle zweier Individuen ein und geht noch darüber hinaus. Sie müssen nicht ineinandergreifen oder sich decken – die Verpflichtung läßt genug Raum für beide Partner und für die Beziehung.

Anders als Ihre Eltern haben Sie die Möglichkeit, sich bewußt für eine Verpflichtung zu entscheiden. Während Ihre Eltern vielleicht die bewußte Entscheidung getroffen haben, zu heiraten, so haben sie wahrscheinlich ihre Verpflichtung aus Gewohnheit aufrechterhalten. Als Erwachsenes Kind neigen Sie möglicherweise dazu, sich spontan in eine Verpflichtung hineinzubegeben und sich genauso spontan aus ihr zu befreien, oder Sie gehen Verpflichtungen ganz und gar aus dem Weg. Sie sollten sich jedoch von keinem dieser Verhaltensmuster beherrschen lassen.

Wenn Sie sich mit Ihren Verpflichtungen bewußt auseinandersetzen, werden Sie merken, daß es nur drei Möglichkeiten gibt, damit umzugehen: sie einzuhalten, sie neu zu definieren oder sie aufzukündigen. Wenn Sie nie eine Verpflichtung eingehen, können Sie diesen Abschnitt überspringen. Dann haben Sie den unbestreitbaren Vorteil, sich keine Gedanken darüber machen zu müssen, sie womöglich abzuwandeln oder gar zu brechen. Sollten Sie jedoch eine Verpflichtung eingehen, ganz gleich, wie sie sich entwickelt, so beachten Sie die folgenden drei Alternativen.

*Eine Verpflichtung einhalten*

Anstatt eine Verpflichtung aufs Geratewohl einzugehen, sollten Sie sie mit offenen Augen und wachem Verstand, mit anderen Worten wohlüberlegt und bewußt angehen – und einhalten. Wenn ich einen allgemeinen Rat geben darf: *Gehen Sie nie eine Verpflichtung ein, die Sie nicht einhalten wollen.* Das schließt auch eine scheinbar so harmlose Zusicherung wie «Ich ruf dich morgen an» ein. Wenn Sie Ihr Wort halten, schaffen Sie Vertrauen und ein Gefühl der Sicherheit. Andere wissen, daß sie sich auf Sie verlassen können. Wenn Sie sich an diese Leitlinie halten, werden Sie Verpflichtungen bewußter eingehen und erfüllen können, und Sie werden Ihr eigenes Wort wichtiger nehmen.

In einer Partnerschaft ist dies von besonderer Bedeutung. Wenn Sie eine Verpflichtung eingehen, dann bildet sie die Grundlage für alle anderen Prozesse innerhalb der Beziehung. Wenn die Verpflichtung längere Zeit anhält, dann entwickeln die Partner ein zunehmendes Gefühl der Sicherheit und Beständigkeit. Wenn die Verpflichtung eindeutig ist und wenn sie nicht ständig auf die Probe gestellt und gefährdet wird, dann wachsen im Laufe der Zeit Vertrauen und Geborgenheit. Ihr Vertrauen darauf, daß Ihr Partner nicht davonläuft, wird Ihnen über alle Höhen und Tiefen hinweghelfen. Wenn man sich sicher sein kann, daß die Beziehung stabil genug ist, um auch Krisenzeiten zu überdauern, fällt es leichter, sich dem anderen gegenüber verletzbar zu machen und mehr Nähe zuzulassen.

Ed und Maggie, Freunde von mir, sind seit über sechs Jahren verheiratet und scheinen eine gut funktionierende, lebendige Ehe zu führen. Maggie erzählt: «Es ist schwer zu beschreiben. Es ist eine besondere Art von Liebe – nicht immer leidenschaftlich und aufregend, aber es gibt Zeiten, da ist sie intensiver, als ich es mir je vorstellen konnte. Ich habe vollkommenes Vertrauen zu Ed. Ich vertraue darauf, daß er der Mensch ist, den ich kenne. Ich glaube, beim Sex wird das am deutlichsten. Wir sind beide bereit, alle möglichen Ecken und Nischen zu erkunden – nicht nur körperlich, sondern emotional, und ich würde sogar sagen, auch geistig. Ich kann ganz ehrlich sagen, daß es nie schöner war als jetzt.»

*Eine Verpflichtung neu definieren*

Wenn Sie in einer Beziehung langfristige Verpflichtungen eingehen, dann können Sie davon ausgehen, daß Sie und Ihr Partner sich verändern werden und daß sich damit auch die Partnerschaft verändern wird. Manche dieser Veränderungen werden Sie begrüßen, andere können Konflikte heraufbeschwören. Es kann passieren, daß die Beziehung über längere Zeiträume auf eine harte Probe gestellt und Ihre Verpflichtung in ihren Grundfesten erschüttert wird. Mein Rat wäre, bei Ihrer Verpflichtung zu bleiben, solange es Ihnen möglich ist und es niemandem schadet.

Vielleicht stellen Sie fest, daß Sie sich an bestimmte Veränderungen Ihres Partners oder der Beziehung nur schwer gewöhnen können. Ihr Partner oder Ihre Partnerin entwickelt möglicherweise neue Verhaltensweisen, die Sie nicht akzeptieren können, oder Sie entdecken, daß Sie Angewohnheiten, die Sie anfangs akzeptierten, heute nicht mehr tolerieren wollen. Vielleicht können Sie den Alkoholismus Ihres Mannes nicht mehr länger ertragen, oder Ihnen ist nie richtig aufgefallen, wie ausfallend und verletzend Ihre Frau sein kann. Es geht nicht darum, Ihren Partner dazu zu bewegen, sich zu ändern. Dies würde auf Manipulation und Kontrolle hinauslaufen. Genausowenig sollten Sie einfach davonlaufen, sobald Ihr Partner einmal ein inakzeptables Verhalten an den Tag legt. Sie sollten auf der Grundlage Ihrer Beziehung, nämlich Ihrer Verpflichtung, über die einzelnen Aspekte Ihrer Verpflichtung neu verhandeln. Sie haben sich bestimmt nicht dazu verpflichtet, sich emotional oder körperlich mißhandeln zu lassen oder sich an einen Partner zu binden, der nicht wirklich zu Ihrer Beziehung steht. Neu verhandeln heißt, Ihre Wünsche klar zu äußern, Ihre Grenzen zu klären und mögliche Konsequenzen anzusprechen (vgl. Kapitel 4 über Grenzen), um deutlich zu machen, wo Sie stehen. Das erfordert Geduld und Beharrlichkeit, denn konstruktive Veränderungen brauchen Zeit. Nach meiner Erfahrung dauert es mindestens zwei Jahre, bis sich ein Mensch oder eine Beziehung entscheidend verändert hat.

Nach acht Ehejahren ertrug Wendy das Schweigen und die Distanziertheit ihres Mannes nicht länger: «Ich sprach mit einer Freundin aus meiner Selbsthilfegruppe (Erwachsene Kinder von Alkoholikern) darüber, und sie empfahl mir einen guten Eheberater. Ich erzählte Mike, daß ich so nicht mehr weiterleben könnte und daß ich vorhätte, einen Eheberater aufzusuchen. Ich hatte schon einen Termin vereinbart, und ich sagte ihm, daß ich, falls er nicht mitkommen wollte, auch ohne ihn gehen würde, weil jetzt einfach etwas passieren müßte. Er ging die ersten beiden Male nicht mit, aber nach dem zweiten Termin fragte er mich, worüber ich mit dem Berater gesprochen hätte. Ich erzählte ihm ohne Umschweife, daß wir uns darüber unterhalten hätten, ob ich meine Ehe weiterführen sollte oder nicht. Nach einigem Hin und Her war er schließlich bereit, mitzukommen. Wir waren inzwischen zweimal da, und bis jetzt scheint es uns zu helfen.»

Eine phantasievolle Art, eine Verpflichtung neu festzulegen, hatten sich meine Freunde Rob und Chris ausgedacht. Als es auf ihren zehnten Hochzeitstag zuging, beschlossen sie, noch einmal zu heiraten. Sie dachten sich eine Zeremonie aus, luden alle Freunde und Verwandte ein und schlossen auch ihre beiden Kinder mit ein. Alle waren sehr gerührt angesichts dieser rituellen Erneuerung ihrer Ehe. In ihrem Ehegelöbnis kam die tiefe Bedeutung ihrer beidseitigen Verpflichtung zum Ausdruck, und alle Hochzeitsgäste waren tief bewegt, als sich die beiden einander ihre Liebe gelobten.

*Eine Verpflichtung aufkündigen*

Sie haben Ihr Bestes getan, um Ihrer Verpflichtung nachzukommen, haben mehrmals versucht, sie neu zu definieren, und sind gescheitert.

Die Alternative, die Ihnen jetzt noch offensteht, ist die Aufkündigung Ihrer Verpflichtung.

Dieser Schritt ist entweder ein Zeichen von Furcht oder von Mut. Wer ihn aus Furcht geht, tut es aufgrund der zu Anfang des Kapitels geschilderten Ängste. Meist wird die Beziehung dann spontan und ohne viel Überlegung oder Voraussicht gelöst. Wenn man dagegen eine Verpflichtung aus Mut aufkündigt, dann liegt eine der beiden folgenden Situationen vor.

Im ersten Fall entschließen Sie sich, Ihre Verpflichtung aufzulösen, weil man Sie körperlich, sexuell oder seelisch mißhandelt oder, wie in Wendys Fall, weil Ihr Partner sich völlig von Ihnen zurückgezogen hat und nur noch körperlich anwesend ist. Sie haben versucht, die Situation zu verändern und neu zu verhandeln, haben Ihre Grenzen und etwaige Konsequenzen deutlich gemacht, aber Sie werden weiter mißhandelt. Oder Sie haben immer wieder auf verschiedenen Wegen versucht, Ihren Partner zu erreichen, und sind – wie gewöhnlich – auf keinerlei Resonanz gestoßen.

Seelische Mißhandlung in der Partnerschaft scheint für Sie vielleicht kein ausreichender Grund für die Abwandlung oder Aufkündigung einer Verpflichtung zu sein. Viele Menschen betrachten sie nicht als eine Form der Mißhandlung. Oberflächlich gesehen scheint sie nicht so destruktiv oder drastisch zu sein wie körperliche oder sexuelle Mißhandlung und hinterläßt zudem keine Narben. Ich denke jedoch, daß sie genauso destruktiv sein kann – mit dem einzigen Unterschied, daß die Wunden, die man davonträgt, unsichtbar sind. Worte können verletzen; wenn Sie als Kind seelisch mißhandelt wurden, dann wissen Sie, wie tief Worte verletzen können. Wenn Sie sich dauerhaft einer Situation aussetzen, in der Sie seelisch mißhandelt werden, dann wird das Ihre Selbstachtung zerstören. Ich spreche nicht von gelegentlichen Auseinandersetzungen oder ein paar aufgebrachten, bösen Worten – diese Erfahrung wird man selbst in einer gut funktionierenden Beziehung machen. Ich spreche von ständiger, systematischer seelischer Mißhandlung, darunter verstehe ich, wenn Ihr Partner Sie unablässig erniedrigt, demütigt, beschimpft und Sie als Sündenbock benutzt.

Wenn Sie Ihre Verpflichtung neu definieren und Sie die seelische

Mißhandlung trotzdem nicht unterbinden können, dann ist es vielleicht an der Zeit, Ihre Verpflichtung aufzukündigen.

«Norma war eine richtige Giftspritze», erzählt Barry, «und konnte einem furchtbare Gemeinheiten an den Kopf werfen. In den ersten ein oder zwei Jahren ließ ich mir das noch gefallen – ich dachte wohl, ich hätte es nicht anders verdient –, aber dann hat es mir irgendwann gelangt. Ich gab ihr eine Ohrfeige und war selber ganz entsetzt darüber. Ich wollte ihr nicht weh tun, und das sagte ich ihr auch. Ich habe ihr dann immer wieder gesagt, daß ich nicht will, daß sie mich so behandelt, und dann riß sie sich eine Weile zusammen, aber irgendwann ging es wieder los. Sie weigerte sich, es mit einer Eheberatung zu versuchen. Ungefähr ein Jahr später trennte ich mich von ihr.»

Im zweiten Fall beschließen Sie, Ihre Verpflichtung aufzukündigen, weil sich Ihre persönlichen Bedürfnisse und Lebensvorstellungen von denen Ihres Partners so weit entfernt haben, daß es die gemeinsame Basis Ihrer Beziehung sprengt. In diesem Fall ist es Zeit für eine gründliche Gewissensprüfung. Falls Sie sich gerade in einer ähnlichen Situation befinden, empfehle ich Ihnen, gemeinsam mit Ihrem Partner eine Beratungsstelle aufzusuchen. Wenn Ihr Partner nicht mitzieht, gehen Sie allein. Wie bereits gesagt, Sie sollten Ihre Verpflichtung durchaus ernst nehmen – Sie hatten schließlich einmal gute Gründe, sie einzugehen. Wenn alle Möglichkeiten ausgeschöpft sind und keine Hoffnung mehr auf einen Kompromiß oder eine Einigung besteht, dann sollten Sie die Situation akzeptieren, wie sie ist: Sie und Ihr Partner haben sich so weit auseinandergelebt, daß keine Annäherung mehr möglich ist. Es gibt keinen Grund, sich oder dem Partner Vorwürfe zu machen. Das Beste, was Sie tun können, ist, sich selbst zu vergeben und Ihren Weg zu gehen.

Dan und Cory lebten seit drei Jahren zusammen und waren, abgesehen von ihrem Kernproblem, mit ihrer Beziehung recht zufrieden. Das Problem war, daß Cory heiraten und Kinder haben wollte, denn sie war 36, und ihre biologische Uhr tickte unaufhaltsam weiter. Dan war in beiden Punkten unnachgiebig. Er wollte nicht heiraten und ganz sicher auch keine Kinder. Sie hatten die Sache immer wieder durchdiskutiert, ohne daß sich eine klare Lösung oder ein Kompromiß abzeichnete. Cory stand vor der schwierigen Entscheidung, entweder ihren Traum von einer Familie zu begraben oder die Beziehung zu Dan aufzugeben. «Das war die schwerste Entscheidung meines Lebens», erzählt sie. «Ich liebte Dan wirklich – ich tue es noch, aber ich möchte wirklich noch einmal die Chance haben, ein Kind zu bekommen, und Dan nahm eine eindeutige Position ein – er wollte keine Familie. Ich erzählte ihm von meinem Entschluß, ihn zu verlassen, und wir sprachen lange darüber und weinten, und dann zog ich aus. Wir sehen uns immer noch, aber es ist nicht mehr dasselbe. Ich weiß, daß ich ihn immer lieben werde, und vielleicht ändert er eines Tages noch seine Meinung. Aber ich kann schließlich nicht dasitzen und darauf warten, daß er es tut. Es ist einfach eine ziemlich traurige Situation.»

Es kommt durchaus vor, daß feste Partnerschaften nicht lange halten. In gewissem Sinne hat keine Beziehung einen dauerhaften Charakter – irgendwann werden wir uns alle von unserem Partner trennen müssen, sei es durch den Tod oder durch unsere freie Entscheidung – durch Trennung, Scheidung oder Annullierung. Das Ende einer Partnerschaft kann nach zwei oder nach fünfzig Jahren eintreten.

Es trifft auch zu, daß nicht jede Beziehung, die Sie eingehen, zu einer Verpflichtung führen muß. Sie müssen keine Verpflichtung eingehen, wenn Ihnen die Partnerschaft nicht wichtig genug ist oder wenn Sie innerlich nicht dazu bereit sind. Eine Beziehung zu haben heißt nicht, diese Person auch heiraten zu müssen. Sie sollten sich auch nicht dazu verpflichtet fühlen, sich zu binden, nur weil es der andere von Ihnen erwartet. Sie können wunderbare Freundschaften haben, die beiden Seiten guttun, ohne daß für beide eine besondere Verpflichtung daraus erwächst. Bevor Sie also eine Bindung eingehen, sollten Sie in Ruhe erwägen, ob sie Ihren und den Bedürfnissen Ihres zukünftigen Partners entspricht.

Wenn Sie sich dafür entscheiden, eine Verpflichtung einzugehen, dann ist es hilfreich, sich mit den für eine funktionierende Partnerschaft unerläßlichen Voraussetzungen zu befassen.

## Wie läßt sich eine Verpflichtung einhalten?

Aufgrund meiner persönlichen Erfahrungen, meiner fünfzehnjährigen Tätigkeit als Eheberater und einiger intensiver Gespräche mit guten

Freunden, die in festen Beziehungen leben, bin ich zu dem Ergebnis gekommen, daß folgende vier Eigenschaften bzw. Grundwerte für das Gelingen einer Partnerschaft unerläßlich sind:

- Vertrauen,
- ein gesundes Selbstwertgefühl,
- Verantwortungsbewußtsein,
- das Bekenntnis zur Liebe.

Ich möchte gleich zu Anfang darauf hinweisen, daß es kein Rezept für eine ideale Partnerschaft gibt – denn die gibt es nicht. Man sollte realistischerweise von einer funktionierenden oder einer «ganz passablen» Partnerschaft ausgehen. Genausowenig muß «alles stimmen», bevor Sie eine Beziehung eingehen können. Sie können ständig daran arbeiten, diese Eigenschaften zu entwickeln, während Sie bereits in einer Partnerschaft sind. Wenn Sie zur Zeit keine feste Beziehung haben, so können Sie die meisten dieser Fähigkeiten auch in anderen Freundschaften üben.

*Vertrauen*

Die wichtigste Voraussetzung für eine funktionierende Partnerschaft ist Vertrauen. Als Erwachsenes Kind haben Sie möglicherweise Schwierigkeiten, Vertrauen zu entwickeln, weil in Ihrer Familie so viel Unberechenbarkeit und Willkür herrschten. In einer Partnerschaft basiert Vertrauen auf zwei Voraussetzungen: *emotionale Sicherheit und Zuverlässigkeit.*

Caryl S. Avery schreibt in einem Artikel zum Thema Nähe sehr treffen: «Obwohl Vertrauen in den Partner für jeden etwas anderes bedeuten kann – Zuverlässigkeit, Loyalität, Ehrlichkeit, Treue –, liegt immer emotionale Sicherheit zugrunde. Vertrauen ermöglicht es Ihnen, dem Partner Ihre tiefsten Empfindungen und Ängste zu offenbaren und zu wissen, daß Sie bei ihm gut aufgehoben sind. Während Liebe und Leidenschaft im Laufe der Zeit abflauen und wieder aufleben können, bleibt Vertrauen im Idealfall eine Konstante in der Beziehung.» Vertrauen basiert also auf einem Gefühl der emotionalen Sicherheit, und emotionale Sicherheit wiederum entsteht, wenn Sie sich darauf verlassen können, daß Ihr Partner für Sie da ist.

Die zweite Voraussetzung für Vertrauen mag banal klingen, ist jedoch von größter Wichtigkeit: sich an Vereinbarungen halten. Ich habe bereits auf diesen Aspekt hingewiesen, glaube jedoch, daß man ihn nicht oft genug betonen kann. Wenn Sie sich an gemeinsame Vereinbarungen halten, das heißt, wenn Sie das tun, was Sie sagen, dann schafft das Vertrauen. Wenn Sie dagegen Ihr Wort brechen, dann hat das einen Vertrauensverlust zur Folge. Wenn Sie fortwährend gegen Vereinbarungen verstoßen, wird Ihr Partner Ihnen immer weniger vertrauen. Wenn Sie dagegen versprechen, für den anderen dazusein, und dazu stehen und wenn Sie ihm oder ihr emotionale Sicherheit geben, indem Sie den andern nicht demütigen, mißhandeln, kritisieren oder aus dem Weg gehen, dann wird sich im Laufe der Zeit in Ihrer Partnerschaft ganz selbstverständlich ein intensives Vertrauensverhältnis entwickeln.

*Ein gesundes Selbstwertgefühl*

Um eine ausgeglichene Beziehung aufbauen zu können, ist es wichtig, daß beide Partner ein Gefühl für ihre eigene Persönlichkeit besitzen. Als Erwachsenes Kind geben Sie sich der Illusion hin, daß Sie sich erst in einer Partnerschaft zu einer vollständigen Persönlichkeit entfalten werden. Solange Sie an dieser trügerischen Hoffnung festhalten, werden Sie in Ihrem Partner oder der Beziehung nach etwas suchen, das Sie zu einem vollwertigen Menschen macht. Diese Einstellung läßt auf eine ungesunde Co-Abhängigkeit schließen.

Die meisten von uns neigen dazu, eine Beziehung als Einheit zu betrachten, und bedenken nicht, daß eine Partnerschaft aus zwei Individuen besteht. Aus traditioneller Sicht ergibt $1 + 1 = 1$. Eine realistischere Formel wäre jedoch $1 + 1 = 3$, nämlich Sie, Ihr Partner und die Beziehung.

Das Wertvollste, was Sie in Ihre Partnerschaft einbringen können, sind Sie selbst, Ihre ganze individuelle Persönlichkeit – Ihre Freude, Ihren Kummer, Ihre Kreativität, Ihr Selbstgefühl und Ihre Liebe. An diesen Bereichen haben Sie selbst stets den größten Anteil – nicht Ihr Partner, nicht die Beziehung, sondern Sie allein. Wenn Sie gerade keinen festen Partner haben, so bietet sich Ihnen jetzt die Chance, sich auf Ihr Selbstgefühl zu konzentrieren. Begeben Sie sich auf Entdeckungsreise, um sich selbst besser kennenzulernen. Auf diese Weise können Sie auch herausfinden, was eine Verpflichtung für Sie bedeutet.

In den letzten drei Jahren ist es mir gelungen, meine Beziehungssucht und meine Fixierung auf Sex abzubauen. Ich erkenne jetzt, daß ich diese Süchte einsetzte, um Nähe zu vermeiden und um mich nicht mit mir selbst konfrontieren zu müssen. Ich habe einen Großteil dieses Suchtverhaltens, ähnlich wie eine Schlange, die sich häutet, abgestreift, und darunter kam mein unversehrtes Ich zum Vorschein.

Im Laufe dieses Prozesses habe ich auch meine Prioritäten geklärt. Am stärksten fühle ich mich meinem Glauben verpflichtet. Ein Schild über meinem Schreibtisch erinnert mich täglich an meine wichtigste Verpflichtung: «Mit meiner ganzen Kraft will ich danach streben, Gott reinen Herzens und in Demut zu dienen.» Meine zweithöchste Priorität gilt der Liebe – zu meinen Freunden und Nachbarn, zu mir selbst und dem Leben. Vielleicht handelt es sich ja bei beiden um ein und dieselbe Verpflichtung.

Wenn Sie in Ihrer Partnerschaft um «Selbstfindung» ringen, dann schieben Sie nicht Ihrem Partner die Verantwortung zu. Sie müssen Risiken eingehen und die Initiative ergreifen und sich zwei oder drei Jahre oder möglicherweise mehr Zeit geben, um sich selbst zu erforschen. Schließen Sie sich einer Selbsthilfegruppe an. Sprechen Sie mit Ihrem Partner darüber, halten Sie ihn über Ihre Entwicklung auf dem laufenden. Wenn Sie in Ihrer Beziehung hauptsächlich die selbstlose Rolle eingenommen haben, dann sollten Sie zum Ausgleich vielleicht jetzt eine egoistische Phase einlegen. Die Grundlage Ihrer Beziehung, Ihre Verpflichtung, läßt dies zu.

Jackie ist seit 38 Jahren verheiratet. Sie und ihr Mann Mervyn haben zusammen vier Kinder großgezogen. Jackie kam vor drei Jahren zu mir in die Beratung und beklagte sich über die Lethargie und Inaktivität ihres Mannes, über seine Unwilligkeit, Risiken einzugehen und Neues auszuprobieren. Wenn wir uns über unseren Partner beklagen, so sagt das häufig mehr über uns aus als über den Partner. Jackie stellte bald fest, daß Mervyn zwar ziemlich passiv war, aber daß sie eigentlich eher mit ihrer eigenen Inaktivität unzufrieden war. «Als mir das bewußt wurde, machte ich mir Gedanken darüber, was ich denn eigentlich mit meinem Leben anfangen wollte. Ich ging zu den Al-Anon-Treffen, und das gab mir den entscheidenden Anstoß. Nach drei Jahren gehe ich immer noch zu den Treffen, arbeite ehrenamtlich in unserem Stadtkrankenhaus, lerne Tennis und habe am College Kurse über Immobilienhandel besucht. Ich werde immer zufriedener mit mir. Ich weiß zwar immer noch nicht, was aus meiner Ehe werden soll, aber ich habe beschlossen, daß ich nicht mehr versuchen werde, sie zu retten oder Mervyn zu verändern, sondern mich langsam mal um mich selbst zu kümmern.»

*Verantwortungsbewußtsein*

Ein gesundes Selbstwertgefühl ist die Voraussetzung für Ihre Bereitschaft, für Ihre Verpflichtung und Ihre Rolle in der Beziehung Verantwortung zu übernehmen. Das bedeutet, Sie akzeptieren, daß es nicht die Aufgabe Ihres Partners ist, Sie glücklich zu machen, und umgekehrt. Auch wenn Sie sich natürlich gegenseitig beeinflussen, so ist Ihr Partner nicht für Ihr Leid oder Glück verantwortlich. Sie haben Ihr Schicksal selbst in der Hand, auch wenn Sie sich in einer Partnerschaft befinden. Natürlich heißt das nicht, daß Sie sich gleichgültig verhalten oder es an Sensibilität, Einfühlungsvermögen und Mitgefühl fehlen lassen sollten. Es bedeutet genausowenig, daß Sie sich nicht umeinander kümmern sollten. Je mehr Sie in der Lage sind, in Ihrer Partnerschaft volle Verantwortung für sich zu übernehmen, desto weniger laufen Sie Gefahr, Ihren Partner verantwortlich zu machen. Dies ist der Grundpfeiler Ihrer Verpflichtung.

Nach traditioneller Auffassung trägt jeder Partner fünfzig Prozent der Verantwortung in einer Beziehung. Ich allerdings meine, daß jeder Partner für sich selbst hundert Prozent der Verantwortung übernehmen sollte. 1 + 1 ergibt nicht nur 3, sondern 100 % plus 100 % ergibt 200 %. Wenn es Ihnen gelingt, für Ihren Anteil an persönlicher Verantwortung in Ihrer Partnerschaft einzustehen, dann werden Sie sich immer stärker von der Opferrolle lösen können, die Ihnen in Ihrer Kindheit so vertraut war.

Die folgende Übung stammt von Harold Bloomfield und Sirah Vetesse. Mit Hilfe dieser Übung können Sie und Ihr Partner herausfinden, inwieweit Sie persönliche Verantwortung für Ihre eigene Zufriedenheit und Ihr Wohlbefinden in Ihrer Beziehung übernehmen.

**Übung:**

Wenden Sie alle 33 Aussagen auf Ihre Partnerschaft an. Falls Sie zur Zeit keinen Partner haben, beziehen Sie die Aussagen auf Ihre letzte feste Beziehung.
Schreiben Sie hinter jede Aussage die Nummer, die am ehesten für Sie zutrifft:

3 – selten
2 – manchmal
1 – häufig
0 – immer

1. Ich kämpfe in unserer Beziehung darum, mich zu einer eigenständigen Persönlichkeit zu entwickeln. ____
2. Ich versuche deine Bedürfnisse zu erraten und bin frustriert, wenn ich mich irre. ____
3. Ich erwarte von dir, daß du weißt, was ich will, und es mir gibst, ohne daß ich darum bitten muß. ____
4. Ich habe Schuldgefühle, wenn ich dir eine Bitte abschlage, weil ich befürchte, daß du dann enttäuscht bist. ____
5. Wenn ich dich um etwas bitte und du es mir abschlägst, bin ich verletzt. ____
6. Ich bin nur glücklich, wenn du es auch bist. ____
7. Ich glaube, daß ich ohne dich nicht leben kann. ____
8. Ich fühle mich schuldig, wenn du sexuell nicht befriedigt bist. ____
9. Ich fühle mich von dir eher benutzt als geliebt und geachtet. ____
10. Ich fühle mich dazu gedrängt, meine Ansichten, Gefühle oder Verhaltensweisen zu ändern. ____
11. Ich habe das Gefühl, du wirfst mir vor, daß ich dich nicht glücklich mache. ____
12. Ich neige dazu, dich für meine eigene Unzufriedenheit verantwortlich zu machen. ____
13. Ich neige dazu, dir die Schuld zu geben, wenn irgend etwas nicht klappt. ____

14. Ich bedauere es, daß ich meine beruflichen Ziele für unsere Beziehung aufgegeben habe. ____
15. Ich übertrage dir die Verantwortung für mein Leben und mein Glück. ____
16. Ich habe Hemmungen, meine Fähigkeiten, mein Können und meine Intelligenz voll zu entfalten. ____
17. Ich stelle an mir fest, daß ich die Rolle des Märchenprinzen oder der guten Fee spiele, indem ich versuche, dir Halt zu geben und dich glücklich zu machen. ____
18. Ich glaube, daß unsere Liebe alle Probleme bewältigen kann. ____
19. Ich brauche keine Freunde; ich brauche nur dich. ____
20. Ich brauche keine Familie; ich brauche nur dich. ____
21. Ich habe das Gefühl, daß ich stark und verantwortungsbewußt sein muß, damit du dich nicht ängstigst oder enttäuscht bist. ____
22. Wenn du nicht zufrieden bist, fühle ich mich schuldig. ____
23. Ich habe den Eindruck, daß du nicht mit mir zusammensein willst, wenn du mich nicht brauchst. ____
24. Wenn ich etwas für meine eigene Zufriedenheit tue, dann befürchte ich, daß du mich für egoistisch hältst. ____
25. Ich fürchte, daß du über unsere Beziehung hinauswächst und mich verläßt. ____
26. Ich muß meine Wünsche zurückstellen, um dich glücklich zu machen. ____
27. Ich habe das Gefühl, daß ich dich schützen, verteidigen und unterstützen muß. ____
28. Unsere Beziehung kommt mir vor wie ein Gefängnis: Ich habe meine Freiheit und meine Fröhlichkeit verloren. ____
29. Wenn ich zufrieden und erfolgreich bin, brauche ich niemanden – auch dich nicht. ____
30. Ich zähle auf dich, wenn wichtige Entscheidungen anstehen und ich nicht genau weiß, was ich will. ____
31. Wenn du mich liebst, wirst du alles für mich tun, was ich will, damit ich glücklich bin. ____

32. Ich wünschte, ich könnte finanziell meinen Teil beisteuern, damit ich mich wirtschaftlich nicht so abhängig von dir fühle. ____

33. Ich fühle mich verantwortlich, wenn du verletzt oder verärgert bist. ____

Zählen Sie nun Ihre Punkte zusammen. Generell läßt sich sagen, daß ein «selten» als Antwort zeigt, daß Sie eine eigenständige Persönlichkeit sind, die gerne Verantwortung für ihr Leben übernimmt. Ein «häufig» als Antwort deutet darauf hin, daß Sie die Verantwortung für Ihr persönliches Wohl gerne abgeben und dazu neigen, sich von Ihrem Partner abhängig zu machen. Die folgende Analyse Ihrer Gesamtpunktzahl wird Ihnen Aufschluß darüber geben, wie unabhängig und selbständig Sie in Ihrer Beziehung sind.

80–99: Sie sind in Ihrer Partnerschaft absolut eigenständig. Sie sind ein ausgeglichener Mensch, der Unabhängigkeit genießt und weiß, daß die Quelle persönlichen Glücks im eigenen Innern liegt.

60–79: Sie genießen in Ihrer Liebesbeziehung ein überdurchschnittliches Maß an Eigenständigkeit. Sie wissen, wie Sie Ihre Bedürfnisse befriedigen können, und machen Ihren Partner nicht für Ihr persönliches Wohlbefinden verantwortlich.

40–59: Obgleich Sie unabhängig genug sind, um sich in Ihrer Partnerschaft zu behaupten, so neigen Sie vermutlich doch zu der Einstellung «Wenn du mich wirklich lieben würdest, dann würdest du...», was Ihnen eine Menge unnötiger Frustration einbringt. Eine solche Erwartungshaltung fordert einen hohen Preis. Sie sollten an Ihrer Unabhängigkeit und Selbständigkeit weiter arbeiten.

20–39: Sie neigen dazu, sich extrem abhängig zu machen, und erwarten von Ihrem Partner, daß sie oder er Sie glücklich macht. Wenn Sie Probleme damit haben, eine dauerhafte Liebesbeziehung aufzubauen, so könnte dies an Ihren zu hohen oder fordernden Erwartungen liegen.

0–19: Wenn Sie eine Beziehung haben, dann handelt es sich wahrscheinlich um ein co-abhängiges Verhältnis, in dem Sie beide im anderen den Schlüssel zum eigenen Glück sehen. Vermutlich haben Sie beide Schwierigkeiten, für das eigene seelische Wohlbefinden Verantwortung zu übernehmen. Sie machen sich gegenseitig für Ihre Enttäuschungen und Ihre innere Unzufriedenheit verantwortlich. Sie könnten einige Probleme in Ihrer Partnerschaft mit Hilfe eines Therapeuten lösen.

Widmen Sie den Aussagen, für die Sie 0–1 Punkt erhalten haben, Ihre besondere Aufmerksamkeit, und überlegen Sie, wie sich diese Verhaltensweisen und Ansichten auf Sie und Ihre Partnerschaft auswirken. Wenn möglich, sollte Ihr Partner den Fragebogen ebenfalls ausfüllen. Wenn Sie die Ergebnisse gemeinsam durchgehen, beachten Sie bitte folgendes: Machen Sie sich keine Vorwürfe, sondern sehen Sie den Fragebogen als Möglichkeit, mehr über sich selbst und den anderen zu erfahren. Bringen Sie Ihre Anerkennung darüber zum Ausdruck, daß Sie beide die Bereitschaft und den Mut aufbringen, den unterschwelligen Erwartungen an Ihre Partnerschaft auf den Grund zu gehen.

*Das Bekenntnis zur Liebe*

Obwohl die meisten von uns unter Liebe warme, zärtliche und liebevolle Gefühle verstehen, so kann sie doch über die reine Gefühlsebene hinausgehen. Wie Gerald Jampolsky feststellt, bedeutet Liebe auch, keine Angst mehr haben zu müssen. Liebe ist das Band, die Verpflichtung, die Bindung an Ihren Partner, die immer bestehen kann, *egal, was Sie empfinden.* Liebe drückt sich dann aus, wenn Sie bereit sind, sich völlig auf Ihren Partner einzulassen.

Sich zur Liebe zu bekennen und diese Verpflichtung aufrechtzuerhalten, das Versprechen, dem Partner immer mit Liebe und Achtung zu begegnen, ist das Licht, das Sie auch durch die unvermeidlichen dunklen Zeiten in einer Partnerschaft leiten wird. Wenn Ihre Verpflichtung klar und eindeutig ist, dann wird kein emotionales Auf und Ab an der übergreifenden Verpflichtung etwas ändern. Sie werden die Liebe Ihres Partners auch dann noch erkennen, wenn sie hinter Mauern aus Zorn, Angst oder Schmerz verborgen ist.

Wenn man sich der Liebe verpflichtet, so äußert sich dies auch in liebevollem Verhalten. Es genügt nicht, unsere Liebe zu beteuern, und uns dann womöglich lieblos zu verhalten. Viele Männer haben ihre Frauen geschlagen und vernachlässigt, während sie gleichzeitig behaupteten, sie zu «lieben». Wenn Sie sich einmal zu Ihrer Liebe bekannt haben, dann stehen alle lieblosen Handlungen in krassem Widerspruch zu Ihrem Bekenntnis. Wenn sich beide Partner auf ihr Versprechen, den anderen zu lieben, verlassen können, dann werden sie sich in ihrer Beziehung sicher fühlen und nicht darum bangen müssen, daß die Liebe eines Tages nachlassen könnte. Wir Erwachsenen Kinder teilen selten unsere Gefühle mit, weil wir es nicht gewöhnt sind, daß jemand immer für uns da ist. Wenn sich erste Anzeichen eines Konflikts zeigen, bekommen wir Panik und laufen weg, weil die alten, vertrauten Verlustängste in uns wach werden. Wenn Sie sicher sind, daß Ihr Partner ungeachtet seiner Gefühle zu seiner Verpflichtung steht, dann können Sie es wagen, offener und ehrlicher zu sein.

Auch wenn wir uns zu unserer Liebe bekennen, fällt es nicht immer leicht, zu ihr zu stehen. Len und Kathleen, die vor zwei Jahren geheiratet haben, sind darin übereingekommen, sich zu ihrer Liebe zu bekennen. Kathleen berichtet: «Mir fiel es sehr schwer. Gerade in Situationen, in denen ich total wütend auf Len war und ihn am liebsten auf den Mond geschossen hätte, da sollte ich ihn trotzdem lieben! Ich sagte dann zu ihm: ‹Ich liebe dich, weil ich mich dazu bekannt habe.› Manchmal war ich so wütend auf ihn, daß ich sogar sagte: ‹Ich liebe dich, weil ich zu meinem Wort stehe, aber auch nur deshalb!› Es war wirklich schwierig, aber es gab mir irgendwie auch ein Gefühl der Sicherheit, wenn ich es sagte und wenn er es zu mir sagte. Ich war überzeugt davon, daß unsere Ehe weiterbestehen würde und wir die Krise überwinden würden, weil wir uns auf unsere Verpflichtung verlassen konnten. Auch wenn unsere Gefühle vielleicht abhanden gekommen waren, blieb unser Bekenntnis unverändert bestehen.»

**Übung:**

Wenden Sie die einfache Affirmation an: «Ich bekenne mich zu meiner Liebe zu... (Name des Partners), egal, was ich fühle.» Wiederholen Sie diesen Satz drei Wochen lang mindestens zehnmal täglich laut, und halten Sie nach jedem Mal kurz inne. Achten Sie auf die Gefühle und Gedanken, die diese Affirmation in Ihnen auslösen. Halten Sie sich aber nicht länger damit auf, sondern gehen Sie zur nächsten Affirmation über. Wenn Ihr Partner die Übung ebenfalls machen möchte, führen Sie sie getrennt durch, und tauschen Sie sich später über Ihre Reaktionen aus. Dabei können aufschlußreiche Gespräche über die Bedeutung Ihrer Verpflichtung zur Liebe zustande kommen.

Kathleen probierte die Affirmation aus und berichtete: «Ich fand sie hilfreich. Ich glaube, sie hat innere Widerstände in mir gelöst und mich darin bestärkt, daß es sehr wohl möglich ist, Len zu lieben, auch wenn ich meine Liebe zu ihm nicht immer spüre.»

Eine Verpflichtung kann die Nähe und Liebe in einer Partnerschaft vertiefen. Sie haben die Möglichkeit, dies in Ihrer jetzigen Beziehung oder einer späteren zu versuchen. Sie werden wahrscheinlich einiges ändern müssen, um eine ausgeglichene, verbindliche Partnerschaft aufbauen zu können. Sie werden einige hinderliche Einstellungen und Verhaltensweisen aus Ihrer Kindheit ablegen müssen. Sie sollten Geduld, Beharrlichkeit und viel Engagement mitbringen.

Wenn Sie sich ändern wollen, dann setzen Sie alles ein, was Sie haben. Wenn Sie eine Beziehung eingehen, dann sollten Sie es mit hundertprozentigem Einsatz tun. Ich bin sogar der Meinung, daß Sie alles in Ihrem Leben mit hundertprozentigem Engagement angehen sollten. Das bezieht sich auch auf die Lektüre dieses Buches und die Durchführung der darin enthaltenen Übungen. Veränderungen stellen sich nicht allein durch das Lesen von Büchern ein – sie kommen meist erst dann zustande, wenn Sie bereit sind, Worte und Taten folgen zu lassen. Sie stellen sich ein, wenn Sie sich öffnen und einlassen, wenn Sie sich selbst akzeptieren und wichtig genug nehmen, damit man Sie achtet und damit Sie intensive und erfüllende Beziehungen erleben können.

## Lektürehinweise

*Beattie, Melody:* Unabhängig sein, München 1990

*Black, Claudia:* Mir kann das nicht passieren. Kinder von Alkoholikern als Kinder, Jugendliche und Erwachsene, Wildberg 1988

*Bradshaw, John:* Mut zur Selbstverantwortung, München 1992

*Lambrou, Ursula:* Familienkrankheit Alkoholismus. Im Sog der Abhängigkeit, Reinbek 1990

*Schaef, Anne Wilson:* Co-Abhängigkeit – nicht erkannt und falsch behandelt, Wildberg 1986
Die Flucht vor der Nähe. Warum Liebe, die süchtig macht, keine Liebe ist, Hamburg 1990
Im Zeitalter der Sucht. Wege aus der Abhängigkeit, Hamburg 1989

*Woititz, Janet G:* Um die Kindheit betrogen. Hoffnung und Heilung für erwachsene Kinder von Suchtkranken, München 1990
Sehnsucht nach Liebe und Geborgenheit. Wie erwachsene Kinder von Suchtkranken Nähe zulassen können, München 1991

## Danksagung

Zunächst möchte ich meinen Klienten und Kursteilnehmern danken, die mich durch ihr Engagement, mit dem sie ihre persönliche Genesung und Weiterentwicklung verfolgten, soviel über mich selbst und über Partnerschaft im allgemeinen lehrten. Ohne sie wäre dieses Buch nicht zustande gekommen.

Ich bin auch all jenen zu Dank verpflichtet, die mich bereichert und inspiriert haben und von deren Wissen ich profitierte, darunter John Bradshaw, Alice Miller, Anne Wilson Schaef, Timmen Cermak, Charles Whitfield, Janet Woittitz, Robert Bly, Robert Lawlor, John Lee sowie John und Linda Friehl.

Ich danke meinen Töchtern Nicole und Catherine für ihre Geduld und ihre liebevollen kleinen Botschaften, während ich dieses Buch schrieb. Ich liebe euch von ganzem Herzen.

Ich möchte außerdem meinen Freunden und Lehrmeistern danken, vor allem den Paaren, die ich sehr schätze und bewundere – John und Pat Allen, Bruce und Vicki Belman, Ron und Susan Clark, Alan und Cindy Francis, Derek und Janice Gallagher, Rupert und Tessa Maskell, Rick und Jane McElvaine, Keahi Pelayo und Linda Palagyi, John und Kelly Steenhoven sowie Steve und Patricia Tashiro.

Für einige wunderbare Erinnerungen und wichtige Lektionen in Sachen Partnerschaft danke ich Linda Barker, Beth Mullane, Susan Coates, Mina Sylvestro, Jan Marie Henry und Mary Denisenko, die stets einen besonderen Platz in meinem Herzen einnehmen werden.

Schließlich möchte ich Jack Artenstein, Diane Medeiros, Donna Sanford, Walt Murray, Mary Daniels, Paul Fairweather, Rick Potter, Pat Peret und Ellen Anderson für ihren unerschütterlichen Glauben an mich und meine Arbeit und ihre Unterstützung ganz besonders danken.

Da sämtliche Erfahrungsberichte in diesem Buch authentisch sind, habe ich Namen und gewisse Details verändert, um die Privatsphäre der Betroffenen zu schützen.